U0918293

日本大企业国际化战略分析

Analysis of the Internationalization Strategy of Japanese Large Enterprises

程天敏/著

中国财经出版传媒集团
中国财政经济出版社

图书在版编目（CIP）数据

日本大企业国际化战略分析 / 程天敏著. -- 北京：中国财政经济出版社，2021.8

ISBN 978-7-5223-0400-7

Ⅰ.①日… Ⅱ.①程… Ⅲ.①企业管理－国际化－研究－日本 Ⅳ.①F279.313.3

中国版本图书馆 CIP 数据核字（2021）第 036624 号

责任编辑：彭　波　　　　责任印制：史大鹏
封面设计：卜建辰　　　　责任校对：胡永立

中国财政经济出版社 出版

URL：http：//www.cfeph.cn

E-mail：cfeph@cfeph.cn

社址：北京市海淀区阜成路甲 28 号　邮政编码：100142

营销中心电话：010-88191522

天猫网店：中国财政经济出版社旗舰店

网址：https：//zgczjjcbs.tmall.com

北京财经印刷厂印刷　各地新华书店经销

成品尺寸：170mm×240mm　16 开　16.25 印张　214 000 字

2021 年 8 月第 1 版　2021 年 8 月北京第 1 次印刷

定价：68.00 元

ISBN 978-7-5223-0400-7

（图书出现印装问题，本社负责调换，电话：010-88190548）

本社质量投诉电话：010-88190744

打击盗版举报热线：010-88191661　QQ：2242791300

前　言

随着全球化的发展，中国企业融入世界经济与贸易的程度持续加深。从进出口贸易到对外直接投资，中国进行跨国经营的企业数量不断增长，规模也在不断扩大。国家统计局发布的数据显示，2018 年中国对外出口商品总额为 2.48 万亿美元，进口商品总额为 2.14 万亿美元，对外货物贸易进出口总额达到 4.62 万亿美元，同比增长 12.6%，成为全球第一贸易大国。商务部、国家统计局和国家外汇管理局（2019）的信息显示，2018 年中国对外直接投资总额达到 1430.4 亿美元，略低于日本（1431.6 亿美元），成为全球第二大对外投资国。中国作为全球第一大贸易国和第二大对外投资国，在从“贸易大国”向“贸易强国”转变的过程中面临着巨大挑战。如何实现自身业务的国际化布局，搭建起国际化经营平台，以及如何提高自身的跨国经营水平、增强参与国际市场竞争的能力，已成为中国企业国际化发展过程中面临的一个重要课题。与此同时，《财富》杂志发布的 2019 年世界500 强企业榜单显示，中国、美国和日本是拥有上榜企业数量最多的三个国家，中国首次超越美国名列第一，成为一大亮点。中国企业发展速度之快，确实让人欣喜。但总体来看，就上榜企业在国际市场中的影响力而言，中国企业“大而不强”，美国企业“既大又强”，日本企业“强而略小”。促进中国企业向又大又强发展自然是国内业界和学界所共同关心的课题之一。

自《财富》杂志1995年第一份包含各国企业在内的综合榜单正式问世以来，日本企业一直是世界500强企业榜单中的“常客”，2018年与2019年分别有52家入围。众所周知，日本是一个国土面积狭小、资源和能源相对匮乏的国家，但却是世界第三大经济体。日本之所以能成为经济强国，主要是拥有一批具有较强国际竞争力的大企业，这些企业创造的财富使它成为世界上屈指可数的经济强国。由于国内市场相对狭小，实际需求增加也较为有限，早在20世纪中叶以前，日本企业就积极向国际市场进军，将产品销往国外。日本经济自20世纪60～70年代进入高速发展时期，80年代更是取得了超乎寻常的发展，企业大举进军国际市场，并在出口领域取得了非凡的业绩。90年代日本企业利用高新技术制造高附加值产品打入国际市场，以高科技产品走在了世界的前列。

但是，日本企业的国际化发展并非一帆风顺，国际市场中的不确定性，经营所在国家及地区制度与文化环境的多样性等，对于大多数企业而言都是一大挑战。企业在走向国际化过程中，必然要面对各种经营风险，日本企业也不例外。在竞争日趋激烈的国际市场环境，在经济全球化带来的机遇面前，有些企业获得了成功，也有些企业铩羽而归。如何对日本企业国际化实践进行梳理和总结，了解它们国际化进程中在不同阶段面临的机遇与挑战以及应对措施，对于国际商务领域中的企业国际化研究有着特殊的意义。

本书以世界500强企业国际化战略为背景，对它们在国际化进程中实践的现状及发展进行分析，探讨它们进入国际市场时，以何种方式进入，如何构建国际市场业务体系，如何在适应国外环境的基础上拓展业务等问题。通过专题的形式对车辆与零部件行业、保险行业、贸易行业、电子及电气设备行业、电信行业、银行行业、公用设施行业、信息技术服务行业、金属产品行业、食品店和杂货店行业中的企业国际化发展进行归纳和分析。本书在按照上述行业划分了10个专题，每个专题以1家世界500强企业实践为基础，总共汇集了10家世界500强企业。研究对象考虑了其经典性和时代感，力图全方位地分析世界500强企业的国际化战略，使专题更具有吸引力。专题中包括该企业所属行业资料、企业背景和企业历年相关财务数据走势，在国际化发展中面临的机遇和挑战，以及企业自身国际化战略的执行特点。通过对10家世界500强企业的研究，在回顾它们的国际化发展背景及历程的基础上，解析它们的国际化路径选择与产生的效果。同时，针对它们的国际化发展过程中面临的机遇和挑战，结合专题中企业国际化进程中的有益经验，给出了笔者的分析与思考。最后，提炼了日本企业国际化经验对中国企业的启示。

希望本书在两个方面能够有所贡献：基于对世界500强企业在国际市场上的经营活动进行分析，梳理它们在国际化中的实际情况，总结它们在国际化发展过程中的经验教训；针对世界500强企业国际化的专题予以系统的归纳，揭示和分析它们的核心竞争优势或存在的问题。在经济全球化的影响下，诸多世界500强企业进入国际市场拓展业务，本书列举的企业数量极为有限，且涉及行业范围面较为狭窄，未能涓滴不漏地覆盖所有行业。随着全球化的不断深入与发展，会有越来越多的中国企业向国际化扩张，本书可以作为企业国际化研究的有益补充。

程天敏

2021 年 1 月

目　　录

第1章　世界500强企业概况

1.1 主要国家企业上榜数量与行业分布

1.1.1 主要国家历年企业上榜数量

自20世纪50年代开始，跨国公司无论是在国内还是在国际上，都在以极快的速度席卷市场并进行扩张。《财富》杂志认为社会上存在对此类企业进行排名的需求，应该根据它们的营业收入创建一个排行榜。据财富中文网在2010年发表的"《财富》世界500强排行榜的历史"信息所示，这个排行榜始于1955年，而涵盖各行业的世界500强企业榜单则首次出现在1995年8月7日发布的《财富》杂志上①。通过20余年来的世界主要国家上榜数量，基于纵向不同年份的比较，可以了解在这段时期内的一些重大变化（见图1-1）。可以看出，进入21世纪之后，世界主要国家企业在榜单所占的席位出现了显著变化。

在上榜企业的总体数量上，截至2010年美国和日本都稳居全球第一和第二位。其中，美国上榜企业数量最高纪录出现在2002年榜单，这一年有198家入围，占到了总上榜企业数量近4成。2011年中国上榜企业数量达到69家，超过了日本的68家而位居榜眼。从此，中国企业便一发不可收拾，在世界500强榜单上的总数逐年递增，与日本上榜企业数量差距逐渐拉大，持续追赶美国上榜企业数量。2018年中国上榜企业数量达到了120家，与美国上榜数量的126家仅一步之遥。到了2019年中国上榜企业数量高达129家，首次取代美国跃居榜首，远远将日本52家甩在身后。

---

① 财富中文网.《财富》世界500强排行榜的历史.［2010-12-14］. http://www.fortunechina.com/features/c/2010-12/14/content_45776.htm.

与近 20 年中国上榜企业数量持续增长相反，日本上榜企业数量却在下滑。2002 年榜单是日本上榜企业数量的分水岭，这一年开始从前一年的三位数下跌至两位数，数量跌至 88 家，此后再也没有突破三位数。其他两个主要国家法国和德国的上榜企业数量，除了德国在 1998 年和 1999 年分别有 41 家和 42 家入围，以及法国在 2003 年和 2009 年分别有 40 家入围以外，其他年份均未超过 40 家。法德两国上榜企业数量自 2000 年以来，截至 2012 年均在 30 ~ 40 家徘徊，2013 年之后部分年份甚至降到 30 家以下，再也没有突破 40 家。

在过去的 20 余年里，上榜企业数量增长最快的国家主要来自中国和印度等新兴经济体。中国上榜企业数量从 1998 年的 6 家增加到 2019 年的 129 家，增长了约 20 倍。图 1 – 1 没有显示印度和俄罗斯，据《财富》杂志官方网站发布信息所示，印度和俄罗斯在 1998 年分别只有 1 家上榜，到了 2019 年分别有 7 家和 4 家上榜，可见两国的上榜企业数量也增长了数倍。

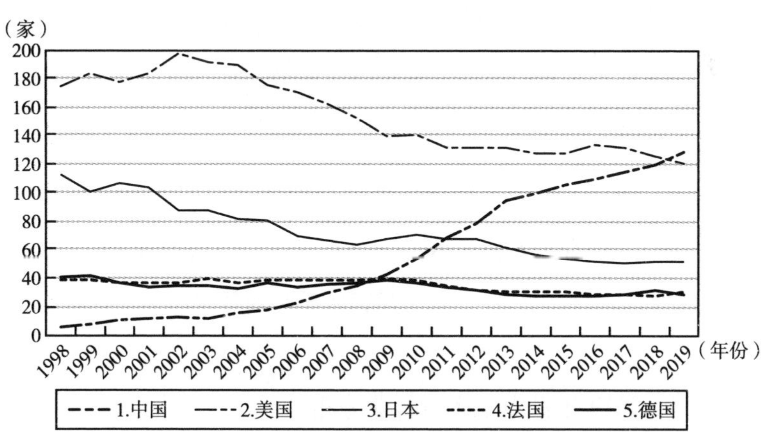

图 1 – 1　世界 500 强主要国家上榜企业数量走势

资料来源：笔者根据 1998 ~ 2019 年《财富》世界 500 强相关资料制作。

1.1.2 2019年世界500强上榜企业数量国别分布

由图1－2可知，2019年世界500强中，中国上榜企业数量占比约26%，美国上榜企业数量占比约24%，中美两国合计占了总数一半。日本占比约10%，德国和法国占比约6%，其他国家上榜数量相对较少，占比均在5%以下。总体上，在上榜数量方面，世界500强企业被中国、美国、日本“三分天下”，三个国家合计占了总数6成。总体观察，上榜企业数量排名靠前的国家，GDP总量也是名列前茅，即GDP总量的多寡，为有更多实力雄厚的企业上榜世界500强，以及在世界500强中排名前移奠定了基础。

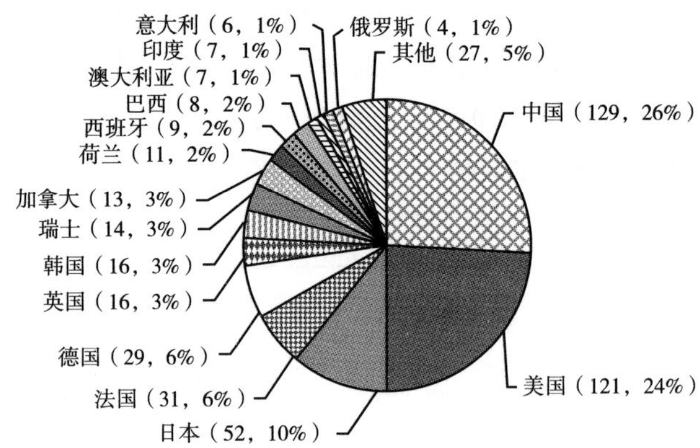

图1－2 2019年世界500强主要国家的上榜企业数量占比

资料来源：笔者根据2019年《财富》世界500强相关资料制作。

1.1.3 2019年世界500强行业分布

如表1－1所示，2019年世界500强共覆盖了50个行业。金融服务领域仍然位居榜首，银行行业上榜企业54家，占总数的10.8%；保险行业上榜企业紧随其后，为50家，占总数1成。第3至第10

位，依次为车辆与零部件行业 34 家，炼油行业 32 家，采矿及原油生产行业各 22 家，食品店和杂货店行业 19 家，金属产品行业 19 家，贸易行业 19 家，电信行业 16 家，公用设施行业 16 家。前十行业上榜企业数量共计 281 家，占总数 56.2%。

表 1－1　　　　2019 年世界 500 强各行业分布

序号	行　　业	上榜企业数量	占比（%）
1	银行	54	10.8
2	保险	50	10.0
3	车辆与零部件	34	6.8
4	炼油	32	6.4
5	采矿、原油生产	22	4.4
6	食品店和杂货店	19	3.8
7	金属产品	19	3.8
8	贸易	19	3.8
9	电信	16	3.2
10	公用设施	16	3.2
11	电子、电气设备	15	3.0
12	航天与防务	14	2.8
13	工程与建筑	12	2.4
14	制药	11	2.2
15	专业零售	10	2.0
16	计算机、办公设备	9	1.8
17	多元化金融	9	1.8
18	能源	9	1.8
19	化学品	8	1.6
20	航空	7	1.4
21	食品生产	7	1.4
22	工业机械	7	1.4
23	互联网服务和零售	7	1.4
24	邮件、包裹及货物包装运输	7	1.4
25	建材、玻璃	5	1.0

续表

序号	行　　业	上榜企业数量	占比（%）
26	食品：消费产品	5	1.0
27	保健：保险和管理医保	5	1.0
28	管道运输	5	1.0
29	半导体、电子元件	5	1.0
30	批发：保健	5	1.0
31	房地产	5	1.0
32	饮料	4	0.8
33	综合商业	4	0.8
34	信息技术服务	4	0.8
35	其他	4	0.8
36	计算机软件	3	0.6
37	家居、个人用品	3	0.6
38	网络、通信设备	3	0.6
39	铁路运输	3	0.6
40	船务	3	0.6
41	服装	3	0.6
42	娱乐	2	0.4
43	烟草	2	0.4
44	批发：电子、办公设备	2	0.4
45	批发：食品	2	0.4
46	建筑和农业机械	2	0.4
47	保健：医疗设施	2	0.4
48	医疗器材和设备	2	0.4
49	多元化外包服务	2	0.4
50	纺织	2	0.4

资料来源：笔者根据 2019 年《财富》世界 500 强相关资料整理。

1.2　上榜企业概况

1.2.1　2019 年日本上榜企业

（1）52 家上榜。

2019 年世界 500 强企业中，日本占了 52 家。从表 1 – 2 中可见，排名前 10 位中，车辆与零部件、电子及电气设备行业占据了 4 席，日本在制造业方面依然保持强劲势头。当美国制造业深陷衰退泥潭时，日立、索尼、松下、三菱电机等大企业基本都是经历了 2008 年全球金融危机后的绝地重生。这其实也说明，日本工业技术仍然是全球领先的，尤其是高新技术产业处于全球领先地位。

表 1 – 2　　2019 年世界 500 强日本上榜企业

日本企业名次	世界 500 强名次	企　　业	经营领域
1	10	丰田汽车	车辆与零部件
2	33	三菱商事株式会社	贸易
3	34	本田汽车	车辆与零部件
4	52	日本邮政控股公司	人寿与健康保险（股份）
5	64	日本电报电话公司	电信
6	65	伊藤忠商事株式会社	贸易
7	66	日产汽车	车辆与零部件
8	98	软银集团	电信
9	102	日立	电子及电气设备
10	105	JXTG 控股有限公司	炼油
11	116	索尼	电子及电气设备
12	118	日本永旺集团	食品店和杂货店
13	125	日本生命保险公司	人寿与健康保险（互助）

续表

日本企业名次	世界500强名次	企　业	经营领域
14	131	松下	电子及电气设备
15	147	丸红株式会社	贸易
16	153	第一生命控股有限公司	人寿与健康保险（股份）
17	157	三井物产株式会社	贸易
18	159	Seven&I 控股公司	食品店和杂货店
19	162	丰田通商公司	贸易
20	166	三菱日联金融集团	银行
21	178	东京电力公司	公用设施
22	186	日本制铁集团公司	金属产品
23	209	三井住友金融集团	银行
24	222	MS&AD 保险集团控股有限公司	财产与意外保险（股份）
25	224	东京海上控股有限公司	财产与意外保险（股份）
26	230	电装公司	车辆与零部件
27	231	住友商事	贸易
28	245	KDDI 电信公司	电信
29	300	三菱电机有限公司	电子及电气设备
30	324	明治安田生命保险公司	人寿与健康保险（互助）
31	327	大和房建	工程与建筑
32	334	三菱重工业有限公司	工业机械
33	339	爱信精机	车辆与零部件
34	345	佳能	计算机及办公设备
35	349	富士通	信息技术服务
36	350	日本瑞穗金融集团	银行
37	351	三菱化学控股	化学品
38	354	日本出光兴产株式会社	炼油
39	356	日本钢铁工程控股公司	金属产品
40	357	铃木汽车	车辆与零部件
41	371	东芝	电子及电气设备

续表

日本企业名次	世界 500 强名次	企　　业	经营领域
42	374	普利司通	车辆与零部件
43	377	损保控股有限公司	财产与意外保险（股份）
44	378	住友生命保险公司	人寿与健康保险（互助）
45	389	马自达汽车	车辆与零部件
46	420	关西电力公司	公用设施
47	436	Medipal 控股公司	批发：保健
48	437	住友电工	车辆与零部件
49	440	斯巴鲁公司	车辆与零部件
50	453	日本中部电力公司	公用设施
51	458	东日本旅客铁道株式会社	铁路运输
52	470	日本电气公司	信息技术服务

资料来源：笔者根据 2019 年《财富》世界 500 强相关资料整理。

（2）行业分布。

从行业分布，可以了解上榜企业的全行业特征。鉴于此，针对上榜企业所属行业进行了梳理，结果如表 1－3 所示。52 家企业涵盖了车辆与零部件、保险和贸易等 17 个行业，呈现出种类覆盖面较广的特点。从行业分布上呈现以下两点特征：

第一，车辆与零部件、保险和贸易行业较发达。车辆与零部件行业占据 10 个席位，是日本上榜企业最多的行业，占日本上榜企业总数约 2 成。保险行业与贸易行业分别有 8 家与 6 家企业上榜，位居第二和第三。另外，上榜企业数量超过 5 家的还有电子及电气设备行业。

第二，多家企业进入所属行业世界前 10 位。2019 年世界 500 强上榜 10 家车辆与零部件行业企业，分别为丰田①、本田②、日产③、

① 丰田的外文全称为“丰田自动车株式会社”，此处称为“丰田汽车”。
② 本田的外文全称为“本田技研工业株式会社”，此处称为“本田汽车”。
③ 日产的外文全称为“日产自动车株式会社”，此处称为“日产汽车”。

电装公司、爱信精机、铃木[①]、普利司通、马自达[②]、住友电工、斯巴鲁公司。其中，丰田汽车、本田汽车、日产汽车均进入车辆与零部件行业世界前10位。此外，世界最大的10家贸易企业排行榜中，日本占了6家，分别为三菱商事、伊藤忠商事、丸红、三井物产、丰田通商、住友商事；世界最大的10家电子及电气设备企业排行榜中，也有4家入围，分别是日立、索尼、松下、三菱电机。由此可见，日本在车辆与零部件、贸易、电子及电气设备行业仍能保持强劲的竞争力。在电信行业，有两家日本企业进入世界前10位，分别是日本电报电话公司和软银集团；在食品店和杂货店行业，世界前10位中日本企业也不甘落后，日本永旺集团和Seven&I控股公司入围；在信息技术服务行业，2019年世界500强上榜4家企业中日本占了2家，分别是富士通和日本电气公司。与此同时，保健、铁路运输等与生活、健康出行关系密切的产业里，也有着日本企业的身影。

表1-3　2019年日本上榜企业行业分布

序号	行　业	上榜企业数量	占比（%）
1	车辆与零部件	10	19.2
2	保险	8	15.4
3	贸易	6	11.5
4	电子、电气设备	5	9.6
5	电信	3	5.8
6	公用设施	3	5.8
7	银行	3	5.8
8	信息技术服务	2	3.8
9	炼油	2	3.8
10	金属产品	2	3.8
11	食品店和杂货店	2	3.8

① 铃木的外文全称为“铃木株式会社”，此处称为“铃木汽车”。

② 马自达的外文全称为“马自达株式会社”，此处称为“马自达汽车”。

续表

序号	行　　业	上榜企业数量	占比（%）
12	化学品	1	1.9
13	工业机械	1	1.9
14	工程与建筑	1	1.9
15	批发：保健	1	1.9
16	计算机、办公设备	1	1.9
17	铁路运输	1	1.9

资料来源：笔者根据 2019 年《财富》世界 500 强相关资料整理。

（3）总部所在城市。

如图 1－3 所示，总部位于东京有 38 家[①]，占到日本上榜企业 52 家的 7 成以上。尤其是车辆与零部件、贸易、电子及电气设备、金融行业的企业，总部大部分位于东京的中央区、千代田区和港区，都是榜单上的“常青树”。总部位于其他城市的企业数量分别如下：大阪 7 家，名古屋和刈谷各 2 家，千叶、广岛和滨松各 1 家。

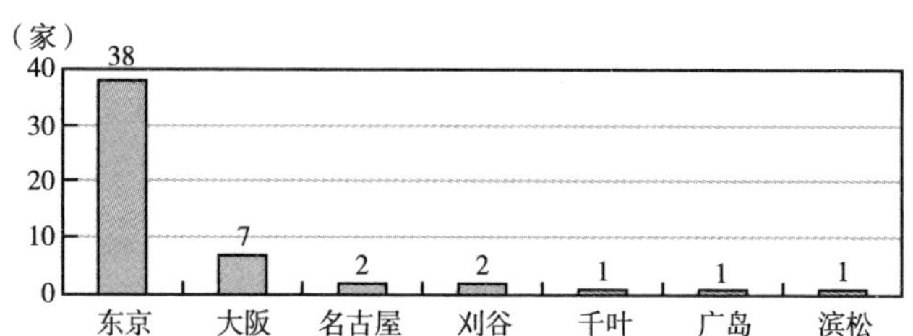

图 1－3　2019 年日本上榜企业总部所在城市分布

资料来源：笔者根据 2019 年《财富》世界 500 强相关资料制作。

（4）雇员数。

雇员数量方面，由图 1－4 可见，超过 10 万人有 21 家，占总数约 4 成；超过 3 万人有 50 家，占总数 95% 以上。52 家雇员数共计 5708729 人，平均每家企业雇员数量为 109783 人。

① 总部所在城市“东京”中，除东京以外，还包括横滨。后者是神奈川县首府城市，日本的“县”为一级行政区。例如，日产汽车总部就位于横滨。

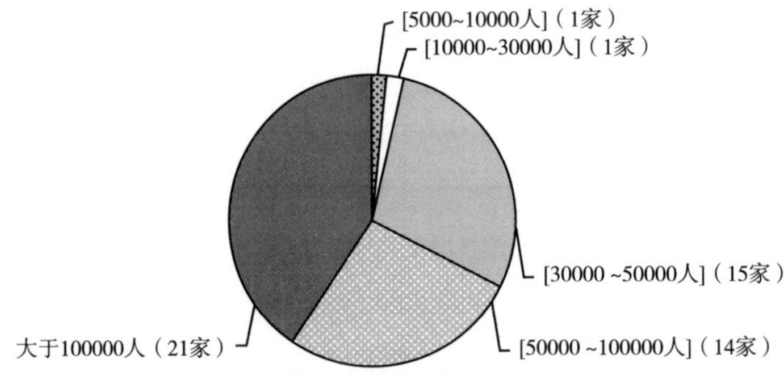

图 1 －4　2019 年日本上榜企业雇员数分布

资料来源：笔者根据 2019 年《财富》世界 500 强相关资料制作。

（5）制造业与非制造业占比。

如图 1 －5 所示，日本上榜企业中，制造业为 22 家，非制造业为 30 家，分别占总数的 42% 和 58% 。

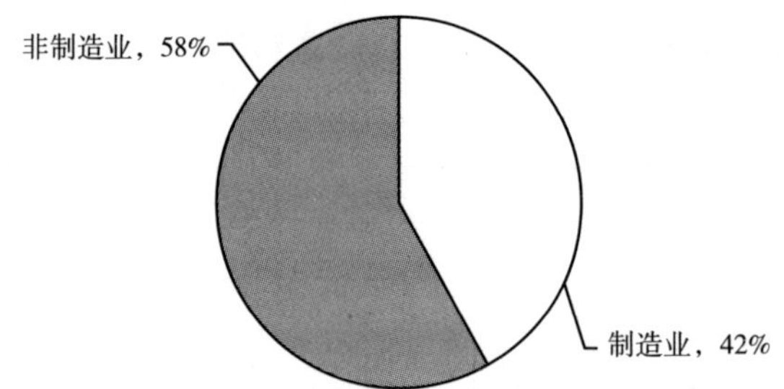

图 1 －5　2019 年日本上榜企业制造业与非制造业分布

资料来源：笔者根据 2019 年《财富》世界 500 强相关资料制作。

表 1 －4 显示了入围 2019 年世界 500 强的日本制造业前十企业。有 8 家营业收入较上年有所增加，其中日本制铁上涨幅度最大，达到 8.1% ；日产汽车和三菱重工较上年营业收入下降，分别下滑了 3.2% 和 0.3% 。总体来看，日本制造业前十企业中的大部分较上年营业收入略有增加。

表 1－4　　日本制造业前十企业

序号	企　业	2019 年世界 500 强排名	营业收入增减
1	丰田汽车	10	2.8%
2	本田汽车	34	3.4%
3	日产汽车	66	－3.2%
4	日立	102	1.1%
5	索尼	116	1.4%
6	松下	131	0.2%
7	日本制铁公司	186	8.1%
8	电装公司	230	4.9%
9	三菱电机有限公司	300	1.9%
10	三菱重工业有限公司	334	－0.3%

资料来源：笔者根据 2019 年《财富》世界 500 强相关资料整理。

（6）财务状况。

从收益率方面可以在一定程度上反映出企业运行质量的优劣。如表 1－5 所示，2019 年上榜的日本企业 52 家，营业收入合计 31291.30 亿美元，利润合计 1622.92 亿美元。由此得出，每家企业平均营业收入为 601.75 亿美元，平均利润为 31.21 亿美元。根据这两项数据计算，日本上榜企业的平均营业收益率为 5.2%。

表 1－5　　2019 年日本上榜企业主要财务数据

日本企业排名	企业名称	营业收入（百万美元）	利润（百万美元）	利润率（%）
1	丰田汽车	272612.0	16982.0	6.2
2	三菱商事株式会社	145243.3	5328.0	3.7
3	本田汽车	143302.9	5504.6	3.8
4	日本邮政控股公司	115220.5	4324.0	3.8
5	日本电报电话公司	107146.9	7707.5	7.2
6	伊藤忠商事株式会社	104627.3	4514.3	4.3
7	日产汽车	104390.6	2878.4	2.8
8	软银集团	86604.7	12727.9	14.7

续表

日本企业排名	企业名称	营业收入（百万美元）	利润（百万美元）	利润率（%）
9	日立	85507.8	2007.2	2.3
10	JXTG 控股有限公司	82733.3	2907.1	3.5
11	索尼	78157.7	8264.0	10.6
12	日本永旺集团	77122.5	214.0	0.3
13	日本生命保险公司	74202.3	2514.5	3.4
14	松下	72178.4	2562.8	3.6
15	丸红株式会社	66753.5	2082.5	3.1
16	第一生命控股有限公司	64794.9	2029.6	3.1
17	三井物产株式会社	62751.4	3735.9	6.0
18	Seven&I 控股公司	61486.5	1838.0	3.0
19	丰田通商公司	60994.3	1196.1	2.0
20	三菱日联金融集团	60405.3	7871.0	13.0
21	东京电力公司	57167.4	2096.1	3.7
22	日本制铁集团公司	55720.2	2265.3	4.1
23	三井住友金融集团	51728.0	6554.1	12.7
24	MS&AD 保险集团控股有限公司	49609.6	1738.0	3.5
25	东京海上控股有限公司	49395.7	2476.5	5.0
26	电装公司	48368.0	2295.6	4.7
27	住友商事	48155.7	2890.9	6.0
28	KDDI 电信公司	45820.8	5570.9	12.2
29	三菱电机有限公司	40766.1	2044.2	5.0
30	明治安田生命保险公司	37722.9	2070.6	5.5
31	大和房建	37371.2	2141.5	5.7
32	三菱重工业有限公司	36783.5	914.1	2.5
33	爱信精机	36465.7	993.2	2.7
34	佳能	35796.9	2289.5	6.4
35	富士通	35647.9	943.1	2.6
36	日本瑞穗金融集团	35406.3	870.9	2.5

续表

日本企业排名	企业名称	营业收入（百万美元）	利润（百万美元）	利润率（%）
37	三菱化学控股	35386.4	1529.0	4.3
38	日本出光兴产株式会社	35091.0	734.6	2.1
39	日本钢铁工程控股公司	34937.4	1474.7	4.2
40	铃木汽车	34917.9	1612.3	4.6
41	东芝	33312.8	9138.8	27.4
42	普利司通	33062.9	2641.7	8.0
43	损保控股有限公司	32857.4	1322.5	4.0
44	住友生命保险公司	32825.0	435.3	1.3
45	马自达汽车	32150.8	572.5	1.8
46	关西电力公司	29832.5	1037.9	3.5
47	Medipal 控股公司	28698.5	309.9	1.1
48	住友电工	28662.9	1064.8	3.7
49	斯巴鲁公司	28505.4	1333.1	4.7
50	日本中部电力公司	27374.1	716.3	2.6
51	东日本旅客铁道株式会社	27076.1	2662.6	9.8
52	日本电气公司	26277.0	362.5	1.4
平均	—	60175.6	3121.0	5.2

资料来源：笔者根据 2019 年《财富》世界 500 强相关资料整理。

1.2.2　日本经济和企业国际化发展

日本经济在 20 世纪 50 年代中期以后高速发展。从这一时期开始，居民生活水平逐渐提高，被称为“三种神器”的黑白电视机、电冰箱、洗衣机逐步进入普通家庭。从 20 世纪 50 年代后半期到 60 年代后半期，经济一直保持高速增长，年均增长率达 10%。这一阶段，日本的经济指标已位居世界前列，成为世界经济发展速度最快的国家之一。1968 年，日本成为仅次于美国的世界第二经济大国。

1973年，第一次石油危机爆发后，日本加快了产业结构调整的步伐，克服石油危机并着力推动经济转型。20世纪80年代，日本的经济实力进一步增强，在现代支柱产业汽车和半导体这两大领域超越美国，实现了戏剧性的逆转。这一阶段，日本经济一片繁荣，股价节节攀升到达制高点。反映东京证券交易所股票价格变动的平均指数“日经指数”，在1983年为8000日元左右；1987年10月超过了26000日元；1989年12月更是超过了38000日元。

进入20世纪90年代，日本经济开始出现衰退。1990年1月，东京证券交易所的股价全面下跌。随后，一路高涨的房价也跟着轰然倒塌，经济开始陷入了多年的持续低迷。由于泡沫经济的破裂，陷入了长达10年、20年的低迷期，被称为“失去的十年”“失去的二十年”。2008年，美国次贷危机的爆发，也给日本企业的营利构成了压力。虽然美国次贷危机已经被淡忘，但那时日本许多企业都陷入了经营困境，尤其是金融业被推到了风口浪尖。除了金融业外，由于欧美市场出现萎缩，日本企业的出口也受到严重冲击，导致制造业也陷入了困局，其经济形势的严峻性不言而喻。

然而，对于一个在逆境中求发展以及善于借鉴他国经验的国家而言，19世纪向西方学习“脱亚入欧”、20世纪40年代中后期向美国学习。1968年，战后仅用了23年日本GDP超过西德跃居世界第二。截至2010年的过去43年，日本一直是仅次于美国的世界第二号经济强国。以1985年的“广场协议”为分水岭①，35年间，日本企业所处的经营环境发生了巨大变化。以出口为导向的日本经济过于依赖出口，而“广场协议”的出现让日本经济陷入日元升值导致的不景气泥潭。即使在这样的情况下，1995年日本GDP依然占了亚洲GDP总额的一半以上。换言之，在亚洲地区当时1.25亿人口的日本GDP，

① “广场协议”是1985年9月22日，美国、日本、法国、英国以及当时的西德五个工业发达国家财政部长及央行行长在纽约的广场饭店（Plaza Hotel）会晤后，达成关于五国政府联合干预外汇市场的协议。

比除日本以外的国家和地区超过 30 亿的总人口 GDP 还高，可见 20 世纪 90 年代日本经济实力非同一般。当时，以索尼、松下、丰田为代表的日本企业凭借先进的技术和高效的运营，把来自世界各地的原材料加工成高质量的工业产品，再销往世界各地，日本品牌的名声也响彻世界。

在越过“失去的十年”“失去的二十年”之后，从 2010 年起日本经济逐步复苏。2011 年由于受到东日本大地震灾害等方面的影响，日本 GDP 为负增长。2012 年开始，日本经济总体就一直保持温和增长的态势，终于摆脱了长达十几年的萧条。2018 年，日本房价迎来了自 1991 年地产泡沫破灭以来的首次上涨。日本内阁府也表示，此次经济复苏期的持续时间，创下了第二次世界大战后第二长的记录。在现代经济体中，日本经济一直是经济学家乐此不疲的研究领域。从战败后的一片废墟迅速发展到七八十年代的号称“一亿总中流（一亿中产阶级社会)”，到被称为“失去的二十年”的持续萧条，再到近十年来的逐步复苏，跌宕起伏的日本经济成为现代经济体研究人士中长期关注的标本。毋庸置疑，日本企业的财富创造极大地促进了本国经济的发展，成为其经济发展的重要引擎。在技术研发、对外投资方面都对世界其他国家和地区产生了一定影响，日本也正是凭借着自身的现代化管理，将多家本国企业送入世界 500 强企业榜单。

第2章 车辆与零部件行业

2.1 车辆与零部件行业概况

2.1.1 34 家车辆与零部件企业

如表 2－1 所示，2019 年全球共有 34 家车辆与零部件企业上榜，与 2018 年持平。纵向比较来看，大众汽车凭借 2783.41 亿美元营业收入雄踞车辆与零部件行业的首位。丰田汽车凭借 2726.12 亿美元营业收入进入世界 500 强前 10 位之中，在车辆与零部件行业中位列榜眼。戴姆勒股份公司以接近 2000 亿美元的营业收入，位列车辆与零部件行业探花。前三甲依然被车辆与零部件制造强国——德国和日本牢牢占据。福特汽车和通用汽车分别以 1603.38 亿美元和 1470.49 亿美元的营业收入列车辆与零部件行业第 4 位、第 5 位。

车辆与零部件行业前 10 位企业中，德国有 4 家入围，除上述提及进入行业前 10 位的大众汽车和戴姆勒股份公司外，其他 2 家是宝马集团和博世集团；日本有 3 家入围，除丰田汽车外，其他 2 家是本田汽车和日产汽车；美国入围 2 家为福特汽车和通用汽车；另 1 家来自中国，为上海汽车集团股份有限公司。2019 年，车辆与零部件行业前 10 位企业中，有 9 家与上年一样，另 1 家博世集团取代了东风汽车集团有限公司。后者较上年下滑一个名次，列第 11 名。

日本共有 10 家企业入围，占全球上榜车辆与零部件企业总数的 29.4%，是该行业上榜企业数量最多国家。除进入行业前 10 位的丰田汽车、本田汽车以及日产汽车，其他 7 家分别是电装公司、爱信精机、铃木汽车、普利司通、马自达汽车、住友电工和斯巴鲁公司。由此可见，在车辆与零部件行业中，日本企业占据着主导地位。

表2－1　　上榜34家车辆与零部件企业概况

排名	企业	所属国家	总部所在地	2019年排名	2018年排名	名次变化	营业收入（百万美元）	（营业收入）年增减	利润（百万美元）	（利润）年增减	利润率
1	大众汽车	德国	沃尔夫斯堡	9	7	－2	278341.5	7.0%	14322.5	9.3%	5.1%
2	丰田汽车	日本	东京	10	6	－4	272612.0	2.8%	16982.0	－24.6%	6.2%
3	戴姆勒股份公司	德国	斯图加特	18	16	－2	197515.3	6.6%	8555.0	－27.9%	4.3%
4	福特汽车	美国	迪尔伯恩	30	22	－8	160338.0	2.3%	3677.0	－51.6%	2.3%
5	通用汽车	美国	底特律	32	21	－11	147049.0	－6.5%	8014.0	—	5.4%
6	本田汽车	日本	东京	34	30	－4	143302.9	3.4%	5504.6	－42.4%	3.8%
7	上海汽车集团股份有限公司	中国	上海	39	36	－3	136392.5	5.9%	5443.8	6.9%	4.0%
8	宝马集团	德国	慕尼黑	53	51	－2	115042.8	3.4%	8399.3	－13.6%	7.3%
9	日产汽车	日本	东京	66	54	－12	104390.6	－3.2%	2878.4	－57.3%	2.8%
10	博世集团	德国	斯图加特	77	75	－2	92601.9	5.2%	3596.0	15.9%	3.9%
11	东风汽车集团有限公司	中国	武汉	82	65	－17	90934.2	－2.5%	1599.7	14.3%	1.8%
12	中国第一汽车集团有限公司	中国	长春	87	125	38	89804.7	29.2%	2660.3	－6.8%	3.0%
13	现代汽车	韩国	首尔	94	78	－16	87999.2	3.2%	1370.8	－61.6%	1.6%

续表

排名	企业	所属国家	总部所在地	2019 年排名	2018 年排名	名次变化	营业收入（百万美元）	（营业收入）年增减	利润（百万美元）	（利润）年增减	利润率
14	标致雪铁龙集团	法国	吕埃－马迈松	96	108	12	87364.3	18.9%	3336.3	53.4%	3.8%
15	北京汽车集团有限公司	中国	北京	129	124	－5	72677.4	4.4%	1097.7	－29.4%	1.5%
16	雷诺汽车	法国	布洛涅—比扬古	143	134	－9	67764.1	2.3%	3896.9	－32.4%	5.8%
17	广州汽车工业集团有限公司	中国	广州	189	202	13	55037.2	9.4%	885.5	－10.5%	1.6%
18	德国大陆集团	德国	汉诺威	205	206	1	52404.7	5.6%	3419.3	1.6%	6.5%
19	浙江吉利控股集团有限公司	中国	杭州	220	267	47	49665.4	20.6%	1969.3	8.2%	4.0%
20	起亚汽车	韩国	首尔	227	219	－8	49238.4	4.0%	1050.7	22.7%	2.1%
21	电装公司	日本	刈谷	230	229	－1	48368.0	4.9%	2295.6	－20.7%	4.7%
22	沃尔沃集团	瑞典	哥德堡	253	286	33	44957.0	14.8%	2863.9	16.6%	6.4%
23	印度塔塔汽车公司	印度	孟买	265	232	－33	43599.2	－4.9%	－4122.0	－395.6%	－9.5%
24	采埃孚	德国	腓特烈港	266	268	2	43582.4	6.1%	1064.5	－12.9%	2.4%
25	怡和集团	中国	香港	280	283	3	42527.0	7.8%	1732.0	－54.2%	4.1%
26	麦格纳国际	加拿大	奥罗拉	299	287	－12	40827.0	4.8%	2296.0	4.1%	5.6%

续表

排名	企业	所属国家	总部所在地	2019年排名	2018年排名	名次变化	营业收入（百万美元）	（营业收入）年增减	利润（百万美元）	（利润）年增减	利润率
27	爱信精机	日本	刈谷	339	329	-10	36465.7	3.4%	993.2	-18.2%	2.7%
28	铃木汽车	日本	滨松	357	348	-9	34917.9	3.0%	1612.3	-17.2%	4.6%
29	普利司通	日本	东京	374	365	-9	33062.9	1.7%	2641.7	2.7%	8.0%
30	马自达汽车	日本	广岛	389	378	-11	32150.8	2.5%	572.5	-43.4%	1.8%
31	现代摩比斯公司	韩国	首尔	393	380	-13	31949.4	2.8%	1716.9	23.8%	5.4%
32	住友电工	日本	大阪	437	425	-12	28662.9	3.0%	1064.8	-2.0%	3.7%
33	斯巴鲁公司	日本	东京	440	384	-56	28505.4	-7.3%	1333.1	-33.0%	4.7%
34	米其林公司	法国	克莱蒙费朗	478	478	0	25996.7	5.0%	1979.1	3.3%	7.6%

资料来源：笔者根据2018年、2019年《财富》世界500强相关资料整理。

2.1.2 整车企业概况

（1）23 家整车企业。

34 家车辆与零部件企业中，整车企业有 23 家。其中，中国和日本各有 6 家，德国有 3 家，美国、法国和韩国各有 2 家，瑞典和印度各有 1 家（见图 2－1）。

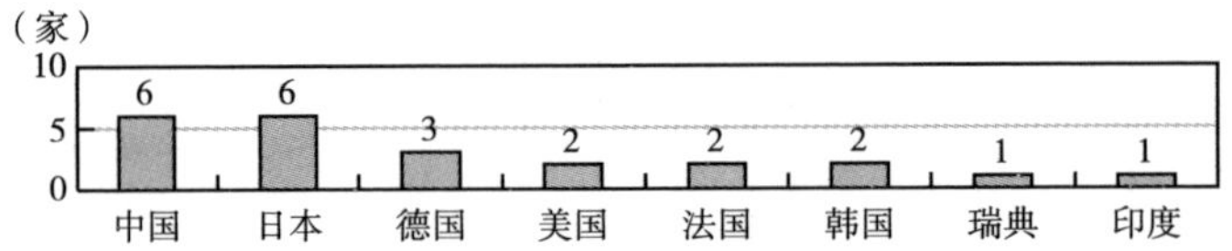

图 2－1　23 家整车企业国别分布

资料来源：笔者根据 2019 年《财富》世界 500 强相关资料制作。

由表 2－2 可知，在 2019 年上榜的 23 家整车企业中，5 家排名上升。其中，上升幅度最大的浙江吉利控股集团有限公司的名次较上年提前了 47 位，其他 4 家企业，中国第一汽车集团有限公司、标致雪铁龙集团、广州汽车工业集团有限公司、沃尔沃集团的名次较上年也均上升了两位数。但是，有 18 家企业总排名较上年下滑。印度塔塔汽车公司是上榜的 23 家整车企业中唯一出现亏损的企业，亏损金额达 41.22 亿美元。

表 2－2　　上榜 23 家整车企业

世界整车企业排名	企业名称	所属国家	2019 年排名	名次变化	营业收入（百万美元）	利润（百万美元）	利润率（%）
1	大众汽车	德国	9	－2	278341.5	14322.5	5.1
2	丰田汽车	日本	10	－4	272612.0	16982.0	6.2
3	戴姆勒股份公司	德国	18	－2	197515.3	8555.0	4.3
4	福特汽车	美国	30	－8	160338.0	3677.0	2.3

续表

世界整车企业排名	企业名称	所属国家	2019 年排名	名次变化	营业收入（百万美元）	利润（百万美元）	利润率（%）
5	通用汽车	美国	32	-11	147049.0	8014.0	5.4
6	本田汽车	日本	34	-4	143302.9	5504.6	3.8
7	上海汽车集团股份有限公司	中国	39	-3	136392.5	5443.8	4.0
8	宝马集团	德国	53	-2	115042.8	8399.3	7.3
9	日产汽车	日本	66	-12	104390.6	2878.4	2.8
10	东风汽车集团有限公司	中国	82	-17	90934.2	1599.7	1.8
11	中国第一汽车集团有限公司	中国	87	38	89804.7	2660.3	3.0
12	现代汽车	韩国	94	-16	87999.2	1370.8	1.6
13	标致雪铁龙集团	法国	96	12	87364.3	3336.3	3.8
14	北京汽车集团有限公司	中国	129	-5	72677.4	1097.7	1.5
15	雷诺汽车	法国	143	-9	67764.1	3896.9	5.8
16	广州汽车工业集团有限公司	中国	189	13	55037.2	885.5	1.6
17	浙江吉利控股集团有限公司	中国	220	47	49665.4	1969.3	4.0
18	起亚汽车	韩国	227	-8	49238.4	1050.7	2.1
19	沃尔沃集团	瑞典	253	33	44957.0	2863.9	6.4
20	印度塔塔汽车公司	印度	265	-33	43599.2	-4122.0	-9.5
21	铃木汽车	日本	357	-9	34917.9	1612.3	4.6
22	马自达汽车	日本	389	-11	32150.8	572.5	1.8
23	斯巴鲁公司	日本	440	-56	28505.4	1333.1	4.7

资料来源：笔者根据 2019 年《财富》世界 500 强相关资料整理。

从行业的利润率来看，除印度塔塔汽车公司因亏损出现负数以外，其他均为正数。总体上，没有一家利润率达两位数，超过5%的利润率已经是比较高的数值了，2019年榜单上达到这一标准的仅有6家。利润率最高的来自宝马集团达到7.3%，超过5%的还有沃尔沃集团、丰田汽车、雷诺汽车、通用汽车和大众汽车，分别为6.4%、6.2%、5.8%、5.4%和5.1%。

（2）日本整车企业。

2019年世界500强榜单中，共有6家日本整车企业入榜，分别是丰田汽车、本田汽车、日产汽车、铃木汽车、马自达汽车和斯巴鲁公司。作为全球最强大的汽车制造商之一丰田汽车依旧是日本企业的领头羊。在2017年、2018年榜单中丰田汽车连续两年超过大众汽车。虽然在2019年榜单中营业收入被大众汽车超越，世界500强总排名也从2018年的第6跌到2019年的第10，但丰田汽车仍然是全世界最“吸金”的汽车制造商，利润达到169.82亿美元。不过较2018年的225.10亿美元的利润下降了24.6%。

还有2家日本整车企业挺进世界500强前100位，分别是本田汽车和日产汽车。本田汽车以1433.02亿美元的营业收入居总榜单第34名，在世界整车企业中位列第6；日产汽车则以1043.90亿美元的营业收入居总榜单第66名，在世界整车企业中排名第9。此外，铃木汽车、马自达汽车、斯巴鲁公司分列榜单第357、第389、第440位，营业收入分别为349.17亿、321.50亿、285.05亿美元。

利润率方面，丰田汽车达6.2%，仅次于宝马集团（7.3%）和沃尔沃集团（6.4%），在世界整车企业中位居第3。而马自达汽车的利润率略低，仅为1.8%。其他4家，即本田汽车、日产汽车、铃木汽车、斯巴鲁公司的利润率均超过2%。然而，6家日本整车企业位次较上一年均出现下滑，其中斯巴鲁公司下滑幅度最大，下降了56个位次。

（3）中国整车企业。

中国上榜6家整车企业分别是上海汽车集团股份有限公司、东风汽车集团有限公司、中国第一汽车集团有限公司、北京汽车集团有限公司、广州汽车工业集团有限公司和浙江吉利控股集团有限公司。

其中，上海汽车集团股份有限公司以 1363. 92 亿美元的营业收入成为中国整车企业的领头羊。虽然总榜单排名较上年下滑 3 位至 39 位，但仍居世界整车企业第 7 位。上海汽车集团股份有限公司也是唯一一家营业收入突破 1000 亿美元的中国整车企业。东风汽车集团有限公司则以 909. 34 亿美元的营业收入在世界整车企业中排名第 10，但总榜单排名较 2018 年下滑 17 位至 82 位。中国第一汽集团公司紧随其后，以 10 亿美元的营业收入差距位列世界整车企业第 11，总榜单第 87 位。北京汽车集团有限公司、广州汽车工业集团有限公司、浙江吉利控股集团有限公司营业收入分别为 726. 77 亿、550. 37 亿、496. 65 亿美元，分列总榜单第 129 位、第 189 位、第 220 位。另外，作为中国整车企业中国长安汽车集团有限公司的母公司，中国兵器装备集团有限公司的营业收入 338. 96 亿美元，排名世界 500 强第 367 位。

不过，与发达国家整车企业相比，中国整车企业的利润率普遍不高。利润率最高的上海汽车集团股份有限公司和浙江吉利控股集团有限公司利润分别为 54. 43 亿、19. 69 亿美元，利润率均为 4. 0%。中国第一汽集团公司利润率只有 3. 0%。东风汽车集团有限公司、北京汽车集团有限公司、广州汽车工业集团有限公司利润虽然营业收入都超过了浙江吉利控股集团有限公司，但利润分别为 15. 99 亿、10. 97 亿和 8. 85 亿美元，比浙江吉利控股集团有限公司还低，这 3 家企业的利润率均低于 2%，分别为 1. 8%、1. 5% 和 1. 6%。

6 家中国整车企业中，上海汽车集团股份有限公司、东风汽车集团有限公司、北京汽车集团有限公司排名较上年有所下滑，而中国第一汽车集团有限公司、广州汽车工业集团有限公司和浙江吉利控股集团有限公司排名均有所提升。中国整车企业进步最大的无疑是浙江吉利控股集团有限公司，不仅是唯一上榜的民营企业，排名更是较上年上升 47 个位次。

2.1.3 汽车品牌价值

据英国品牌价值评估机构 Brand Finance 发布的“2019 年度全球最有价值汽车品牌 TOP100”榜单所示，前 10 名分别是梅赛德斯奔驰、丰田、大众、宝马、保时捷、本田、奥迪、福特、日产和沃尔沃（见表 2－3）①。

表 2－3　　2019 年全球最有价值汽车品牌前 10 名

2019 年排名	2018 年排名	名次变化	品牌	所属国家	2019 年品牌价值（百万美元）	2018 年品牌价值（百万美元）	价值变化（百万美元）
1	1	0	Mercedes－Benz（梅赛德斯奔驰）	德国	60355	47936	12419
2	2	0	Toyota（丰田）	日本	52291	43701	8590
3	4	1	Volkswagen（大众）	德国	41739	39960	1779
4	3	－1	BMW（宝马）	德国	40501	41790	－1289
5	7	2	Porsche（保时捷）	德国	29347	19055	10292
6	5	－1	Honda（本田）	日本	25744	22132	3612
7	9	2	Audi（奥迪）	德国	19638	14951	4687
8	8	0	Ford（福特）	美国	18772	18172	600
9	6	－3	Nissan（日产）	日本	18753	19376	－623
10	12	2	Volvo（沃尔沃）	瑞典	13772	12635	1137

资料来源：笔者根据 Brand Finance（2019）发布“Automobiles 100 2019”整理。

梅赛德斯奔驰品牌价值以 603.55 亿美元独占鳌头，比上年增加了 124.19 亿美元，成为 2019 年全球价值最高的汽车品牌。位列第 2 的丰田，品牌价值为 522.91 亿美元，比上年增加了 85.90 亿美元。

① Brand Finance. Automobiles 100 2019 [R/OL]. Brand Finance. 2019. https：//brandirectory.com/rankings/automobiles－100－2019.

梅赛德斯奔驰和丰田依旧保持在前两名的位置，大众超越宝马进入前 3 位，品牌价值为 417.39 亿美元，比上年增加了 17.79 亿美元。此外，沃尔沃取代雪佛兰进入了前 10 位。

从进入前 10 位榜单来看，四家品牌排名上升，上升幅度最大的保时捷和沃尔沃名次提前了 2 位。三家品牌总排名下滑，降幅最大的日产滑落了 3 个位次。进入前 10 位的其他日本两家品牌，丰田位次没有变化，本田较上年下滑了 1 个位次。

从品牌价值来看，排名前 10 位品牌总价值为 3209.12 亿美元，同比增加了 412.04 亿美元。其中有 8 家品牌价值同比实现增长，最大增值来自梅赛德斯奔驰；保时捷紧随其后，比上年增加了 102.92 亿美元。可以看出，增值最大的两个品牌均来自德国。其余 2 家品牌价值，宝马和日产同比下滑。其中，宝马降值达到 12.89 亿美元，日产降值也超过了 5 亿美元，达到 6.23 亿美元。

2.2　本田相关多元化

2.2.1　公司简介

1946 年 10 月，日本企业界传奇人物本田宗一郎在静冈县滨松市设立了“本田技术研究所”①。本田的外文全称为“本田技研工业株式会社”，成立于 1948 年 9 月。从创业伊始以及企业名称均带有“技”与“研”就可以看出，对技术研究的重视程度不言而喻。摩托车和汽车是本田的核心产品，并涉足农用机械（草坪机、割灌机、微耕机等）、船用机械（船外机等）、航空机械（小型商用喷气式飞机）等。

① 日本企业界有四位传奇人物，他们分别是索尼创始人盛田昭夫、松下创始人松下幸之助、京瓷创始人稻盛和夫、本田创始人本田宗一郎。

据 Brand Finance 于 2019 年 1 月 22 日在瑞士达沃斯世界经济论坛上发布的《2019 年全球最具价值品牌 500 排行榜》（Brand Finance Global 500 2019）所示，本田公司的 2019 年品牌价值 257.44 亿美元，列全球第 57 位[①]。此外，品牌咨询公司 Interbrand 旗下的日本 Interbrand 于 2019 年 2 月发布数据显示，本田公司的 2019 年品牌价值为 236.82 亿美元，仅次于丰田的 534.04 亿美元，列日本企业第 2 位（Interbrand Japan，2019）[②]。

据本田公司官方网站信息所示[③]，截至 2019 年 3 月 31 日，本田公司拥有员工 219722 人，在日本国内和海外拥有 435 个分支机构："连结子会社（子公司）" 364 家、"持分法適用会社（权益法适用关联公司）" 71 家[④]。2018 年 4 月 1 日至 2019 年 3 月 31 日，本田公司在世界上销售产品 3171 万台：摩托车 2014 万台、汽车 527 万台、其他动力产品（耕耘机、扫雪机、发电机等）630 万台。在世界各地区销量分布：中国（摩托车 93 万台、汽车 147 万台、其他动力产品 58 万台）、日本（摩托车 17 万台、汽车 75 万台、其他动力产品 34 万台）、亚洲·大洋洲（摩托车 1730 万台、汽车 115 万台、其他动力产品 79 万台）、北美（摩托车 29 万台、汽车 191 万台、其他动力产品 305 万台）、欧洲·中东·非洲（摩托车 35 万台、汽车 20 万台、其他动力产品 106 万台）、南美（摩托车 109 万台、汽车 15 万台、其他动力产品 12 万台）。

据本田公司官方网站公布的财务与业绩信息所示[⑤]，2019 年的营

---

① Brand Finance. Brand Finance Global 500 2019 [R/OL]. Brand Finance. 2019 - 01 - 22. https：//brandfinance. com/images/upload/global_500_2019_free. pdf.

② Interbrand Japan. Best Japan Brands 2019 [R/OL]. Interbrand Japan. 2019. https：//www. interbrandjapan. com/ja/bjb/global_brands/2019. html.

③ 本田技研工業株式会社．会社概要．https：//www. honda. co. jp/guide/corporate - profile/.

④ 针对"持分法適用会社"，企业可将其利得或损失记载在合并财务报表中。

⑤ 本田技研工業株式会社．財務·業績情報．https：//www. honda. co. jp/investors/financial_data. html.

业收入 15.88 万亿日元（1433.02 亿美元）中，各领域占比：汽车 69.7%、金融服务 14.9%、摩托车 13.2%、其他 2.2%；各地区占比：北美 53.6%、亚洲（不含日本）23.9%、日本 12.9%、欧洲 4.2%、其他 5.4%。

2.2.2 相关财务数据

如图 2－2 所示，从 2010 年开始，本田公司营业收入突破了 1000 亿美元；利润从 2009 年开始每年均保持在 25 亿美元以上，最高为 2017 年达到了 95.61 亿美元；资产总额从 2008 年开始不断攀升，2018 年达到了 1845.04 亿美元。

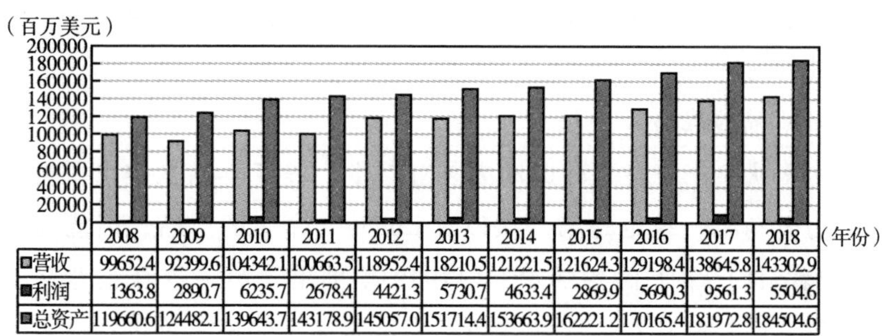

	2008	2009	2010	2011	2012	2013	2014	2015	2016	2017	2018
营收	99652.4	92399.6	104342.1	100663.5	118952.4	118210.5	121221.5	121624.3	129198.4	138645.8	143302.9
利润	1363.8	2890.7	6235.7	2678.4	4421.3	5730.7	4633.4	2869.9	5690.3	9561.3	5504.6
总资产	119660.6	124482.1	139643.7	143178.9	145057.0	151714.4	153663.9	162221.2	170165.4	181972.8	184504.6

图 2－2 本田 2008～2018 年营收、利润与总资产

资料来源：笔者根据 2009～2019 年《财富》世界 500 强相关资料制作。每年《财富》世界 500 强上榜企业的评选标准是上年的营业收入。与此对应，2009 年的数据为上年的数据。

如图 2－3 所示，自 2009 年以来，每年的利润率均达到 2% 以上。2017 年甚至突破了 5%，达到了 6.9%。这里将本田公司历年的利润率进行合计，除以 11 个年度，得出其平均利润率为 3.9%。对于一家主营汽车的生产制造企业而言，每年保持在接近 4% 的利润率，已经是比较高的数值了。

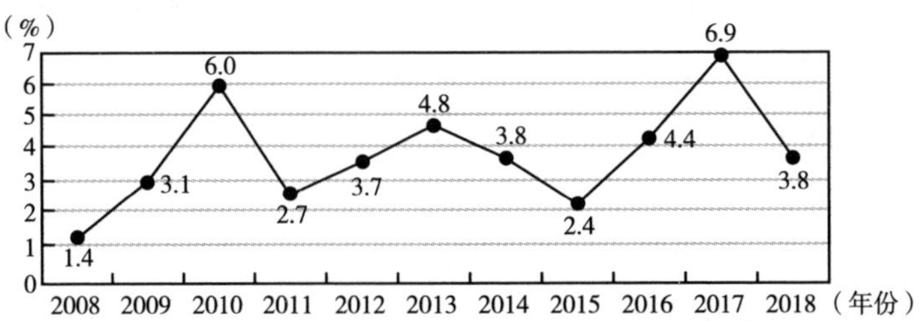

图 2-3 本田 2008~2018 年历年利润率

资料来源：笔者根据 2009~2019 年《财富》世界 500 强相关资料制作。

2.2.3 本田经营战略

以下结合公司官方网站的信息，对其陆地战略、水上战略和空中战略进行阐述①。

（1）陆地战略。

本田从生产自行车辅助动力装置起步，1947 年首次推出了自行车助力发动机，这也是第一次以“Honda”命名的产品，因能简单地装配至自行车上而备受欢迎。1949 年推出了第一款真正意义上的跨骑式两轮摩托车，因被寄予了公司的远大梦想，故将它命名为“梦想号”。早在 1952 年，日本本土经销商就利用本田公司生产的助力发动机自主安装发动机盖并对其进行改良，使其可防止骑手衣服被油弄脏。次年，这款车型销量就突破了 18000 台，成为当时的畅销产品。1958 年，推出了风靡全球的经典小型摩托车“Super Cub（超级幼兽）”系列的第一代车型，这也成为本田公司做大做强的起点。“超级幼兽”系列主要有 Super Cub 50、Super Cub 50 Pro、Super Cub 110、Super Cub 110 Pro、Super Cub C125 等车型。“超级幼兽”推出 59 年后，在 2017 年 10 月全球累计销量突破 1 亿

① 本田中国 . Honda 产品，Honda 技术，关于 Honda. http：//www. honda. com. cn/.

台（日本経済新聞，2017）[1]。据本田公司官方网站发布数据所示[2]，“超级幼兽”车型在 15 个国家的本田工厂生产，并在 160 多个国家进行销售。“超级幼兽”系列已经走过了 60 余个年头，直到今天，该系列产品依然处于热销状态。

20 世纪 50 年代，日本本土摩托车制造商多达百余家，但产品式样几乎都是模仿西方摩托车制造商的车型。如今，日本大型摩托车制造商只剩下本田、雅马哈、铃木和川崎这 4 家。由于本田公司早期生产的小型摩托车拥有独创技术，同行竞争者比较难以突破其专利技术。因此很快就在本土小型摩托车市场上站稳脚步，并以小型摩托车为突破口，逐渐涉足中型摩托车和大型摩托车领域。1969 年，被称为“梦想”系列的“Dream CB750 Four”以“世界最快速度”为目标，将一直以来生产的排气量为 450cc 扩大至 750cc，这也是本田公司首台 750cc 的市售车型。这款车型的特色是，在搭载了 4 个消音器的基础上，又搭载了在当时只有部分汽车上才配置的碟刹制动。产品推出市场后，深受日本用户的欢迎，且受到海外用户的喜爱，在世界范围内掀起了一股 750cc 热。1970 年，又推出“Dream CB450”，因机动性能卓越，被世界各国的交通警察广泛作为警车使用。与此同时，精心的研发与市场推广使“Dream CB450”获得了良好的口碑。当本土以男性为主要营销对象的摩托车市场出现“瓶颈”时，本田公司又推出了以女性为营销对象的摩托车车型。1980 年，推出了对本土踏板车市场起到催化剂作用的第一代 TACT，因操作简便和经济性强而深受本土的学生和上班族喜爱。1982 年，本田又推出了一款 250cc 排气量的公路街跑车，因对车身进行轻量化设计，得到了跑车骑手的认可。

---

① 日本経済新聞．ホンダ「カブ」生産 1 億台老いぬ機能美（企業遺産）[N]．日本経済新聞．[2017－10－20]．

② 本田技研工業株式会社．「スーパーカブ」シリーズ、世界生産累計 1 億台を達成．[2017－10－19]．https://www.honda.co.jp/news/2017/c171019a.html.

本田公司的摩托车产品满足各类消费群体的需求，即以所有的细分市场作为目标市场。首先，从发动机排气量上来说，产品包括小至50cc以下的小型摩托车，中至125cc左右的中型摩托车，大至750 cc的大型摩托车。其次，从产品功能上来说，既有学生和上班族用的踏板车，也有世界各国交通警察使用的警用摩托车，还有活跃于世界摩托车耐力锦标赛赛场的超级跑车。最后，从产品价格上来说，最便宜产品销售价格在数千元人民币，中低端产品销售价格在数万元人民币，高端产品销售价格则要数十万元人民币。高端产品甚至比某些汽车销售价格还要高出一截。可以看出，本田公司的车型几乎涵盖所有摩托车市场，只要是潜在购买摩托车的用户，大多能在其推出的产品中寻找适合自己的一款产品。

与此同时，本田公司在研发摩托车当中又衍生出一系列农用机械产品。迄今为止，本田公司已经有数十年生产耕耘机的经验。在研发方面，充分考虑到销售国家土壤的特质、操作人员的操控性及安全性，使产品不仅适用于大规模的作业，还能在苛刻地形的环境下满足用户的使用需求。本田公司还研发草坪机、割灌机等其他机械产品，让产品线更完整，满足用户更多需求。例如，草坪机因操作简便，使用户在更加轻松的环境中愉快作业，尤其是适用于不能操作大型草坪机的女性及老年人使用，备受西方国家用户欢迎。此外，本田公司还生产通用发电机，在售价不变的基础上不断优化产品设计，大幅提升产品性能，为广大用户带来生活及工作上的便捷，受到众多用户的青睐。纵观本田公司的陆上战略，从小型通用发动机、摩托车、汽车乃至跑车等各领域都拥有一系列产品，并不断研究开发推出新产品上市。

（2）水上战略。

创始人本田宗一郎的执念是“不可能へのチャレンジ（我们只挑战不可能）”。为了让速度不断取得突破，挑战卓越技术，从创业伊始就积极参加各类赛车运动。本田公司研发的摩托车和汽车在世界摩托车越野赛、世界摩托车技巧锦标赛、世界超级摩托车锦标赛、印地方程式赛车、F1（世界一级方程式锦标赛）、WTCC（世界房车锦标赛）等世界顶级赛事获得诸多奖项后，秉承企业口号“The Power of Dreams（梦想的力量）”，公司内外人士都期待着能涉足另一个竞赛项目，即赛艇，也称为水上摩托。对本田公司而言，水上摩托虽然与陆地上的产品有所不同，但其核心部分依然是发动机。本田公司一直致力于研发用于水上摩托等其他船用机械并进行市场推广，如今，本田公司已研发推出一系列船外机，如四冲程单缸、3缸、4缸、6缸等船用发动机，投入使用在各种水上摩托及中小型船只。本田宗一郎曾提及：“我们研究人们喜欢什么，再用技术创造人们喜欢的产品。”本田公司从草坪机到发电机，再到船外机，无论在陆地上还是在海上，都竭力满足用户的需求。

（3）空中战略。

从摩托车到汽车再到赛艇，以陆地和海洋为舞台，本田公司又将创始人本田宗一郎的“我们只挑战不可能”这个口号延伸到天空。由此，本田公司又进军航空机械领域。因自身研发的发动机具有节省燃油、速度快和噪声小等特征，在研发航空发动机时，将市场目标明确定位在超音速小型商务喷气发动机上。而本田公司研制小型商务喷气发动机还有一个理由是基于市场考虑，即在国际市场上，存在对既快捷又相对节省燃油的小型商务喷气式飞机的需求。

1986年本田公司在美国开始了航空机械的基础研发工作。1988年开始进行自主的机体研发及航空机械的技术研发。经过多年不懈钻研，1995年自主研发的涡轮风扇发动机在高空试验成功。1997年正式启动了HondaJet项目，并于2001年在美国北卡罗来纳州格林斯堡市专门设立了HondaJet的研究基地，对打造的重量更轻、燃费更经济、排量更低的搭载型HondaJet的HF118涡轮风扇发动机进行了高空测试。2003年，研发了HondaJet的实验机并搭载HF118涡轮风扇发动机开始进行飞行试验。2005年，首次公开HondaJet的实验机。

2007年，开始在美国建设HondaJet总部及生产工厂。2008年，将销售市场从美国扩展至北美的加拿大和墨西哥，并开始陆续接受来自欧洲的订单。2012年，在美国建设量产型飞机基地，开始生产HondaJet。2014年，HondaJet量产1号机成功首飞。2015年年底，HondaJet首款量产飞机HA-420正式获得FAA（美国联邦航空管理局）颁发的认证，向用户交付了第一架飞机。

在研发过程中，HondaJet的工程师通过以下设计理念，实现了小型商务喷气式飞机创新设计。第一，传统设计思路认为在机翼上方安装发动机舱，将可能带来较强的冲击波并增加阻力。HondaJet的工程师通过大量的测试与实验后发现，相对于传统的后机身发动机安装结构，把发动机安装在机翼上方才是最理想的方案。因此，工程师们一反发动机不能安装在机翼上方的传统设计，把发动机安装在主翼上方，通过抑制高速飞行时产生的空气冲击波，实现高于同级别其他商务喷气式飞机的速度及较高水平的燃油经济性。第二，由于把发动机安装在主翼上方，发动机支撑结构并不穿过机体本身，从而实现了机身内部的空间最大化，并打造了宽大且舒适的内部客舱以及可收纳6个大尺寸高尔夫球包的储物空间。第三，HondaJet在机体结构上采用了基于新工艺制造的重量轻、强度高的碳纤维复合材料，将复合材料应用于整个机体①。第四，专门为HondaJet研制的HF120涡轮风扇发动机因具有轻量、紧凑、高性能的特征，使其能满足小型商务喷气式飞机的需求。工程师通过发动机的安装位置，实现机身内部的空间最大化，营造出了可乘坐6人的舒适环境；通过采用碳纤维复合材料，使机体实现了轻量化，并成就了美观精致的外观；专门为HondaJet研制的涡轮风扇发动机，创造出了最大巡航时速778千米、升空高度13106米、续航距离2185千米的惊人数据。凭借其自身强大的研发能力，本田公司最终打造出一款以更经济的燃费、更快的速度、更舒

① 碳纤维复合材料因其具有强度高、重量轻等特点，近年来广泛应用于航空器材。

适的乘坐的机体。

在 2017 年，本田公司就已经收到了来自世界各地个人及企业的 100 多架飞机订单。据本田公司官方网站发布信息所示，旗下公司 Honda Aircraft Company（HACI）对外宣布，2019 年 1～6 月 HondaJet 向全球用户交付了 17 架小型喷气式飞机，自 2017～2018 年以来，在小型喷气式飞机领域继续保持世界销量第一的位置①。

纵观上述可以发现，本田公司旗下的多数产品涉及了发动机。即本田公司是以发动机为原点，并以陆地机械产品为突破口，向船用机械和航空机械延伸，形成陆水空全方位战略并取得较大成果。

2.2.4　经营战略分析

本田公司的陆地战略、水上战略、空中战略一直是围绕着自身的核心技术即发动机而进行的，是典型的相关多元化扩展方式。以下就本田公司相关多元化特征展开分析。

（1）以发动机技术为基轴发展多元化。

本田公司的产品从草坪机、割灌机、微耕机，到水泵、船外机，从数十 cc 小型摩托车到数千 cc 摩托车和汽车发动机，再到轻型涡轮风扇发动机；从陆地上，到海上，再到空中，已经形成了一个庞大的产品体系。本田公司在研发当中申请了诸多专利，为其在日益激烈的市场竞争中确立了强有力的优势。例如，本田公司的 CVT（Continuously Variable Transmission，直译是连续可变传动）无级变速器，通过全新研发的“G－Design Shift”控制技术，以高传动效率实现了反应灵敏的加速性能，从而实现了良好的经济性和驾驶平顺性。这不仅可以节省燃油，也会让驾驶更有乐趣。曾经一度，应用在中国市场的“哥瑞”“锋范”“缤智”“飞度”等车型的 1.5L 汽油发动机，被质

---

① 本田中国．HondaJet 2019 年上半年小型喷气式飞机交付量位居世界首位．［2019－08－13］．https：//www.honda.com.cn/honda/news/list/20190813.html.

疑存在动力不强劲。但是，本田公司通过该款发动机在 DOHC（Double Overhead Camshaft，译为双顶置式凸轮轴）和自行研制的 VTEC（Variable Valve Timing and Valve Lift Electronic Control System，译为可变气门正时和气门升程电子控制系统）技术基础上搭载了 VTC（Variable Timing Control，译为可变正时控制）技术，且应用了阿特金森循环（内燃机的一种形式）和燃料直喷技术，既降低摩擦并大幅提高燃烧效率，又以反应灵敏的直接加速实现了驾驶乐趣。本田公司的发动机也以较高的稳定性，赢得了市场的口碑。在汽车销售市场中也流传着“本田是买发动机送车”，这可以说是对本田发动机的评价中最贴切的一句话。因此，当本田公司进军航空器市场时，尽管是航空制造领域的后发者，仍凭借其雄厚的技术实力及卓越的通用产品，使 HondaJet 成为全球较畅销的小型商务喷气机型。

（2）推进多元化的同时，不忘初心，做强做优。

本田公司始终秉承着在向新业务扩展的同时，不忘初心，做强做优主营业务这一原则。2018 年，本田公司全年汽车销量突破 500 万辆，即使已经在汽车领域取得卓越成就的情况下，也保持发展摩托车领域。其从 1948 年推出自行车用辅助发动机到 21 世纪研发出最新技术和车型的摩托车，演绎了长达 70 余年的进化历程。在摩托车市场，早在数十年前就逐步把产品销售延伸至海外市场，并着力于提升企业的技术竞争力。例如，在中国，本田公司除了进口摩托车以外，依托 1992 年成立的五羊—本田摩托（广州）有限公司及 2001 年成立的新大洲本田摩托有限公司两大合资公司，研发范围从跨骑车、踏板车到电动摩托车，再到电动自行车，不断进行技术创新。如在摩托车产品中实现了用户必要时松开离合器和刹车手柄，制动装置就会立刻生效，使发动机在极短的时间内停止运转，防止用户意外伤害事故的发生。通过一系列关键技术创新，保证产品的高品质和高安全性，以此赢得用户的认同。

2.3　对中国汽车制造企业的启示

2019 年有 6 家中国整车企业入围世界 500 强，足以说明中国在这一领域发展的速度之快、来势之猛。从上榜企业数量来看，中国整车企业确实是做大了。但不能忽视的是，6 家上榜整车企业中，除了浙江吉利控股集团有限公司，其他均为国有企业，对合资品牌的依赖程度还比较高。可以说基本是合资产品在“挑大梁”，离真正做强依然有一段距离。例如，有着“共和国长子”之称中国第一汽集团有限公司在一定程度上还仰仗着大众、奥迪、丰田、马自达等合资品牌，在乘用车领域自主品牌销量占比与合资品牌相比还有一定差距。此外，属于上海汽车集团股份有限公司的合资品牌有上海大众、上海通用等；属于东风汽车集团有限公司的合资品牌有东风本田、东风日产、东风雪铁龙、东风标致、东风悦达起亚等；属于北京汽车集团有限公司的合资品牌有北京奔驰、北京现代等；属于广州汽车工业集团有限公司的合资品牌有广汽丰田、广汽本田、广汽三菱、广汽菲亚特等。如果把合资产品都去掉，那么在乘用车市场中国的民族品牌销量可能会有一定程度的下降。与日本同行相比，进入世界 500 强的中国整车企业在以下几个方面还有待进一步提高。

（1）经济规模需要扩大。

如前所述，《财富》世界 500 强排名标准是以上一年度的营业收入，通过企业经营规模进行排名。上榜的 6 家日本整车企业中，有 3 家企业的营业收入超过 1000 亿美元，其中丰田汽车的营业收入更是超过 2700 亿美元。而在榜单上的 6 家中国整车企业中，只有上海汽车集团股份有限公司的营业收入超过 1000 亿美元。中国整车企业应该尽可能在规模收益递增或不变情况下扩大经济规模。由于整车企业在成立初期需要投入大量资金建立生产线，使行业具有显著的规模经济特点，这也导致规模较小企业不能适当利用汽车工业本身的规模经济。此外，规模大小也会对零部件采购谈判中的议价能力产生一定影响，规模相对较小的企业将有可能造成采购成本的增加。在这种情况下，中国整车企业若要在激烈的市场竞争中获得可持续发展甚至进军海外，市场必须拥有相应的规模。换言之，经济规模将成为其增强竞争力的有效手段之一。

（2）营利能力有待提高。

与丰田汽车等日本整车企业相比，中国整车企业的营利能力在现阶段而言还处于较低水平。2018 年，丰田汽车的营业收入达到 2726.1 亿美元，利润为 169.8 亿美元，利润率达到 6.2%。在所有上榜的 6 家中国整车企业中，2018 年的营业收入总额虽然达到 4945.1 亿美元，为丰田汽车的 1.8 倍，但 136.6 亿美元的利润总和，仅为丰田汽车的 8 成。另外，据 2018 年《财富》世界 500 强发布数据所示，2017 年，丰田汽车的营业收入达 2651.7 亿美元，利润为 225.1 亿美元，利润率更是达到 8.5%。而上榜 6 家中国整车企业的 2017 年的营业收入总额虽然达到 4527.2 亿美元，为丰田汽车的 1.7 倍，但 137.1 亿美元的利润总和，也仅为丰田汽车的 6 成。基于上述两年数据对比，上榜 6 家中国整车企业的 2017 年与 2018 年利润总额分别为 137.1 亿、136.6 亿美元，利润总和均未超过丰田汽车。而丰田汽车仅为日本上榜的 6 家整车企业其中之一。此外，在利润率方面，在 2019 年世界 500 强榜单上的 6 家中国整车企业，只有上海汽车集团股份有限公司和浙江吉利控股集团有限公司达到 4.0%，中国第一汽车集团有限公司以 3.0% 的利润率紧随其后，东风汽车集团有限公司的利润率仅 1.8%，广州汽车工业集团有限公司只有 1.6%，北京汽车集团有限公司以 1.5% 垫底。为了提高企业营利能力，需要尽量减少生产成本。丰田汽车就通过其优秀的生产管理理念，包括成本控制、库存管理等，有效降低了车辆成本。中国整车企业需要优化生产方式，包括通过使零部件供应商及其装配厂尽可能靠近销售市场，来降低产品的运输成本等，从而减少成本支出，提高企业营利能力。

（3）品牌影响力有待提升。

中国整车企业虽然有 6 家上榜 2019 年世界 500 强，但在品牌建设方面亟待发展。除了浙江吉利控股集团有限公司收购的沃尔沃轿车属于国际知名品牌外，大部分整车企业旗下的自主品牌与世界知名品牌相比还有一定的差距。尤其是国有整车企业的产品，大部分是合资企业生产的外国品牌汽车，自主品牌还未能成为销售的主力军。相对而言，日系车早已遍布世界各地，北美、欧洲、亚洲都是其主战场，且能够得到当地用户的普遍认同。众所周知，日本汽车工业经过长久的发展已经打造了属于自己的品牌，并形成了自己的汽车文化。相比之下，中国汽车工业的民族品牌现阶段在全球范围内的知名度还有待提高。随着中国汽车市场的深入发展，有必要打造自己的汽车文化。与此同时，中国整车企业进军国际市场的步伐不断加速，并且由以往的南美、中东、非洲等发展中国家开始向欧美高端市场转换。但针对欧美高端市场出口产品主要集中在电动汽车领域，在非电动汽车领域还处于弱势，这一局面在短期内难以扭转。今后，中国整车企业可以借力国外汽车经销商的全球销售渠道，拓展自主品牌的市场范围。

（4）国际化程度有待提高。

汽车工业国际化程度非常高，主要体现在研发、制造、市场的全球化。当下，国际知名汽车整车企业都在加紧推行国际化战略，基本上实现了全球范围的研发、制造与销售。上榜的 6 家中国整车企业中，浙江吉利控股集团有限公司由于收购了沃尔沃集团轿车业务这一因素，相对于其他国内整车企业国际化水平还比较高，而其他 5 家整车企业多以自产自销为主，即生产制造基地主要在国内，市场销售也主要聚焦在国内，出口占营业收入比重仍相对较低。相比之下，日本整车企业本土生产的汽车出口占比非常高。即使是日本整车企业排名第5位的马自达汽车，据其2019年3月发表的年度数据所示[①]，这一年度本土生产了101万台，而在本土的销售量为21万台。从这两项数值可以发现，马自达汽车在本土生产的汽车大部分出口至海外市场。全球化已经成为当代世界经济发展的重要特征之一，中国整车企业也需要“走出去”，不断融入国际化趋势。可以从过去的国内销售向国际销售转变，扩大国际市场份额，提升企业综合实力。

从以上四点可以看出，中国汽车工业发展还处于“大而不强”阶段，要加速弥补短板，提高中国整车企业在国际市场中的竞争优势。然而，从2019年世界500强上榜榜单还可以发现一个规律，6家日本整车企业的2019年世界500强排名均出现下滑，其中马自达汽车、斯巴鲁公司下滑名次更是达到两位数，而上榜的23家整车企业仅有5家企业排名上升，中国就占了3家。中国整车企业开始有了逐步上升的空间，民族品牌也将会在这样的竞争中不断崛起。总而言之，中国整车企业需要不断完善自身的管理机制，努力提高竞争实力，以使民族品牌在国内市场站稳脚跟，并打入国际市场。

① マツダ株式会社．グローバル、地域ごとの活動．https：//www.mazda.com/ja/about/profile/activity/.

第3章　保险行业

3.1 保险行业概况

2019 年世界 500 强有 50 家保险公司上榜，其中美国最多，为 15 家；其次是中国，有 10 家。其他日本 8 家，德国和瑞士同为 3 家，法国、意大利、韩国和加拿大同为 2 家，荷兰、英国和西班牙均为 1 家（见图 3－1）。

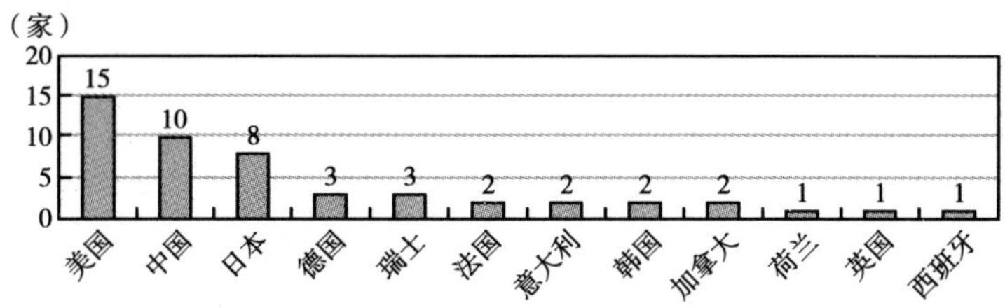

图 3－1　上榜世界 500 强 50 家保险公司国别分布

资料来源：笔者根据 2019 年《财富》世界 500 强相关资料制作。

为区分主营人寿保险和财产保险的公司，此处按 2019 年世界 500 强显示的主营业务性质，将 50 家保险公司予以了分类（见表 3－1 和表 3－2）。

在上榜日本保险公司中，人寿与健康保险有 5 家，分别是日本邮政控股公司、日本生命保险公司、第一生命控股有限公司、明治安田生命保险公司、住友生命保险公司；财产与意外保险有 3 家，分别是 MS&AD 保险集团控股有限公司、东京海上控股有限公司、损保控股有限公司。

在日本保险公司中，日本邮政控股公司营业收入最高，为 1152.20 亿美元。上榜 8 家日本保险企业当中，大多是榜单“常客”。但是，除了日本生命保险公司以外，其他 7 家公司排名出现了下滑。其中，损保控股有限公司下滑幅度最大，从 2018 年的第 347 名下滑至第 377 名，下滑了 30 个位次；住友生命保险公司从 2018 年的第

表 3－1　　人寿与健康保险上榜企业

排名	企业	所属国家	总部所在地	2019 年排名	2018 年排名	名次变化	营业收入（百万美元）	（营业收入）年增减	利润（百万美元）	（利润）年增减	利润率
1	中国平安保险（集团）股份有限公司	中国	深圳	29	29	0	163597.4	13.5%	16237.2	23.2%	9.9%
2	安联保险集团	德国	慕尼黑	45	38	－7	126799.6	2.6%	8806.4	14.8%	6.9%
3	安盛	法国	巴黎	46	27	－19	125578.2	－16.0%	2525.6	－63.9%	2.0%
4	中国人寿保险（集团）公司	中国	北京	51	42	－9	116171.5	－3.4%	－2566.9	－1063.1%	－2.2%
5	日本邮政控股公司	日本	东京	52	45	－7	115220.5	－1.2%	4324.0	4.0%	3.8%
6	意大利忠利保险公司	意大利	的里雅斯特	92	59	－33	88157.4	－12.3%	2725.0	14.6%	3.1%
7	日本生命保险公司	日本	大阪	125	126	1	74202.3	8.0%	2514.5	14.2%	3.4%
8	大都会人寿	美国	纽约	142	136	－6	67941.0	2.7%	5123.0	27.8%	7.5%
9	第一生命控股有限公司	日本	东京	153	145	－8	64794.9	2.0%	2029.6	－38.2%	3.1%
10	保德信金融集团	美国	纽瓦克	156	160	4	62992.0	5.5%	4074.0	－48.2%	6.5%
11	中国太平洋保险（集团）公司	中国	上海	199	220	21	53572.1	13.2%	2724.1	25.6%	5.1%

续表

排名	企业	所属国家	总部所在地	2019 年排名	2018 年排名	名次变化	营业收入（百万美元）	（营业收入）年增减	利润（百万美元）	（利润）年增减	利润率
12	法国国家人寿保险公司	法国	巴黎	248	201	-47	45461.3	-10.4%	1612.9	11.4%	3.5%
13	韩华集团	韩国	首尔	261	244	-17	44303.0	-0.6%	425.8	18.7%	1.0%
14	美国纽约人寿保险公司	美国	纽约	268	258	-10	43425.3	2.7%	880.0	-52.9%	2.0%
15	美国教师退休基金会	美国	纽约	297	319	22	41052.1	14.0%	1560.5	48.7%	3.8%
16	万通互惠理财公司	美国	斯普林菲尔德	314	357	43	39267.2	17.2%	397.9	-22.4%	1.0%
17	明治安田生命保险公司	日本	东京	324	309	-15	37722.9	1.5%	2070.6	-13.4%	5.5%
18	加拿大鲍尔集团	加拿大	蒙特利尔	331	282	-49	37112.2	-6.0%	1033.2	0.2%	2.8%
19	意大利邮政集团	意大利	罗马	355	304	-51	35071.1	-7.0%	1651.1	112.6%	4.7%
20	英国保诚集团	英国	伦敦	372	50	-322	33252.6	-70.2%	4014.7	30.5%	12.1%
21	住友生命保险公司	日本	大阪	378	350	-28	32825.0	-2.9%	435.3	-30.9%	1.3%
22	友邦保险集团	中国	香港	388	295	-93	32369.0	-18.8%	2597.0	-60.0%	8.0%
23	宏利金融	加拿大	多伦多	418	241	-177	30070.6	-33.1%	3703.7	128.4%	12.3%
24	三星人寿保险	韩国	首尔	426	421	-5	29305.8	3.7%	1512.9	46.7%	5.2%
25	西北互助人寿保险公司	美国	密尔沃基	429	401	-28	29124.0	-0.7%	783.0	-23.0%	2.7%

续表

排名	企业	所属国家	总部所在地	2019年排名	2018年排名	名次变化	营业收入（百万美元）	（营业收入）年增减	利润（百万美元）	（利润）年增减	利润率
26	华夏保险	中国	北京	442	未上榜	无	28492.8	87.4%	398.8	-33.9%	1.4%
27	中国太平保险集团有限责任公司	中国	香港	451	465	14	27485.8	7.4%	434.0	-3.4%	1.6%
28	国泰人寿保险股份有限公司	中国	台北	455	410	-45	27183.4	-5.6%	1001.5	-16.0%	3.7%
29	富邦金融控股股份有限公司	中国	台北	471	479	8	26276.5	6.4%	1583.4	-11.0%	6.0%
30	Achmea 公司	荷兰	泽斯特	494	472	-22	25180.1	1.2%	370.6	52.9%	1.5%
31	泰康保险集团股份有限公司	中国	北京	498	489	-9	24931.7	3.6%	1794.6	6.6%	7.2%

资料来源：笔者根据2018年、2019年《财富》世界500强相关资料整理。

表 3 – 2　　财产与意外保险上榜企业

排名	企业	所属国家	总部所在地	2019 年排名	2018 年排名	名次变化	营业收入（百万美元）	（营业收入）年增减	利润（百万美元）	（利润）年增减	利润率
1	伯克希尔 – 哈撒韦公司	美国	奥马哈	12	10	– 2	247837.0	2.4%	4021.0	– 91.1%	1.6%
2	州立农业保险公司	美国	布卢明顿	108	95	– 13	81732.2	4.3%	8788.4	298.3%	10.8%
3	中国人民保险集团股份有限公司	中国	北京	121	117	– 4	75377.3	5.3%	1952.0	– 18.1%	2.6%
4	慕尼黑再保险集团	德国	慕尼黑	145	120	– 25	67225.9	– 4.2%	2726.2	544.9%	4.1%
5	MS&AD 保险集团控股有限公司	日本	东京	222	221	– 1	49609.6	5.3%	1738.0	25.0%	3.5%
6	东京海上控股有限公司	日本	东京	224	209	– 15	49395.7	1.4%	2476.5	– 3.4%	5.0%
7	美国国际集团	美国	纽约	235	207	– 28	47389.0	– 4.3%	– 6.0	—	0.0%
8	苏黎世保险集团	瑞士	苏黎世	238	142	– 96	47180.0	– 26.2%	3716.0	23.7%	7.9%
9	美国全国保险公司	美国	哥伦布	271	247	– 24	43270.0	– 1.5%	512.6	107.9%	1.2%
10	美国利宝互助保险集团	美国	波士顿	278	255	– 23	42685.0	—	2160.0	12605.9%	5.1%
11	Talanx 公司	德国	汉诺威	282	291	9	42390.5	9.8%	829.7	9.5%	2.0%
12	好事达	美国	诺斯布鲁克	308	293	– 15	39815.0	3.4%	2252.0	– 29.4%	5.7%
13	瑞士再保险股份有限公司	瑞士	苏黎世	332	257	– 75	37047.0	– 12.8%	462.0	16.1%	1.2%

续表

排名	企业	所属国家	总部所在地	2019 年排名	2018 年排名	名次变化	营业收入（百万美元）	（营业收入）年增减	利润（百万美元）	（利润）年增减	利润率
14	损保控股有限公司	日本	东京	377	347	-30	32857.4	-3.4%	1322.5	4.8%	4.0%
15	安达保险公司	瑞士	苏黎世	382	366	-16	32717.0	1.5%	3962.0	2.6%	12.1%
16	前进保险公司	美国	梅菲尔德村	391	437	46	31979.0	19.2%	2615.3	64.3%	8.2%
17	联合服务汽车协会	美国	圣安东尼奥	400	390	-10	31367.8	4.5%	2291.9	-5.4%	7.3%
18	Travelers Cos. 公司	美国	纽约	413	407	-6	30282.0	4.8%	2523.0	22.7%	8.3%
19	曼福集团	西班牙	马德里	452	439	-13	27423.5	2.3%	624.1	-21.0%	2.3%

资料来源：笔者根据 2018 年、2019 年《财富》世界 500 强相关资料整理。

350 名下滑至第 378 名，下滑了 28 个位次；东京海上控股有限公司从 2018 年的第 209 名下滑至第 224 名，明治安田生命保险公司从 2018 年的第 309 名下滑至第 324 名，均下滑了 15 个位次；第一生命控股有限公司从 2018 年的第 145 名下滑至第 153 名，日本邮政控股公司从 2018 年的第 45 名下滑至第 52 名；MS&AD 保险集团控股有限公司 2018 年排名是第 221 名，2019 年下滑至第 222 名。

3.2 东京海上全球战略布局

3.2.1 公司简介

东京海上控股有限公司（简称“东京海上”）创建于 1879 年，是日本历史最悠久的财产保险公司，被公认为日本保险的标志，在日本保险业界具有举足轻重的地位。东京海上旗下包括主营财产保险业务的“东京海上日动火灾保险公司”“日新火灾海上保险公司”“E. design 损害保险公司”“东京海上 Millea 少额短期保险公司”以及主营人寿保险业务的“东京海上日动 Anshin 生命保险公司”等，并设有四个业务领域：国内财险业务、国内寿险业务、海外保险业务、金融及其他业务。截至 2019 年 3 月 31 日，东京海上拥有店铺 49651 家及员工 40848 人，其中，海外员工占比达 38%，业务遍及世界 45 个国家和地区。截至 2019 年 7 月 31 日，在全球拥有索赔代理 240 处。据东京海上官方网站信息所示[①]，2019 年营业收入中，海外业务占 47%，国内财险业务占 38%，国内寿险业务占 13%，金融及其他业务占 2%。

---

① 東京海上ホールディングス株式会社．企業・グループ情報．https：//www.tokiomarinehd.com/group/.

3.2.2 相关财务数据

如图 3－2 所示，东京海上 2011 年营业收入突破 400 亿美元，在 2014 年、2015 年跌破 400 亿美元后，2016 年重回 400 亿美元关口，并连续三年上升，距离 500 亿美元仅一步之遥。利润方面，自 2014 年始，每年均达到 20 亿美元以上。总资产方面，2016 年突破了 2000 亿美元，最高峰为 2017 年达到了 2156.48 亿美元。

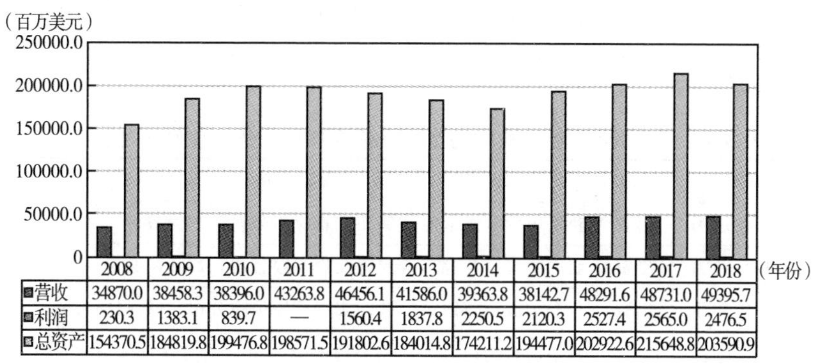

	2008	2009	2010	2011	2012	2013	2014	2015	2016	2017	2018
营收	34870.0	38458.3	38396.0	43263.8	46456.1	41586.0	39363.8	38142.7	48291.6	48731.0	49395.7
利润	230.3	1383.1	839.7	—	1560.4	1837.8	2250.5	2120.3	2527.4	2565.0	2476.5
总资产	154370.5	184819.8	199476.8	198571.5	191802.6	184014.8	174211.2	194477.0	202922.6	215648.8	203590.9

图 3－2　东京海上 2008～2018 年营收、利润与总资产

资料来源：笔者根据 2009～2019 年《财富》世界 500 强相关资料制作。

如图 3－3 所示，东京海上利润率在 2008 年和 2011 年下降到 1% 以下。2008 年受全球金融危机影响，其经营也受到严重冲击。作为

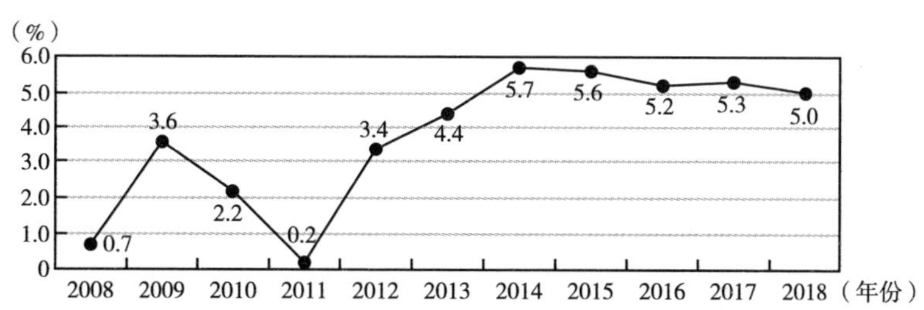

图 3－3　东京海上 2008～2018 年历年利润率

资料来源：笔者根据 2009～2019 年《财富》世界 500 强相关资料制作。

保险巨头，在2011年因东日本大地震的赔付支出，使其利润受到影响。2014年开始，增速连续4年保持在5%以上。

3.2.3 全面布局海外市场

据东京海上官方网站信息所示，东京海上的海外业务收入占总业务比率从2002年的3%到2007年的21%，再到2019年接近一半，其海外业务占比的大幅提升主要是通过并购方式实现的。如表3-3所示，进入21世纪，东京海上明显加快了国际化步伐。以下针对东京海上在全球不同地区展开的海外投资项目进行分析。

表3-3　2000年以来东京海上海外投资项目介绍（罗列一部分）

时期	方式	事　项
2002年12月	出资	获取中国台湾地区“新安产物保险公司”30%股份
2003年11月	出资	获取中国“生命人寿保险股份有限公司”24.9%股份
2004年9月	出资	获取中国台湾地区“统一安联产物保险公司”99.81%股份
2005年4月	合并	将中国台湾地区“新安产物保险公司”与“统一安联产物保险公司”进行合并，成立“新安东京海上产物保险公司”
2005年7月	出资	获取巴西“Real Seguro”100%股份
2007年6月	收购	购入新加坡的保险集团“亚洲联合企业控股”
2008年3月	收购	购入英国的劳合社旗下的Kiln公司
2008年11月	获批	原上海分公司改为100%出资的独资法人公司“东京海上日动火灾保险（中国）有限公司”获得审批
2008年12月	收购	购入美国“费城联合控股公司”
2010年1月	开业	在埃及成立“塔卡福尔”保险公司：“尼罗河家族塔卡福尔公司”和“尼罗河通用塔卡福尔公司”开业
2010年4月	设立	在沙特阿拉伯成立合资公司“东京海上沙特阿拉伯公司”
2011年7月	开业	在印度成立合资公司“Edelweiss Tokio Life Insurance Company Limited”开业
2011年8月	开业	东京海上日动火灾保险（中国）有限公司“江苏分公司”开业
2011年10月	设立	获得批准成立东京海上日动火灾保险（中国）有限公司“北京分公司”

续表

时期	方式	事　　项
2012 年 5 月	收购	购入美国“德尔菲金融集团公司”
2012 年 5 月	受让	接受来自马来西亚的保险公司“MUI”业务转让
2012 年 8 月	开业	东京海上日动火灾保险（中国）有限公司“北京分公司”开业
2012 年 11 月	开业	在印度尼西亚的人寿保险公司“东京海上生活印度尼西亚公司”开业
2012 年 11 月	出资	出资中国人民保险集团股份有限公司
2014 年 1 月	设立	在欧洲成立 Tokio Marine Kiln 公司
2014 年 5 月	出资	出资中信泰富有限公司
2014 年 8 月	设立	获得批准成立东京海上日动火灾保险（中国）有限公司“浙江分公司”
2014 年 11 月	获批	东京海上日动火灾保险（中国）有限公司在中国取得“交强险”销售权
2015 年 2 月	联盟	东京海上日动火灾保险公司与南非的保险集团“Hollard”建立战略联盟
2015 年 4 月	设立	东京海上日动火灾保险公司开设位于南非的“约翰内斯堡办事处”
2015 年 5 月	开业	东京海上日动火灾保险（中国）有限公司“浙江分公司”开业
2015 年 5 月	获批	东京海上日动火灾保险公司在缅甸（迪拉瓦经济特区）取得保险营业执照
2015 年 7 月	开业	美国子公司东京海上管理“达拉斯分公司”开业
2015 年 10 月	收购	购入美国“HCC 保险控股公司”
2016 年 4 月	开业	美国子公司东京海上管理“旧金山分公司”和“哥伦布分公司”开业
2017 年 8 月	设立	东京海上日动火灾保险公司开设位于柬埔寨的“金边办事处”
2018 年 5 月	获批	获得批准在欧盟成立新公司
2018 年 6 月	收购	东京海上日动火灾保险公司收购澳大利亚保险集团有限公司在泰国、印度尼西亚非寿险子公司
2018 年 9 月	出资	南非“Hollard Holdings”和“Hollard International”22.5% 股权
2019 年 4 月	申请	在缅甸申请成立非人寿保险合资公司

资料来源：笔者根据东京海上官方网站信息相关资料整理。

(1) 亚洲地区。

早在1965年，东京海上就与中国人民保险公司开展“再保险”(保险人将自己所承保的部分风险和责任转嫁给其他保险人进行保险)业务合作。1980年7月，相对于其他外资保险公司，率先获许可在北京设立代表处。1994年9月，作为首家日本财产保险公司，在上海成立了分公司。2000年后，进一步扩大在中国市场的保险业务。2003年11月，与深圳市国民投资发展有限公司、首钢总公司(现为首钢集团)等多家国内外资金雄厚的企业联合投资的生命人寿保险股份有限公司开业，其中，东京海上出资占比24.9%。生命人寿保险股份有限公司主要提供包括人寿保险、意外险、养老保险等产品，建立了覆盖国内重点省市区域的营销网络平台，是国内资本实力较强的寿险公司之一。2008年7月，原上海分公司改为100%出资的独资法人公司“东京海上日动火灾保险(中国)有限公司”，获得审批并于同年11月正式开业。此后，东京海上相继开设了东京海上日动火灾保险(中国)有限公司江苏分公司、北京分公司和浙江分公司。2010年后，东京海上加大了对中资保险公司的股权投资力度。2012年11月和2014年5月，东京海上相继出资了中国人民保险集团股份有限公司和中信泰富有限公司。与此同时，东京海上在中国市场的业务也在稳步推进，包括东京海上日动火灾保险(中国)有限公司取得“交强险”(机动车交通事故责任强制保险)销售权等。

此外，东京海上还在亚洲多个国家和地区开展业务活动。在中国台湾地区，2002年12月，东京海上出资获取新安产物保险公司30%股权；2004年9月，出资获取统一安联产物保险公司99.81%股权。2005年4月，东京海上将上述两家公司进行合并重组，成立了新安东京海上产物保险公司。此后，又加快在东南亚市场的布局。2007年6月，东京海上收购在新加坡和马来西亚开展保险业务的保险集团“Asia General HoldingsLimited”(亚洲联合控股有限公司)。2010年后，东京海上正式进军南亚市场。2011年7月，东京海上在印度合资成立了人寿保险公司“Edelweiss Tokio Life Insurance Company Limited”开始营业。与此同时，东京海上不断加大对东南亚保险市场的投资力度。2012 年 11 月，东京海上在印度尼西亚成立的人寿保险公司“东京海上生活印度尼西亚公司”开始营业。2015 年 5 月，东京海上日动火灾保险公司在缅甸（迪拉瓦经济特区）取得保险营业执照。2017 年 8 月，东京海上日动火灾保险公司在柬埔寨设立金边办事处。2019 年 4 月，其在缅甸申请成立非人寿保险合资公司。除了在当地成立合资公司等分支机构外，东京海上还通过并购来拓展市场。2018 年 6 月，东京海上日动火灾保险公司收购了澳大利亚保险集团有限公司位于泰国、印度尼西亚的非寿险子公司。后者主要在澳大利亚、新西兰、马来西亚、泰国、印度尼西亚等国家和地区经营财产保险、车辆保险、客户信用保险等保险业务。

（2）欧美地区。

2008 年之后，东京海上加大了对欧美国家的投资力度。2008 年 3 月，东京海上收购了英国的劳合社旗下的 Kiln 公司。劳合社是在伦敦成立的一个保险社团，主要为其会员提供保险交易场所和相关服务。东京海上通过收购英国的保险业务，全力推进欧洲市场战略布局。2014 年 1 月，为了对欧洲的业务结构进行重组，东京海上成立了 Tokio Marine Kiln 公司，并通过 Tokio Marine Kiln 公司，加速拓展欧洲以外市场。此外，据中国人民财产保险股份有限公司官方网站发布新闻内容信息[①]，2015 年 10 月，Tokio Marine Kiln 公司与中国人保财险、劳合社保险中国，共同签署了有关知识产权保险《合作备忘录》和《许可协议》，这也是中国人保财险与劳合社开展的首次产品合作。此前通过东京海上在 2012 年出资中国人民保险集团股份有限公司，双方已经开展了深度合作。随后东京海上又通过收购的劳合

① 中国人民财产保险股份有限公司．中国人保财险与劳合社、TMK 公司签署知识产权保险合作备忘录．［2015 - 11 - 10］．http：//www.epicc.com.cn/renbao/zixunzhongxin/xinwen/201511/t20151110_21516.html.

社旗下的 Kiln 公司，在欧洲以外的市场充分发挥各自在专业技术领域的优势，与同行共同开发知识产权保险产品，以推动相关业务的深入发展。

此外，东京海上还将目光聚焦在世界保险市场占有重要地位的美国。2008 年 12 月，东京海上日动火灾保险公司以 47 亿美元的价格收购了美国的财产和意外保险公司费城联合控股公司（Philadelphia Consolidated Holding Corp.），创下日本保险企业规模最大的收购纪录。2011 年 11 月，东京海上日动火灾保险公司同意以约 27 亿美元现金收购美国的保险巨头德尔福金融集团公司（Delphi Financial Group Inc.），这是其三年内在美国的第二次收购。另外，据腾讯证券引述华尔街日报消息称[①]，2015 年 10 月，东京海上日动火灾保险公司以 75 亿美元收购了美国的 HCC 保险控股公司（HCC Insurance Holdings Inc.），后者主要在美国市场提供短期医疗和医疗止损方面的保险，业务覆盖范围全球 130 个国家。东京海上日动火灾保险公司对 HCC 保险控股公司的收购也是日本非人寿保险公司有史以来，金额最大的一笔跨国收购，收购 HCC 保险控股公司将可以帮助其国际市场利润占比从收购时的 38% 提高到 46%。东京海上日动火灾保险公司总裁永野毅在收购时还指出：公司可能没办法每年都进行此类规模的并购，但是公司将继续寻找收购机会，包括在新兴市场国家。

（3）南美、中东、非洲地区。

除了东亚、东南亚、欧美地区以外，早在 10 多年前，东京海上就着手开拓南美市场。2005 年 4 月，东京海上出资获取了巴西的保险公司“Real Seguro”（雷亚尔塞古罗）100% 股份[②]。同时，东京海上还将触角伸向中东和非洲地区。2010 年 1 月，在埃及成立的两家“塔

① 腾讯证券．日本最大保险商 75 亿美元收购美国 HCC 保险．［2015 - 06 - 11］．https：//stock. qq. com/a/20150611/004409. htm.

② 東京海上ホールディングス株式会社．東京海上グループの海外展開とその課題について．［2011 - 06 - 29］．https：//www. fsa. go. jp/singi/singi_kinyu/w_group/siryou/20110629/04. pdf.

卡福尔”保险公司：“尼罗河家族塔卡福尔公司”和“尼罗河通用塔卡福尔公司”开始营业[①]。同年 4 月，东京海上在沙特阿拉伯成立了兼营财产保险和人寿保险合资公司“东京海上沙特阿拉伯公司”。

在上述地区以多种方式拓展业务后，东京海上陆续建立遍及全球的业务网络。2015 年后，公司开始积极拓展非洲新市场。2015 年 2 月，东京海上日动火灾保险公司与总部设在南非的“Hollard”（和德）保险集团建立战略联盟。Hollard 是南非三大财险公司之一，产品主要包括销售房屋、汽车、商业等保险。同年 4 月，东京海上日动火灾保险公司在南非开设了约翰内斯堡办事处。2018 年 9 月，东京海上向“Hollard Holdings”（HH）和“Hollard International”（HI）出资 400 亿日元，获取 HH 和 HI 22. 5 的% 股权。

综上所述，东京海上主要通过并购方式，在海外业务领域里来寻找未来发展机会。而针对发展中国家市场，除了并购以外，还通过股权出资等方式进入，并辐射至周边国家市场。

3. 2. 4　国际战略分析

从 2000 年后东京海上在全球范围内的进一步扩张可以发现，其主要特点是：重点投资与保险相关的产业，不盲目追求多元化，且针对发达国家和发展中国家采取不同的战略布局。

针对发达国家的战略布局主要基于以下三点进行的：第一，投资产业比较集中。东京海上日动火灾保险公司在 2008 ~ 2015 年并购的三家美国保险公司的目标市场主要聚焦在美国国内的特殊专业财产保险细分市场。例如，HCC 保险控股公司主要在美国提供医疗领域的保险，且所收购的美国保险公司优势业务多以特种财产保险为主，此

---

① 由于传统保险业务与伊斯兰教法背道而驰，伊斯兰国家推出了传统保险替代品，即在遵循伊斯兰金融原则下制定了斯兰保险“塔卡福尔”机制，主要实行的是“互助互济原则”。

举的优点是同业并购后有利于后期资源整合，并将自身财产保险承保能力拓展到国际市场。第二，投资区域比较集中。2008 年后，东京海上对发达国家的布局主要集中在英国和美国，依靠被并购对象获取了用户和市场，充分利用它们的经营资源和业务平台，开拓国际市场，从而扩大业务范围。先是在 2008 年通过英国的劳合社旗下的 Kiln 公司，全力推进欧洲市场战略布局。并以此为基础，在 2014 年成立了 Tokio Marine Kiln 公司，进一步优化公司的欧洲市场结构。2015 年收购的 HCC 保险控股公司业务覆盖全球 130 个国家，在英国和西班牙都有分支机构，东京海上日动火灾保险公司有效利用并购后的分支机构向周边地区辐射扩展。第三，在 2008 年全球金融危机爆发后，利用资产相对缩水的时机策划海外并购。随着世界金融机构尤其是美国的保险公司资产价格大幅下挫，东京海上也借此机会收购了三家美国的保险公司。

针对发展中国家的战略布局，东京海上则通过成立分支机构、出资获取股权和收购方式进行。与在发达国家追求长期稳定营业增长的目标不同，针对发展中国家，尤其是对东南亚国家的发展目标是先培育市场，再扩大市场。在印度尼西亚、缅甸、柬埔寨等国家，东京海上先设立分公司或代表处，再将分公司改为子公司，经营规模不断扩大。东京海上还通过与当地同行建立战略联盟寻找立足点，并从当地市场辐射到周边国家市场。例如，2007 年收购在新加坡和马来西亚开展保险业务的“亚洲联合企业控股”，基于后者的组织架构在文莱开展保险业务。再如，2018 年出资获得南非的保险公司“Hollard Holdings”和“Hollard International”的股权，“Hollard Holdings”主要在南非开展业务，而“Hollard International”则在非洲地区，如赞比亚、加纳、莫桑比克、博茨瓦纳、纳米比亚等多个国家开展业务。东京海上通过与南非同行建立起以资本为纽带的战略联盟，将保险业务迅速辐射到撒哈拉以南非洲国家，从而为在非洲市场的全面扩张取得宝贵的立足点。

3.3　日本保险发展经验及启示

日本保险市场发展较为成熟，无论从保险的深度、广度，还是保费收入、规模，其市场都位居世界前列。作为全球三大保险市场之一，日本建立了较为完善的保险市场体系，在发展过程中积累了诸多经验和教训。针对日本保险业的发展经验及启示，国内学者也进行了各方面的研究，如魏家齐（2017）通过对日本寿险业历史沿革的追溯与分析，从政策、监管等层面探讨了日本寿险业发展带来的启示①。以下对日本保险业的发展历程进行了简要的分析，并把握其主要成功经验和教训，为促进中国保险业健康稳定与可持续发展提供参考。

3.3.1　日本保险业的发展历程

日本在19世纪就设立了保险公司，经过100多年的发展，在20世纪80年代日本成为世界上保险业最发达的国家之一。然而，90年代日本经济泡沫破裂，1997年日产生命等保险公司先后破产，日本保险业出现了震荡。经历了20世纪末的破产风潮后，随着日本国内金融自由化改革的深入，保险业开始走向复苏。总体而言，日本保险业的发展历程可以归纳为以下三个阶段。

（1）第二次世界大战前。

这一阶段主要指19世纪到20世纪40年代中期，是日本保险业的萌芽和初步形成阶段。在日本，首家财产保险公司可追溯到1879年创立的东京海上日动火灾保险公司；首家人寿保险公司可追溯到

---

①　魏家齐．日本寿险业历史沿革概述、分析及启示［J］．浙江万里学院学报，2017（4）：1－6.

1881 年创立的明治生命保险公司（现为明治安田生命保险公司）。此后，日本生命保险相互会社、第一生命控股有限公司、住友生命保险相互会社等保险公司相继成立。

（2）第二次世界大战后至 20 世纪 90 年代初。

这一阶段主要指 20 世纪 40 年代后期到 90 年代初，是日本保险业快速发展阶段。通常情况下，国家经济发展越快、国民收入水平提高迅速，保险消费支出水平越会随之提高。50 年代，随着日本经济复苏，保险业也步入发展新阶段。60～70 年代，日本经济进入有计划的高速发展时期，1960 年政府推出的“国民收入倍增计划”，要求在 1961～1970 年 10 年间使国民收入增长 1 倍①。该计划的提出对于提高日本国民收入水平有着积极的正面效应，使民众有了更多的支出来买保险产品，国内保险业也得到进一步的发展。国民可支配收入的增加促进了家庭轿车消费增长，随着机动车保有量大幅增加，机动车辆保险呈现出巨大的潜力，有力地推动了商业保险市场发展。同时，社会保障制度的普及，使储蓄保险呈现出巨大的消费市场，给日本人寿保险的发展提供了巨大的推动力。80 年代，随着日本经济快速增长，境内保险业务规模迅速扩张。这一时期，日本保险公司加大在海外市场的投资力度，甚至有公司通过高价收购位于纽约、伦敦等世界知名城市的地标建筑，作为其财力的象征。据此，日本保险业的高速发展一直持续到 90 年代初。

（3）20 世纪 90 年代中后期至今。

20 世纪 90 年代中后期的日本金融市场动荡不安，揭开了日本保险业危机的序幕。1997 年，日产生命保险相互会社的倒闭标志着“日本保险业神话”开始走向破灭。此后，第百生命、大正生命、千代田生命、协荣生命等保险公司相继破产或被清算，2001 年 3 月，东京生命保险成为第 7 家破产保险公司，显示日本保险业进入寒冬期

---

① 内閣制度百年史編纂委員会編．内閣制度百年史下巻（資料編）[M]．東京：大蔵省印刷局．1985.

（植村信保，2007）[1]。此外，企业破产倒闭及消费水平持续低迷，引起保险需求减少。为此，日本政府加强对国内保险市场的监管力度，制订相关政策力促行业加快兼并重组。此后，日本保险业才逐步抑制持续下滑的趋势，2008 年全球金融危机的重创又使该行业遭受不同程度的影响，2010 年后开始步入复苏阶段，逐渐进入稳定的恢复期。

3.3.2　日本保险公司营销渠道的发展

在保险业中，销售渠道架起了连接产品和市场的桥梁。窦元（2011）曾罗列了日本保险业寿险公司销售渠道的创新动因，主要是顾客对产品需求的变化、国内民众生活方式的改变、国内保险业相关法规限制的放宽、科技的发展以及经济持续疲软等因素推动了行业的渠道创新[2]。总体而言，日本保险营销渠道具有以下几个方面的特征：

首先，寿险方面，20 世纪 40 年代中后期开始建立了以营销人员为中心的销售模式，多数业务通过营销人员直接销售来完成。50 年代开始，部分家庭主妇也加入保险公司。这些人员在没有接受大量专业培训的情况下，作为代理人或营销人员进行产品推广，主要销售目标为亲朋好友，在日本此类销售活动也被称为“GNP 营业”。在“GNP 营业”中，G 取自日文“Giri（义理）”、N 取自日文“Ninjyo（人情）”、P 取自英文“Present（礼物）”。即亲朋好友购买保险产品并非是出于实际需求，而是出于同情心。销售人员则通过携带礼品登门拜访潜在客户，重视发展与客户的关系，适时地向他们推荐保险产品。为进一步提升营销人员的业务素质和专业知识，各大保险公司相

---

① 植村信保．生命保険会社の経営破綻要因［J］．保険学雑誌，2007（598）：35－52.

② 窦元．日本寿险公司渠道创新经验（上）［N］．中国保险报，2011－08－22（06）.

继制定了一系列严格的营销人员招聘标准及程序。日本重视企业教育培训，对于保险公司的营销人员，要接受公司规定的培训内容，在通过相应的资格认证考试基础上，才能取得对应的技术职称。一些大型保险公司也针对营销人员水平参差不齐等问题，采取相应的措施进行改革，不断完善营销队伍建设，构建精益营销队伍。

其次，随着公众及企业的安全防范意识的提高，尤其是企业加强办公设施的安全防范，公司外人员进出本公司管理规范化，使保险营销人员的上门推销变得越加困难。以往保险营销人员采取的“人海战术”，即通过大量的企业走访及居民小区陌生拜访的销售方式，逐渐被其他方式所取代。例如，日本生命保险公司在关东地区的东京都主要铁路转运站之一“品川站”和商业街聚集地“丸之内站”，东京都西部区域“立川站”，中部地区的爱知县“名古屋站”与关西地区的大阪府“梅田站”等大型交通枢纽开设了“生活广场”直营店铺。包括第一生命控股有限公司等大型寿险公司，也陆续在繁华的商业中心或人流量较大的交通枢纽地区开设店铺，这些设施的存在满足了顾客了解有关保险业务的需求。在部分保险公司设立的店铺中，不仅销售自家的产品，也销售其他公司的产品，这种店铺也被称为“兼营型”店铺。尤其在人流量较多的购物中心或交通枢纽中心，这种汇聚各家保险公司产品的混合型店铺逐步增多。与传统的营销人员上门推销业务相比，通过店铺的销售形式为顾客提供了便利的服务。

最后，面对潜力巨大的年轻人市场，日本保险公司不约而同地致力于开发针对年龄层次较低的消费群体营销手段。例如，通过动漫视频等展开宣传广告，旨在利用新颖的视觉效果吸引更多的年轻一代顾客。同时，部分保险公司还开设专门针对年轻消费群体的网站，聘请明星作为产品的代言人，不断拉近与广大年轻消费者的距离。如今，更多年轻消费者对网络平台表示欢迎，在互联网上完成从估算到完成购买保险产品的所有手续，免去其他较为复杂销售程序。与传统的店铺销售相比，线上销售可以减少线下经营场所租金与设备，降低人力资源成本，进而降低企业的运营成本。

3.3.3　日本保险业发展带来的启示

日本保险业的兴衰起落，及其在发展进程中积累的经验和教训，给予高速发展的中国保险业诸多启示。以下归纳几点作为中国从日本的保险业发展中可以得到的启示。

（1）低利率时代的业务发展。

自 20 世纪 90 年代起，金融市场崩溃、股票价格大跌使日本陷入通货紧缩的旋涡，出现了多年创纪录的低利率。在全球范围的持续低利率背景下，保险公司面临的挑战来自高利率环境向低利率环境的转变。泡沫经济的破灭致使保险业也陷入了困境，而低利率时代使日本保险业的资产收益率面临严峻挑战。加之，日本社会的老龄化和人口萎缩问题使国内的增长潜力已所剩无几。面对日益饱和的本土市场，日本保险公司力图在海外寻找投资和增长机会。尤其是大型保险公司发现除了巩固本国市场外，积极拓展海外市场才可以持续发展。2008 年全球金融危机以来，日本多家大型保险公司在加大风险管理力度的同时，加快了海外投资的步伐，以降低对国内市场的依赖。尤其对于聚焦本土市场的保险公司而言，它们有更强劲的动机进行海外扩张，以摆脱国内低利率环境带来的经营压力。

（2）增强保险企业的抗风险能力。

从前述日本保险业三个阶段的历史变迁可以发现，一国经济的跌宕起伏将影响保险业的发展。因此，在预测宏观经济走势的情况下，政府在制订有关保险业政策方面也需要引入有效的竞争机制，促进保险市场有效竞争和效率提升，从而提升保险公司抵御风险的能力，以便在经济出现下滑的背景下也能使保险公司稳步运营，避免出现大规模倒闭的情况发生。以日本 20 世纪 90 年代破产倒闭的数家保险公司为例，大多是高回报率险种过多以及不良资产过多等造成偿付能力出现问题而导致的。从保险业发展的历史来看，保险公司尤其是寿险公司不会轻易破产，20 世纪 90 年代末至 21 世纪初的数家日本保险公司的破产也是日本保险业发展的一个缩影。在股市泡沫破裂之前，将资产投资于繁荣的股市。随着股市泡沫破裂，股市回报率以及债券收益急剧下降，保险公司的资产负债状况也随之恶化。由于股价暴跌、资产投资出现严重亏损等原因，导致拖延或无法支付承诺的金额，致使多家保险公司陷入困境，从而不得不宣布破产。从日本数家保险公司的破产可以发现其存在的问题：首先，大多数公司盲目扩张业务追求企业规模，且资产投向股市追求高收益、高回报；其次，在低利率的环境下，保险公司收益日渐下滑，意味着抵御风险能力下降，从而产生了保险业破产连锁反应的局面，这也给其他国家保险业敲响了警钟。当下，保险公司的资金主要流向银行存款、国债投资、企业债券等。对于中国保险公司来说，需要拓宽保险资金运用渠道，采用有效的方式进行风险管理。

（3）探索店铺、网络销售模式。

由于各国的保险业在发展过程中存在差异，因此每个国家都会因地制宜，采用适当的营销渠道组合。从日本保险业中的寿险业务营销渠道可以发现，客户对产品需求的变化促使各家保险公司需要根据其产品特性寻找最适合的营销渠道，以提升渠道效益。例如，部分客户偏向于光顾保险公司设立的直营店铺，以便自由比较、选购自身需求的产品。为了满足客户的需求，近年来日本保险公司通过在购物广场及交通枢纽中心设立店铺，使客户能够利用这些设施向营销人员咨询和了解保险产品。中国保险公司也可加大在人流量较大地区设置店铺，增加营销人员与客户面对面沟通的机会。此举既可普及有关保险的知识，又可宣传企业以便顾客加深对企业的印象，从而引导顾客合理配置自己的保险产品组合。此外，借助网络平台对年轻一代客户利用动画、动漫的形式，以新颖的视觉效果推出营销服务，有针对性地开发年龄层次较小的消费市场具有借鉴意义。

（4）积极拓展海外市场。

日本保险公司在 2008 年全球金融危机之后逆势而上，积极拓展海外市场，其中不少大型保险公司在企业战略中将国际市场视为企业可持续发展的重要一环。除日本以外，欧美保险公司也积极开拓国际市场。众多保险公司的增加，致使市场竞争愈发激烈。在外资保险公司逐渐涉足中国市场的同时，中国保险公司也要进一步巩固市场，以便获得更大的发展。此外，随着“一带一路”倡议的实施，中国保险公司也要加快对外投资步伐，尤其是在中亚、东南亚和南亚等保险市场还处于发展阶段、潜在需求较大的地区，率先树立企业品牌，积极开拓国际市场。

总体而言，中国相对于日本的情况又有所不同，但参考日本保险公司的发展模式，也可以获取一些对保险公司乃至保险业值得借鉴的经验和启发。吸收其有益经验并总结其不足，将有助于中国保险公司探索发展的新路径，在行业竞争中掌握主动权。

日本大企业国际化战略分析
Chapter 4

第4章　贸易行业

4.1 贸易行业概况

2019 年世界 500 强榜单中贸易行业的企业有 19 家，其中，中国最多有 10 家，占上榜企业 52.6%；日本有 6 家，占上榜企业 31.6%；新加坡、韩国和印度各 1 家（见图 4－1）。

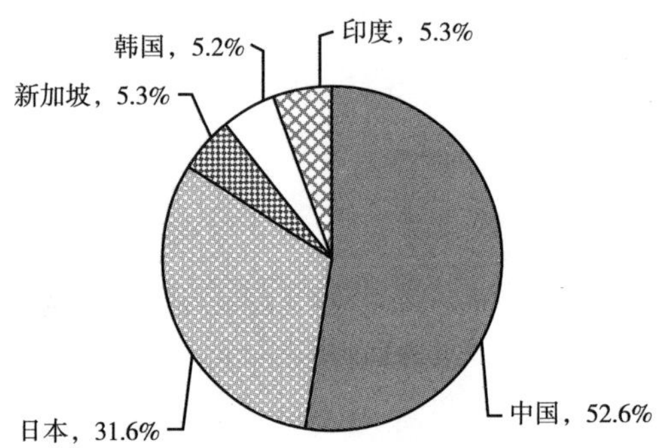

图 4－1 19 家上榜企业分布

资料来源：笔者根据 2019 年《财富》世界 500 强相关资料制作。

贸易行业的 2019 年上榜企业较上一年减少了 1 家。如表 4－1 所示，纵向比较来看，托克集团雄踞行业首位，三菱商事株式会社和伊藤忠商事株式会社紧随其后。从总排名来看，海亮集团有限公司 2018 年未上榜，剩余 18 家企业中有 15 家排名上升，上升幅度最大的伊藤忠商事株式会社名次提升了 100 位以上。3 家企业总排名下滑，降幅最大的来自印度的 Rajesh Exports（拉加什出口）公司，较上一年滑落了 90 个位次；丸红株式会社和中粮集团有限公司分别较上一年滑落了 17 个和 12 个位次。

日本 6 家上榜企业除丸红株式会社以外，其他 5 家总排名均有所提升。其中，三菱商事株式会社排名第 33 位，较上一年上升 96 个位次；伊藤忠商事株式会社排名第 65 位，较上一年提升 139 位；三井物产株式会社排名第 157 位，较上一年提升 89 位；丰田通商株式会

表 4 – 1　　上榜 19 家贸易行业企业

行业排名	企业	所属国家	总部所在地	2019 年排名	2018 年排名	名次变化	营业收入（百万美元）	（营业收入）年增减（%）	利润（百万美元）	（利润）年增减（%）	利润率（%）
1	托克集团	新加坡	阿姆斯特丹	22	32	10	180744. 1	32. 5	849. 2	0. 2	0. 5
2	三菱商事株式会社	日本	东京	33	129	96	145243. 3	112. 7	5328. 0	5. 4	3. 7
3	伊藤忠商事株式会社	日本	大阪	65	204	139	104627. 3	110. 4	4514. 3	24. 9	4. 3
4	中国中化集团有限公司	中国	北京	88	98	10	89358. 1	16. 4	701. 4	–6. 9	0. 8
5	中粮集团有限公司	中国	北京	134	122	–12	71223. 3	2. 2	337. 8	–14. 2	0. 5
6	丸红株式会社	日本	东京	147	130	–17	66753. 5	–1. 9	2082. 5	9. 2	3. 1
7	三井物产株式会社	日本	东京	157	246	89	62751. 4	42. 1	3735. 9	–1. 1	6. 0
8	丰田通商株式会社	日本	名古屋	162	165	3	60994. 3	4. 1	1196. 1	1. 8	2. 0
9	住友商事株式会社	日本	东京	231	250	19	48155. 7	10. 5	2890. 9	3. 8	6. 0
10	物产中大集团股份有限公司	中国	杭州	249	270	21	45435. 0	11. 0	362. 4	9. 6	0. 8
11	厦门建发集团有限公司	中国	厦门	277	362	85	42726. 3	31. 1	631. 3	106. 9	1. 5
12	中国航空油料集团有限公司	中国	北京	283	371	88	42370. 9	32. 6	476. 2	18. 6	1. 1

续表

行业排名	企业	所属国家	总部所在地	2019 年排名	2018 年排名	名次变化	营业收入（百万美元）	（营业收入）年增减（%）	利润（百万美元）	（利润）年增减（%）	利润率（%）
13	厦门国贸控股集团有限公司	中国	厦门	291	360	69	41437.5	25.9	62.8	-41.0	0.2
14	雪松控股集团有限公司	中国	广州	301	361	60	40640.8	24.2	844.7	-20.9	2.1
15	象屿集团	中国	厦门	338	375	37	36503.7	15.2	199.3	35.4	0.5
16	新疆广汇实业投资（集团）有限责任公司	中国	乌鲁木齐	439	456	17	28564.0	9.4	137.0	321.8	0.5
17	三星 C&T 公司	韩国	首尔	444	458	14	28319.4	9.3	1556.9	175.1	5.5
18	海亮集团有限公司	中国	杭州	473	未上榜	无	26251.0	9.1	237.6	-11.5	0.9
19	Rajesh Exports 公司	印度	班加罗尔	495	405	-90	25142.6	-13.7	184.8	-5.9	0.7

资料来源：笔者根据 2018 年、2019 年《财富》世界 500 强相关资料整理。

社排名第 162 位，较上一年提升 3 位；住友商事株式会社排名第 231 位，较上一年提升 19 位。从营业收入情况来看，2019 年上榜企业总营业收入金额为 11872.42 亿美元。上榜企业普遍实现增收，有 17 家企业营业收入同比实现增长，最大增幅的来自三菱商事株式会社，达到 112.7%；伊藤忠商事株式会社紧随其后，营业收入增幅也达到三位数，为 110.4%。仅有 2 家营业收入同比下滑，13.7% 的最大降幅的来自 Rajesh Exports 公司，另 1 家营业收入同比下滑企业丸红株式会社的降幅为 1.9%。

利润方面，2019 年上榜企业全部实现盈利，总利润为 263.29 亿美元，三菱商事株式会社雄踞贸易行业利润首位，达 53.28 亿美元；利润超过 20 亿美元还有伊藤忠商事株式会社、三井物产株式会社、住友商事株式会社和丸红株式会社，分别达到 45.14 亿、37.35 亿、28.90 亿和 20.82 亿美元；三星 C&T 公司和丰田通商株式会社也超过 10 亿美元，分别达到 15.56 亿和 11.96 亿美元。利润超过 20 亿美元的 5 家企业均来自日本，且超过 10 亿美元的 7 家企业除 1 家来自韩国以外均来自日本。

2019 年上榜企业的利润升降呈现两极分化态势。利润同比有所增长的达到 12 家，其中新疆广汇实业投资（集团）有限责任公司、三星 C&T 公司和厦门建发集团有限公司的利润增幅均达到了三位数，分别为 321.8%、175.1% 和 106.9%；象屿集团、伊藤忠商事株式会社和中国航空油料集团有限公司的利润增幅也均达到了两位数，分别为 35.4%、24.9% 和 18.6%。但也有 7 家利润同比有所下降，下降幅度最大的来自厦门国贸控股集团有限公司，为 41.0%；雪松控股集团有限公司、中粮集团有限公司和海亮集团有限公司的利润降幅也均达到两位数，分别为 20.9%、14.2% 和 11.5%。

在利润率方面，上榜企业总利润 263.29 亿美元除以总营业收入 11872.42 亿美元，得出行业的利润率为 2.2%。从各企业的利润率来看，没有一家超过 10%。超过 5% 的利润率已经是较高的数值，2019

年榜单上达到这一标准的仅有2家，分别为三井物产株式会社和住友商事株式会社。日本6家贸易企业的利润率均进入行业全球前10位，其中三井物产株式会社和住友商事株式会社达到6.0%，包揽行业全球的前2位，甚至利润率最低的丰田通商株式会社也达到2.0%；而中国10家贸易企业的利润率最高为雪松控股集团有限公司的2.1%，其他均在2.0%以下；中国和日本以外的3家企业，托克集团、三星C&T公司和Rajesh Exports公司分别为0.5%、5.5%和0.7%（见表4-1）。

4.2 三井物产海外扩张

4.2.1 公司简介

三井物产株式会社的前身是1947年成立的“第一物产株式会社”，隶属于三井财团，与三井住友金融集团和三井不动产集团一起被称为三井财团的“御三家（三甲）”。作为三井财团重要一员，发展伊始就涉足国内贸易领域。为了促进三井财团成员企业的国内外贸易发展，三井物产株式会社为成员企业提供国内和国外的市场行情等信息，包括筹措资金甚至提供全球范围的运输服务，以保障贸易顺利进行，将业务扩展到全球各地。

据三井物产株式会社官方网站信息所示①，截至2019年3月31日，拥有员工43993人。截至2019年11月1日，在世界66个国家和地区设有135个办事处，包括日本国内11个及海外124个。并拥有491家下属企业，其中，“连结子会社（子公司）”达278家，包括日本国内70家、海外208家；“持分法適用会社（权益法适用关联公司）”213家，包括日本国内45家、海外168家。公司设立了

① 三井物産株式会社．会社案内2019.［2019-06-27］. https://www.mitsui.com/jp/ja/company/brochure/__icsFiles/afieldfile/2019/06/27/mitsui_2019_J_sec.pdf.

“营业本部”与“三极体制”，其中，“营业本部”由钢铁制品本部等 15 个事业部门构成；“三极体制”分别为美洲本部、欧洲·中东·非洲本部、亚洲·大洋洲本部。除涉足钢铁制品、金属资源等贸易业务外，还将触角伸向如消费者服务领域，为全球市场提供医疗保健、房地产、时装、媒体等服务，并涉足基础设施项目、基础化学、机能化学、粮食·食品、智能移動·运输等广泛领域。

4.2.2　相关财务数据

如图 4－2 所示，三井物产株式会社在营业收入方面，2011 年突破了 600 亿美元。之后开始下跌，2015 年跌破 400 亿美元后，2016 年开始逐步回升，连续三年同比增长。在利润方面，2015 年受到投资美国页岩气项目影响，出现了 6.94 亿美元亏损，其他年度均保持在 15 亿美元以上的利润，2011 年甚至突破 50 亿美元，达到了 55.03 亿美元。在总资产方面，从 2010 年突破 1000 亿美元后，基本徘徊在 1000 亿美元左右。

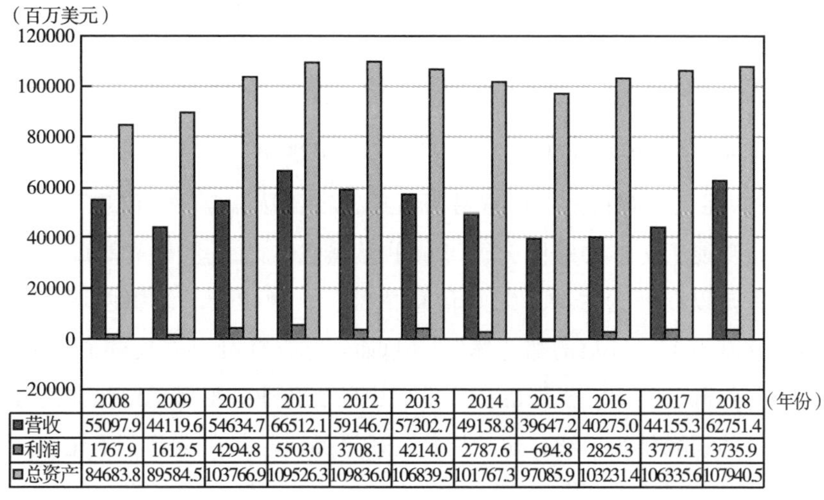

	2008	2009	2010	2011	2012	2013	2014	2015	2016	2017	2018
■营收	55097.9	44119.6	54634.7	66512.1	59146.7	57302.7	49158.8	39647.2	40275.0	44155.3	62751.4
■利润	1767.9	1612.5	4294.8	5503.0	3708.1	4214.0	2787.6	-694.8	2825.3	3777.1	3735.9
□总资产	84683.8	89584.5	103766.9	109526.3	109836.0	106839.5	101767.3	97085.9	103231.4	106335.6	107940.5

图 4－2　三井物产株式会社 2008～2018 年营收、利润与总资产

资料来源：笔者根据 2009～2019 年《财富》世界 500 强相关资料制作。

如图4－3所示，三井物产株式会社利润率在2015年因亏损导致出现大幅度下滑以外，大部分年份都保持在5%以上。其中，2017年为历年最高，达到了8.6%。

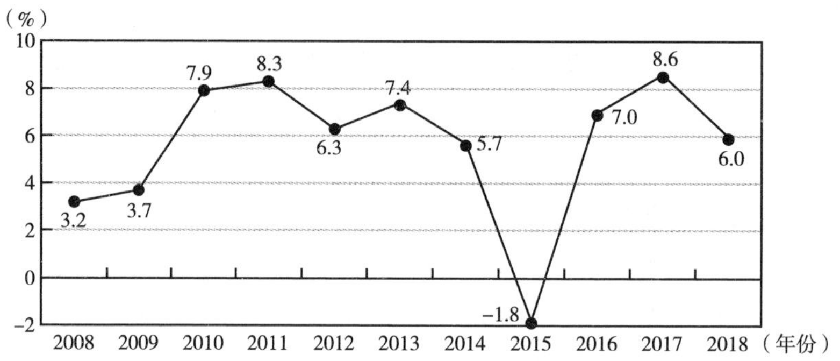

图4－3　三井物产株式会社2008～2018年利润率

资料来源：笔者根据2009～2019年《财富》世界500强相关资料制作。

4.2.3　核心系统

商社是日本最古老的的企业组织之一，诞生于明治维新时期。自诞生之日起，就与本国产业有着密切的联系，是日本企业跨出国门的“窗口”。商社横跨日本国内各个产业，对国民经济产生非常重要的影响。同时，商社也是日本独有的企业类型，刘继媛和潘洪岩（2008）将商社解释为“以贸易为主导，集贸易、金融、信息、运输等综合功能于一体的跨国公司形式的组织载体”①；周敏（2012）认为商社是以商业为主导，兼具信息情报、金融投资、组织协调等功能，它是一个“开放的综合体”②。总而言之，商社就是集合了贸易、金融、物流、技术、投资等产业发展中的多种业务形态的组织。商社所涉及的领域较为广泛，包括原料、矿产品、轻纺工业品、重化学工

① 刘继媛，潘洪岩．日本综合商社的起源与发展［J］．经济师，2008（7）：79－80.

② 周敏．综合商社，日本经济模式借鉴［J］．科技智囊，2012（11）：34－47.

业品和电子信息产品等，经营的商品种类多、业务区域广，交易方式具有多样化且业务呈多元化，可以说商社是世界上具有独特形式的企业形态。

商社作为产业链的组织者，历经一百多年的发展，至今还保持着旺盛的活力，活跃在国际贸易的舞台上。综合商社作为一个综合体，凭借自身的多功能，将全球经贸活动中的需求与供给紧密联系起来。小島清和小澤輝智（1984）曾指出综合商社的六大功能：贸易功能、金融功能、信息功能、参与功能、物流功能、开发功能[①]。王晔（2013）罗列出日本商社的七大系统：情报系统、金融系统、资源系统、技术系统、物流系统、贸易系统、投资系统[②]。张玉来（2015）也罗列了日本商社的八大功能：商品交易功能、物流功能、市场开拓功能、金融功能、事业开发与经营功能、风险管理功能、信息功能、组织功能[③]。以下三井物产株式会社为例，介绍商社的核心系统。具体而言，其核心系统内涵如下：

（1）贸易系统。

它是使商社充当为贸易中间商的角色，即利用供需不同和信息不对称而进行“产品”与“服务”的交易功能。日本是进出口贸易大国，尤其注重高技术、高附加值产品的出口。为了振兴本国产品的出口，日本商社将出口作为国际贸易战略的重要一环，向关联的制造业企业提供海外市场信息，为出口贸易获得商业先机。相比之下，日本商社在国际贸易理念方面与欧美企业有所差异。欧美企业一般是通过直接投资方式获取利润，而日本商社通常协同成员或关联企业，作为一个利益共同体参与其中。例如，2007 年以川崎重工业株式会社为首的日本企业联盟同意向中国转让高速列车关键技术，这个联盟中就

---

① 小島清，小澤輝智．総合商社の挑戦：経済開発のマーチャント［M］．東京：産業能率大学出版部．1984.

② 王晔．日本综合商社系统对我国企业发展的启示［J］．湖南商学院学报，2013（6）：27－30.

③ 张玉来．日本综合商社再转型［J］．董事会，2015（11）：74－77.

有三菱商事株式会社、伊藤忠商事株式会社和丸红株式会社的身影。此外，2007 年正式通车的中国台湾地区高铁建设中也有三井物产株式会社的参与。当时，三井物产株式会社全方位输出本国高铁技术，主导川崎重工业株式会社等本国拥有动车组制造能力的高铁联盟参与到中国台湾地区的高铁建设。在商社协助下，日本企业联盟在海外的高铁项目中取得突破。三井物产株式会社并非制造企业，通过参与这些高速铁路项目的技术转让，可以清晰地看出商社在大型交通项目国际合作中的功能与作用。

（2）信息系统。

它是利用全球网络提供和分析各国的政治经济及产业信息，为海外投资提供指导和服务。在日趋激烈的国际竞争中，开拓海外市场首先要提前储备信息，没有信息支撑就无法制订相应的经营战略与工作计划。信息已经成为各国企业的战略资源，也是一种“无形资产”。面对日趋激烈的市场竞争，各国企业都力图完善信息系统，日本商社在这方面的能力首屈一指，其基于自身以及关联企业针对收集到的信息，通过内部反馈系统传送回日本国内。如今，各大商社都构筑了一套完整的内部信息传递系统，三井物产株式会社也不例外，除了独立部门“IT 推进部”以外，还设有“情报战略委员会”。据公司官方网站信息所示，这两个内部机构均由位列第一的副总经理负责掌管，可见其对信息收集的重视程度。三井物产株式会社作为综合商社，国际商务活动所依赖的资本就是“人”。白益民（2006）曾指出“三井物产不是制造厂家，所以它最大的财产就是人。”[①] 凭借丰富的人力资源，在全球范围内构筑了庞大的信息网络系统，时刻关注着商业活动中的各个角落，试图最大限度地掌握全球各地的贸易和投资等所需信息，进而为自身开拓国际市场提供有效支撑。

三井物产株式会社还利用分布在全球各地的经营网络，在与各国

---

① 白益民．三井帝国启示录——探寻微观经济的王者［M］．北京：中国档案出版社．2006.

企业展开合作的同时，也加强对合作企业的掌控力度。因此，与三井物产株式会社进行合作的各国企业的内部信息也提供诸多商业信息。商业信息的交换与共享不仅仅停留在三井物产株式会社遍布全球各地的经营网络及合作企业之间，还发生于三井财团关联企业之间。三井物产株式会社在启动某个项目时往往与财团成员企业共同持股，以实现信息的交流与共用。例如，三井物产株式会社旗下于1961年设立的三井石油公司（后于2014年转让给东燃通用集团）的股权结构中，三井物产株式会社约占9成，其余1成股权分配给三井财团成员企业。据公司官方网站信息所示[①]，具体持股比例为：三井物产占89.93%、三井住友银行占1.95%、三井住友信托银行占1.95%、商船三井占1.55%、三井造船占1.15%、其他三井财团成员企业（三井化学、三井住友海上保险、三井生命保险、三井住友建设、三井不动产、东丽）6家占3.47%。正是通过持股关系将这些财团成员企业紧密地联系在一起，从而使信息共享成为现实。此外，三井物产株式会社也持有三井财团成员企业的股权。例如，三井财团成员企业商船三井，是日本最大的海运公司之一，旗下的“MOL Logistics（商船三井物流公司）”除商船三井持有多数股权以外，召集财团成员企业三井物产、三井不动产、三井住友银行、三井住友信托银行、三井造船等，将剩余股权分配给成员企业。由此可见，三井物产株式会社通过财团成员企业之间相互交叉持股，实现信息资源整合和共享。

（3）金融系统。

它是利用庞大的资金与信息网络资源，为企业提供有效的整体金融服务。众所周知，企业运营中没有足够的资金就无法支持业务顺利开展。在掌握了相关信息后，三井物产株式会社接下来的步骤，是筹集资金或根据收集到的信息进行进一步开拓业务的融资举措。市场上融资的方式主要有两种：一种是发行股票或发行债券；另一种是通过

① 三井物産株式会社．三井石油の株式売却及び東燃ゼネラルの株式取得について．[2013－12－18]．https：//www.mitsui.com/jp/ja/release/2013/1205732_6496.html.

银行或保险公司等金融机构进行融资。在融资方面，三井物产株式会社主要是通过后一种方式进行的。三井住友金融集团旗下的三井住友银行，以及由三井住友海上集团控股公司、爱和谊财产保险公司、日生同和财产保险公司合并成立的日本第一大财产险公司MS&AD保险集团控股有限公司等三井财团成员企业为三井物产株式会社的经营活动相关需求提供相应的支持。

（4）技术系统。

它是对技术、产品、市场、新业务开发的支持。在全球范围内，日本制造业无论从工艺技术还是研发实力均具有较强的竞争力。行业领先技术不仅可以给日本许多企业带来巨大的财务回报，还可以换取合作伙伴和竞争对手对日本企业的长期依赖。2019年，日本政府筹划限制对韩国出口OLED材料就令韩国相关业界高度紧张。韩国方面认为，如果日本限制向韩国出口半导体制造过程中使用的“高纯度氟化氢”和“光刻胶”，以及智能手机、电视中显示器部件使用的“氟聚酰亚胺”措施得以实施，韩国相关产业的发展潜力和速度就会受到严重制约。从该例子就可看出，日本制造业在技术层面上的真实国际竞争力。而日本商社不仅掌握着制造业资源这一上游产业环节，同时也通过技术来占据国际竞争中的有利位置。而三井物产株式会社正是通过日本企业的技术优势，基于以下步骤有序推进：第一，基于获取的信息，进行市场调研，确定相关的投资方案；第二，在确定项目后，开始筹集资金并协助企业的运营管理；第三，负责采购和运输生产所需的原料与设备；第四，待项目逐个投产后，利用其建立的全球销售网络销售产品，开拓国内外市场。

（5）物流系统。

为了开拓国际市场，商社往往协同投资所在地的合作伙伴，以便构建强大的物流网络和高效率的物流信息系统，目的在于满足全球市场日益增长的物流需求。日本三大海运公司日本邮船、商船三井、川崎汽船凭借它们所持有世界先进的各种不同类型的船舶，在国际航运界有着重要影响力。其中，商船三井作为三井财团成员之一，在世界各地拥有数百个网点，提供包括 LNG 运输、干散货运输和汽车滚装运输等物流服务。三井物产株式会社依托商船三井等三井财团成员企业，建立了强大的物流运作网络。除了发挥财团成员企业的协同效应，三井物产株式会社还利用自身在世界各地的经营网络，与各国、各地区运输组织进行合作，并通过自身投资的物流设施，为客户提供物流服务。

（6）资源系统。

日本通过以商社为中心的企业发展模式，在世界各地持有或收购大量的矿业资源，包括石油、铁矿石、页岩气等。多家商社通过在海外掌控矿产资源，进而为自身创造更多的经济效益。三井物产株式会社设立了“金属业务部”与“能源业务部”，从而更快、更准确地对投资矿产资源项目做出决策，尤其是将重心放在海外的铁矿投资与交易上。三井物产株式会社通常与关联企业、合作伙伴在资源投资方面结成一个紧密的利益共同体。例如，在国际铁矿石的定价谈判过程中，常常出现三井物产株式会社与关联企业的身影，与澳大利亚的必和必拓公司、巴西的淡水河谷公司等世界铁矿石巨头谈判以制订铁矿石价格。

从三井物产株式会社的各项核心系统的分析可以看出，其依托所属财团的金融机构，以信息部门为支撑，通过所属财团成员企业人事互派及环形持股等方式，打造利益共同体。如三井物产株式会社与三井住友银行等一起作为三井财团的核心成员，基于上述提及的金融及信息两项核心系统：一是通过各种各样精心设计的服务生龙活虎地开展国际贸易活动；二是通过商业信息，不断进入新业务领域。这种机制形成了三井物产株式会社等日本商社强有力的国际竞争力，共同抵御外部风险的能力也首屈一指。日本企业尤其是中小企业最初进入新的市场时，往往依附于商社在当地的机构以获得援助。与此同时，三井物产株式会社等日本商社为了巩固和强化自身的势力范围，也愿意提供支持和帮助。

由此可见，中国企业也可借鉴三井物产株式会社的核心系统方面的经验。首先，在信息收集方面，可以建立起高效精确的信息收集和反馈共享体制，使商业信息在企业内部充分流通和共享，为企业制订和实施国际化经营战略提供参考。同时，企业之间也要共享信息，实现优势互补，互利共赢。其次，在资源掌控方面，当下中国企业在国际市场上对资源控制力度还不够，可以借鉴日本商社经验，提高对资源的控制力度，做到以资产为纽带，协同关联企业更多地参与到国际竞争中，以掌控更多的行业话语权。最后，在物流网络方面，中国企业需要加强与当地企业合作，不断扩大和优化物流网络，更好地服务当地市场。

4.2.4 企业战略

在国际竞争中，三井物产株式会社基于信息收集和反馈环节等企业核心系统，为打开通向国际市场的通道奠定了基础。其战略主要有以下方式：

（1）实施多元化经营战略。

多元化经营是日本商社的永恒主题。纵观三井物产株式会社的发展史，业务范围遍布全球，横跨多个领域。国际贸易涉及钢铁、金属、化学、基建、粮食、食品、物流运输等。项目投资围绕国际贸易向上下游延伸或多元化展开。例如，围绕钢铁制品，投资铁矿石、废钢、焦炭、直接还原铁等领域。为了更好地为客户提供高效的服务，甚至在终端客户密集地区建立了与钢铁产品相关联的加工基地。

（2）建立战略联盟。

在拓展新业务领域时，主要是通过建立战略联盟的方式来进行。例如，进行IT创业项目投资时，三井物产株式会社海外分支机构选择有发展潜力的项目，与合作伙伴结成战略联盟并对其进行投资。同时，根据本国市场需求，同海外 IT 创业企业在日本共同组建合资公司，由外国企业提供技术或产品，而三井物产株式会社则发挥国际营销方面的优势，提供物流配送和其他国际商务运作服务。通过与具有发展前途或优势的企业建立战略联盟，融合彼此优势。

三井物产株式会社的业务遍布涉及各地，除了贸易以外，还提供咨询、医疗保健等服务，以及参与大型基础设施等项目建设，涉足领域多种多样。中国贸易企业在进入国际市场时也可以借鉴这种发展模式，重视建立企业之间的合作伙伴关系，通过与国内外企业建立战略联盟等形成互补，站在全球商业合作的高度，以便更好地在全球营商竞争中发挥各自优势。

4.3　商社发展及借鉴意义

4.3.1　商社的崛起与发展

商社的崛起与发展过程，大致可以分为以下几个阶段：

（1）崛起。

明治维新以来，日本迅速发展成为亚洲首个工业化国家。其中，商社发挥了从国外进口生产原料与资源及出口产品的平台和纽带作用。由于国内自然资源匮乏，在原料方面严重依赖国外市场。为了保障工业化所需原料和促进进出口贸易，日本政府提出振兴贸易的计划，支持商人创办商社。商社得到了政府政策的大力扶持，因而快速崛起。

第二次世界大战之后，在美国对日实行“解散财阀”政策的推动下[①]，驻日美军下令解散日本两大财团三菱和三井。20 世纪 50 年

① “解散财阀”是当时美国法令，对财阀和垄断大企业实行解体的措施。

代，美国不再对日本的财团进行遏制。1954 年成立的三菱商事株式会社和 1959 年诞生的三井物产株式会社前身“三井物产大合同”，标志着商社进入了新的发展起点。此后，三菱商事、伊藤忠商事、三井物产、住友商事等商社再度崛起。自 50 年代中期开始，汽车、钢铁、石油化工等消费大量能源和资源的“重厚长大”型产业成为日本经济高速增长的主导产业，商社通过参与技术引进、从国外进口原材料，促进了“重厚长大”型产业的快速发展。

20 世纪 60 年代，日本工业制造迅速崛起，而商社在本国产品打开国际市场的过程中扮演着非常重要的角色。日本商社为落实本国“贸易立国”政策，着手在世界各地构筑业务网络。首先，商社的创建在时间上要早于多数制造业企业的国际扩张。三菱商事、三井物产等早在第二次世界大战之前已经设立多处海外分支机构，从事海外经贸活动。伊藤忠商事、丸红、住友商事等在第二次世界大战之后快速发展，同样早于许多制造业企业的国际化发展。其次，从 20 世纪中叶开始，日本本土建立了制造业主要负责生产、商社主要负责销售的分工机制。在这种匹配机制下，商社从事的是买进或卖出业务，即购入制造业的产品，通过自身构建的国内外经营网络进行销售，从而获得更多的发展机会。与此同时，商社自身也需要承担相应的风险。最后，商社根据不同国家和地区的经济发展产异化建立了不同层次的市场结构，兼顾销售不同档次的产品，为占据各个国家和地区的细分市场奠定了基础。

商社的大规模国际贸易业务始于 20 世纪 60 年代中期。这一时期，随着日本国内经济的不断发展，商社一方面着手应对本国企业对国外先进技术与设备的强大需求，积极寻找国外相关产业巨头并力图获得其对国内市场的销售代理权；另一方面，也积极承接国内产品的对外销售业务，助力本国企业开拓国外市场。然而，在 60 年代随着通信的不断发展及产业资本力量的大幅增强等环境的变化，日本国内出现了“商社斜阳论”，即商社没落论的观点在这一时期开始在日本蔓延。在日本经济、产业结构发生变化的背景下，御園生等（1961）发表的《综合商社是斜阳吗》文章在日本国内引起巨大反响[①]。他指出，一部分大型制造商逐步发展为跨国公司，这导致社会对贸易中间商的依赖程度下降，也因此商社的社会价值将随之下降。随着这一观点在日本蔓延，“商社无用论”一度成为业界人士议论的焦点。然而，在这一阶段，商社的规模进一步得到扩大，并没有出现衰退迹象。

（2）曲折发展。

20世纪70年代，两次石油危机使自然资源相对匮乏的日本受到了严峻的考验，经济也陷入了困境。与此同时，“尼克松冲击”带来的美元骤然贬值给日本“贸易立国”政策造成了严重的冲击[②]。这些因素导致日本经济进入了低速增长时期。随之，日本政府开始对国内产业结构进行调整，主导产业由大量消费原材料的钢铁化工等为中心的“重厚长大”型产业，向以电子产品为代表的“轻薄短小”型产业转变。对于大量从国外进口原材料获取财务回报的商社而言，遭遇了“冬季时代”。这一阶段，商社受到来自国内外的负面影响和评价，各界对于商社批评声音日益高涨。日本国内对商社占据市场流通渠道的统治地位提出了不满，国际上美国等国家指出了日本商社违反当地法律法规的不当行为，致使商社在这一阶段的形象受到影响。

面对来自国内外的压力，商社对自身的经营活动进行动态调整。具体是：扩大三国间贸易并提高海外分支机构本土化经营程度，采取从出口向对外直接投资转换的策略，积极推进双边、多边的海外投资活动。推进三国间贸易的发展及提高海外分支机构本土化的程度，对缓解日本商社因进出口贸易低迷带来的困扰发挥了积极作用，也对日

① 御園生等．総合商社は斜陽であるか（本誌話題論文再録・昭和三六年五月二三日号）[J]．エコノミスト，61（24）：74－89.1983.

② 所谓“尼克松冲击”是日本国内人士认为美国时任总统尼克松对美国外交与经济政策的重大调整，对日本国内社会造成了巨大“冲击”。

本商社走出“寒冬时代”奠定了强有力的基础。由此，日本商社并没有像上述提及的学者御園生等在20世纪60年代初指出的逐渐没落，其实力不减反增。

（3）战略转型。

20世纪80年代，日本经济持续快速发展。这一阶段，日本商社为以国内为中心的贸易向以世界为中心的贸易转化这一目标构建起框架。80年代中后期商社的典型特征有三点：一是充分利用各种资源，助力日本制造业加大力度开拓国际市场；二是高度重视拓展新产业领域，尤其注重新崛起的信息技术产业；三是发挥资金优势，打造商社的金融功能。然而，这一阶段日本国内再度掀起“商社寒冬论”，日経ビジネス编（1983）指出的日本迎来了“商社的冬季时代”又引发了商社没落论的话题①。与此同时，日本商社在全球扩张的步伐并未停止，开始进行新一轮的战略调整，在全球范围内推行分权化，并实行独立核算，还向信息通讯、基础设施建设、服务等新领域拓展。在对外贸易发展的外部环境并不宽松的情况下，仍然取得了较好的经营业绩。此后，日本商社将经营的触角伸向世界各个角落，逐步构建独特的跨国经营网络系统。

（4）进一步国际化。

20世纪90年代，世界经济形势发生了巨大变化，开始进入了以信息技术为中心、发展高科技为先导的新阶段。这一阶段开始，日本商社开始致力于多元化经营，进军电子信息、机器人和生物技术等领域，力图改变其长期从事的基础材料工业的单一局面。与此同时，90年代日本经历泡沫经济崩溃之后，商社再度成为公众议论的焦点，“商社寒冬论”风声鹤唳，但商社的综合实力并没有下降。这一阶段，日本商社一度是世界规模最大的企业。在1995年《财富》世界500强企业的榜单中，排名第一至第四位分别是三菱商事、三井物

---

① 日経ビジネス编．商社——冬の時代［M］．東京：日本経済新聞社．1983.

产、伊藤忠商事和住友商事，第五位为通用汽车，第六位为丸红，第七位为福特汽车，第八位为埃克森，第九位为日商岩井（原日商岩井与日绵公司于2004年4月1日合并，现为双日株式会社）①，第十位为荷兰皇家壳牌集团。当时，除了通用汽车、福特汽车、埃克森和荷兰皇家壳牌集团，日本商社在世界500强前十企业中占据了6席，可谓是其发展史上最辉煌的时期。

进入21世纪，日本商社在经营战略方面进行了一系列的调整，将业务的重点发展方向由以“贸易”为中心转变为“事业投资”，即对矿物资源、制造业企业以及基础设施的股权投资。日本商社尤其关注矿产、石油、页岩气等不可再生能源，认为此类能源具有较大升值空间。随着贸易行业的竞争日益激烈，商社的业务领域也在不断扩展，从原来重视在产业上游（原材料领域）和下游（终端产品），逐步扩展到整个产业链，尤其重视构筑产业各个环节的“链接”点。例如，商社与日本国内炼油行业企业关系密切，几乎每家涉及矿物资源、初次产品的日本企业背后都有商社的影子，其对日本国内产业的渗透已经从上游材料到制造及销售终端无孔不入。在接连遭遇了全球金融危机后，日本商社经过不断改革和创新，后来借助石油和矿物原材料价格的不断攀升，营业额和营业利润大多取得了大幅上涨。

时至今日，日本商社依然席卷全球，在世界经贸往来乃至金融投资等领域展示了其超凡的实力。它是在“商社斜阳论”“商社无用论”“商社寒冬论”的气氛中逐步壮大起来的。可以看出，商社在日本经济的高速发展阶段起到了辅助性的作用。同时，国际经济形势的变化也给日本商社带来了机遇与挑战，各家商社也陆续制定了新的发展战略，以便在不断变化和不可预测的竞争环境中实现可持续发展。日本商社发展历程中对国内外环境变化的适应能力，是值得各国从事贸易的企业参考和借鉴。

① 2004年4月1日，日商岩井和日绵合并重组，组建成双日株式会社。虽然没有进入2019年世界《财富》500强，但也是日本具有代表性的大型综合商社之一。

4.3.2 日本商社发展带来的启示

基于上述针对日本商社的分析，可以发现其成功的因素主要集中于以下三点：

第一，形成有效的供、产、销协调机制。商社的主要作用之一就是为财团成员企业及关联企业的生产提供原材料，同时也为它们的产品销售提供服务，即作为产品销售的中间商，在产品销售过程中发挥着积极作用，进而在所属财团成员企业及关联企业中形成了以商社为中心的供、产、销有效协调机制。这使生产企业的集中资源全力聚焦生产活动，而商社发挥其独特的作用，助力生产企业不断拓展国内外市场。这种较为稳定的供、产、销协调机制以及良好的业务合作关系，主要依附于它们通过交叉持股而构建起来的纽带关系。日本商社所属的财团中有多家世界级企业，如丰田汽车和东芝都是三井财团的成员，这使日本商社与关联企业的协调力度非常高。从材料采购到产品研发再到市场推广等一系列的流程中，日本商社与关联企业在各环节之间都配备有较为完善的沟通渠道，并掌握着某一产业上游至下游关键环节，在国内外市场中保持着强有力的竞争优势。

第二，商社与金融机构之间相互支持。商社在日本素有“影子银行”之称，这反映出商社在日本金融界的地位。日本商社通过所属财团成员的银行或保险公司发挥的金融功能，主要有融资、租赁的统筹安排等。如前所述，除了三井住友金融集团为三井物产株式会社提供金融支撑以外，其他如三菱日联金融集团为三菱商事株式会社提供融资，使商社有能力开展各种各样的业务。这些融资可以给商社以及关联企业提供强有力支撑，以便实现它们对原材料的采购并参与新产品研发，进而不断实现自身的产业升级，推动其不断向前发展。

第三，进行多元化布局。日本商社海外战略的总体方向是趋向于多元化发展，有些是为了维护所属财团成员企业之间的纽带关系；有些是在市场前景广阔的战略性新兴产业领域进行风险投资，以便成为市场拓展的先行者；有些是为了获得制造商的原材料供应“贸易代理权”和产品销售“独家经销权”。21世纪以来，商社进一步强化同国外垄断性行业企业的资本联系与业务往来，全方位构建本国产品的竞争优势，增强日本企业的国际竞争力。由于在部分国家和地区发行债券时不需要物资抵押担保且手续相对简便，致使商社纷纷踏足国际金融业务。为此，商社开始在国外开设金融分支机构，从事从国际金融市场上筹措资金及外汇风险管理等业务，这也促进了日本商社经营的多元化，使其在投资领域也积累了相当丰富的经验。

与20世纪90年代中期的鼎盛时期相比，日本商社在世界500强中的地位较为明显地呈现出日益下降的趋向，2019年榜单中没有一家进入世界前十。尽管如此，2019年日本依旧有6家商社挺进世界500强，并且在全球贸易行业10大企业中占据了6席，这也充分说明了日本商社仍是当今全球市场上一支强有力的竞争力量。日本商社的发展模式无疑极具启发意义，但是其他国家企业借鉴日本商社的发展模式也是较为艰难。其原因是：日本商社是建立在日本传统的集团归属意识的基础上。协同发展是商社一贯秉持的理念，其经营模式“移植”到其他国家企业也许会有很多困难，但在某些时候发展成一个利益共同体，从而达到“一荣俱荣，一损俱损”的理念值得借鉴。今后，中国企业可以在贸易、信息、金融、投资、物流、技术等业务发展中与相关企业形成利益共同体，以利益融合与协同发展为目标，提升企业之间的凝聚力。

日本大企业国际化
战略分析
Chapter 5

第5章 电子及电气设备行业

5.1 电子及电气设备行业概况

5.1.1 15家上榜企业概况

如表5-1所示，2019年全球共有15家电子及电气设备企业上榜，与上一年持平。纵向比较来看，三星电子依然雄踞电子及电气设备行业首位，鸿海精密工业股份有限公司紧随其后。榜单前6位同2018年位次完全一样，和硕联合科技股份有限公司跃升至行业第7位导致之后的排名与2018年略有不同。

从15家上榜企业的总排名来看，除了2018年没有上榜的珠海格力电器股份有限公司外，有5家企业排名上升，上升幅度最大的海尔智家股份有限公司名次提前了51位。上升位次超过两位数的还有和硕联合科技股份有限公司、施耐德电气和美的集团股份有限公司，分别上升了26个、13个和11个位次。9家企业总排名下滑，降幅最大的东芝滑落了45个位次，其次是日立，滑落了23个位次，紧接着三菱电机、索尼和松下分别滑落了21个、19个和17个位次，滑落位次最多的5家企业均为日本企业。韩国的2家上榜企业三星电子与LG电子的总排名均出现下滑，较2018年分别滑落了3个和7个位次。在中国的4家上榜企业中，除了2018年没有上榜的珠海格力电器股份有限公司以外，美的集团股份有限公司和海尔智家股份有限公司的总排名均有所提升，另外，中国电子信息产业集团有限公司排名第375名，较2018年下滑6个位次。

从营业收入情况来看，上榜企业除东芝以外，较2018年均有所增加。最大增幅来自珠海格力电器股份有限公司，为36.2%；增幅超过10%的还有海尔智家股份有限公司、鸿海精密工业股份有限公司、和硕联合科技股份有限公司和美的集团股份有限公司，分别达到

表 5－1　　上榜 15 家电子及电气设备企业

行业排名	企业	所属国家	总部所在地	2019 年排名	2018 年排名	名次变化	营业收入（百万美元）	（营业收入）年增减（%）	利润（百万美元）	（利润）年增减（%）	利润率（%）
1	三星电子	韩国	首尔	15	12	－3	221579.4	4.5	39895.2	9.1	18.0
2	鸿海精密工业股份有限公司	中国	台北	23	24	1	175617.0	13.5	4281.6	－6.1	2.4
3	日立	日本	东京	102	79	－23	85507.8	1.1	2007.2	－38.7	2.3
4	索尼	日本	东京	116	97	－19	78157.7	1.4	8264.0	86.6	10.6
5	松下	日本	大阪	131	114	－17	72178.4	0.2	2562.8	20.3	3.6
6	LG 电子	韩国	首尔	185	178	－7	55757.4	2.7	1127.2	－26.2	2.0
7	和硕联合科技股份有限公司	中国	台北	259	285	26	44453.3	13.3	368.7	－23.6	0.8
8	霍尼韦尔国际公司	美国	莫里斯普兰斯	290	275	－15	41802.0	3.1	6765.0	308.8	16.2
9	三菱电机有限公司	日本	东京	300	279	－21	40766.1	1.9	2044.2	－16.7	5.0
10	美的集团股份有限公司	中国	佛山	312	323	11	39581.6	10.6	3058.5	19.6	7.7
11	东芝	日本	东京	371	326	－45	33312.8	－6.5	9138.8	25.9	27.4

续表

行业排名	企业	所属国家	总部所在地	2019 年排名	2018 年排名	名次变化	营业收入（百万美元）	（营业收入）年增减（%）	利润（百万美元）	（利润）年增减（%）	利润率（%）
12	中国电子信息产业集团有限公司	中国	北京	375	369	-6	33055.7	3.3	350.3	110.0	1.1
13	施耐德电气	法国	吕埃—马迈松	411	424	13	30353.9	8.8	2754.5	13.7	9.1
14	珠海格力电器股份有限公司	中国	珠海	414	未上榜	无	30239.4	36.2	3961.3	19.5	13.1
15	海尔智家股份有限公司	中国	青岛	448	499	51	27713.6	17.6	1124.8	9.8	4.1

资料来源：笔者根据 2018 年、2019 年《财富》世界 500 强相关资料整理。

17.6%、13.5%、13.3%和 10.6%。

利润方面，2019 年的利润升降呈现两极态势，利润同比增长的有 10 家，霍尼韦尔国际公司和中国电子信息产业集团有限公司的利润增幅均达到了三位数，分别为 308.8%和 110.0%；索尼的增幅也达到了 86.6%。但较 2018 年，日立的利润降幅达到 38.7%，LG 电子、和硕联合科技股份有限公司和三菱电机的利润降幅也均达到两位数，分别下降了 26.2%、23.6%和 16.7%，鸿海精密工业股份有限公司利润降幅也达到了 6.1%。

利润率方面，2019 年上榜企业总利润 877.04 亿美元除以总营业收入 10100.76 亿美元，由此得出行业的利润率为 8.7%。利润率超过 10%的有 5 家，东芝为 27.4%居首位，其他 4 家是三星电子、霍尼韦尔国际公司、珠海格力电器股份有限公司和索尼，分别为 18.0%、16.2%、13.1%和 10.6%。

5.1.2 日本电子及电气设备行业

图 5-1 显示了 5 家日本企业 2010 年以来世界 500 强排名变化。基于 2010 年以来的数据表明，日本电子及电气设备企业巨头在世界 500 强排名逐渐下降。其中，下滑幅度最大的东芝，由 2010 年的第 89 位下滑至 2019 年的第 371 位；三菱电机紧随其后，由 2010 年的第 201 位下滑至 2019 年的第 300 位，下滑接近 100 个名次；日立、索尼和松下也分别从 2010 年的第 47 位、第 68 位和第 65 位，下滑至 2019 年的第 102 位、第 116 位和第 131 位。

纵观全球电子行业，可以发现日本电子巨头们在原本领先的产品逐渐被中国和韩国的企业产品所取代。在电脑及电脑周边产品市场基本被中国制造商占据，日本本土以外电脑市场罕有日本品牌的身影；在电视行业逐渐被韩国对手三星电子甩开，并被中国电视制造商快速追上甚至超越，从全球液晶电视市场来看，日本品牌的份额也在连年

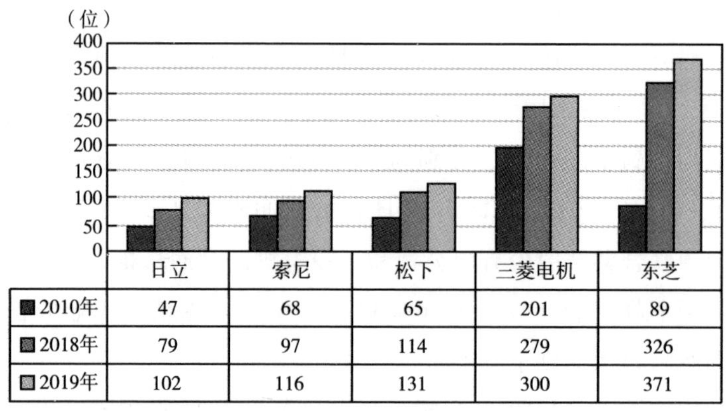

	日立	索尼	松下	三菱电机	东芝
2010年	47	68	65	201	89
2018年	79	97	114	279	326
2019年	102	116	131	300	371

图 5－1　日本 5 家电子及电气设备企业 2010 年以来世界 500 强排名变化

资料来源：笔者根据 2010 年、2018 年、2019 年《财富》世界 500 强相关资料制作。

下降；在手机方面，2010 年之前松下、夏普等日系手机品牌曾大规模进军过中国，如今日系手机在本土之外可以说是“小众”的代名词，智能手机销售在日本本土以外基本看不到日系品牌的影子，就算是日本境内智能手机市场，也早已被苹果手机占据。总之，在全球的智能手机、电脑、电视市场中，日本品牌的市场占有率有所萎缩。

5.2　松下国际化战略

5.2.1　公司简介

松下创立于 1918 年，由被誉为日本四大“经营之神”之一的松下幸之助创办。松下早期叫 National，之后逐步更改为 Panasonic，2008 年 10 月 1 日起公司名称正式更改为“Panasonic Corporation”（Panasonic 株式会社）。其中，“Pana”表示“全、都”、“Sonic”表示“音乐”，全称寓意“完美音乐”。松下是一家世界著名的综合性电子技术企业，事业领域主要有家电冷热设备（包括提供家电、美容、健康，及商用冷热机器、元器件、能源等，为普通民用家庭、办公、商铺等商品和服务）；生活方案（包括提供住宅、大厦等产品和服务）；机电设备（包括提供电子零部件、FA 及工业元器件、电子材料、电池的产品和服务）[①]；汽车电子（包括提供车载信息娱乐系统、车载电子元器件、车载电池、汽车后视镜等产品和服务）。松下在世界各地广泛开展经营活动，据公司官方网站信息所示[②]，截至 2019 年 3 月 31 日，其在全球范围内拥有员工 271869 人，各地区占比分别为：亚洲（不包括日本和中国）22%、日本 39%、中国 20%、美洲 11%、欧洲 8%。

5.2.2　相关财务数据

如图 5 -2 所示，松下在营业收入方面，2011 年达到了峰值，为 1014.91 亿美元。之后不断下降，直到 2016 年开始有所回升，但再也没有突破 1000 亿美元。在利润方面，受全球金融危机的影响，2008 年和 2009 年相继出现了亏损。2011 年又出现了 97.79 亿美元的巨额亏损，创下公司亏损额的历史最高纪录，主要原因是包括手机、电视机等产品销售低迷而导致的；2012 年再次出现了超过 90 亿美元的亏损，由于 2011 年的日本大地震进一步削弱了日本电子及电气设备企业的产业链，松下也受到了严重的冲击。从 2013 年开始，利润逐步回升，2018 年达到了 25.62 亿美元。在总资产方面，在 2010 年突破 900 亿美元后，从 2011 年开始资产不断缩水，2014 年甚至跌破到了 500 亿美元以下。

① FA 是 Factory Automation 的简写，指自动完成产品生产制造的部分或全部加工过程的技术。

② パナソニック株式会社．企業情報．https：//www.panasonic.com/jp/corporate.html.

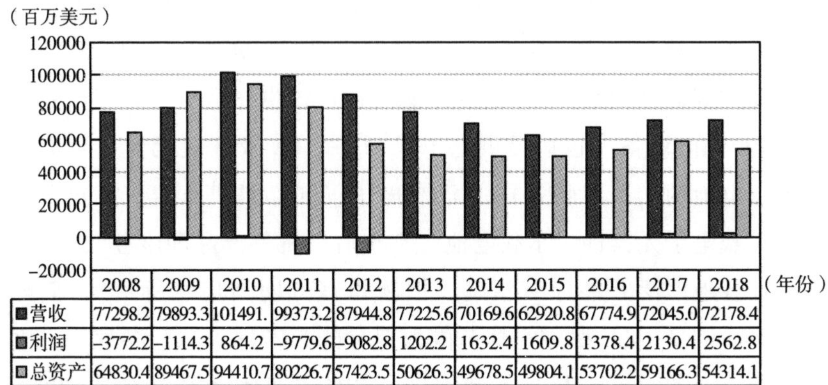

	2008	2009	2010	2011	2012	2013	2014	2015	2016	2017	2018
■营收	77298.2	79893.3	101491.	99373.2	87944.8	77225.6	70169.6	62920.8	67774.9	72045.0	72178.4
■利润	-3772.2	-1114.3	864.2	-9779.6	-9082.8	1202.2	1632.4	1609.8	1378.4	2130.4	2562.8
□总资产	64830.4	89467.5	94410.7	80226.7	57423.5	50626.3	49678.5	49804.1	53702.2	59166.3	54314.1

图 5－2　松下 2008～2018 年营收、利润与总资产

资料来源：笔者根据 2009～2019 年《财富》世界 500 强相关资料制作。

如图 5－3 所示，松下的利润率在 2008 年和 2009 年由于全球金融危机冲击，出现了负值。2011 年和 2012 年超过 90 亿美元的亏损，致使公司连续两年的净利润都为负值，达到了 10% 左右。从 2013 年开始逐步回升，2018 年达到了 3.6%，创下全球金融危机以来的最高利润率纪录。

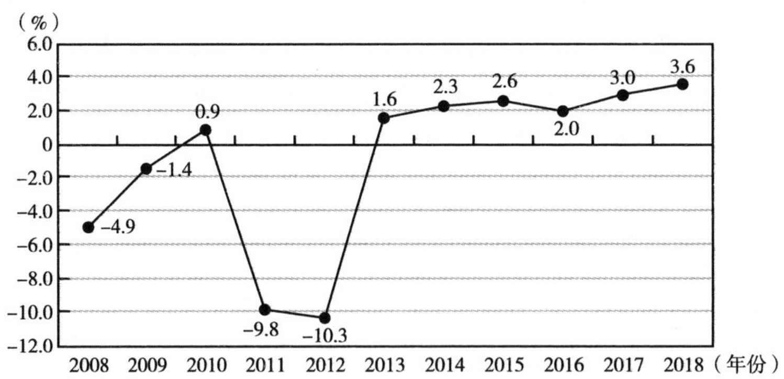

图 5－3　松下 2008～2018 年历年利润率

资料来源：笔者根据 2009～2019 年《财富》世界 500 强相关资料制作。

5.2.3　发展历程

（1）创业初期～20 世纪 40 年代。

1917 年，22 岁的松下幸之助开始了创业之路。1918 年，在大阪创办了“松下电气器具制作所”，着手生产灯泡插座。1923 年，松下开始研制并销售自行车用的角型灯具“National lamp”，并通过“代理店制度”面向国内市场销售，并扩大销路①。这款使用“National”商标的产品也成为公司历史上首款明星产品。1929 年，公司改称为“松下电器制作所”。到了 1931 年，已经发展成为拥有超过 200 款产品及 1000 名员工的规模企业。1933 年，公司实行了“事业部制”，即按产品成立独立核算、自主经营的部门，当时这在日本乃至世界范围内都是较为领先的运营模式。

（2）20 世纪 50～70 年代。

20 世纪 50 年代初，随着日本经济的逐步复苏，松下也开始步入正规运营。从这一阶段开始，松下开始寻求海外扩张。1952 年，经过艰苦谈判后，松下与飞利浦公司达成技术合作协议，设立了“松下电子工业株式会社”，在国际化进程中又迈出了重要一步。1953 年松下在美国开设了纽约办事处，并于 1959 年设立了美国松下电器公司，之后陆续在海外建立了生产和销售基地。1961 年，松下在泰国设立了第二次世界大战后第一家海外工厂，拉开了公司海外生产的序幕。1971 年，松下在纽约证券交易所上市。1975 年，松下发行总额为 1 亿美元的可转换债券。1979 年，创始人松下幸之助首次到访中国，随后在中国开展了一系列技术合作项目。

① 在创业初期，松下就采用了“代理店制度”，秉承“薄利多销”的原则。其在经营过程中，认为多考虑顾客和代理商的切身利益，只有顾客购买了物美价廉的商品、代理商获得了充足的利益基础上，才能使企业获益。

（3）20 世纪 80 ~ 90 年代。

1985 年和 1986 年，松下在美国和欧洲相继设立了涉及金融业务的分支机构。1986 年，松下开始在日本国内使用“Panasonic”商标。1988 年，松下将“松下电器贸易株式会社”和“松下电器产业株式会社”予以合并。1990 年，松下收购了美国 MCA 公司。后者成立于 1948 年，专业设计制造以速度快、重复度高、环境耐受性强为特征的高性能空压电磁阀。1995 年，公司将“松下住设机器株式会社”和“松下电器产业株式会社”进行合并。

（4）21 世纪以来。

2003 年，松下针对产品部门进行重组，并按照事业领域类别进行经营管理品牌统一，旗下品牌全部命名为“Panasonic”。2008 年，公司名称变更为“Panasonic Corporation”。2011 年，与松下电工株式会社、三洋电机株式会社合并。但是，伴随着液晶面板业务、半导体业务等产品销售额下降，2012 年 11 月，全球三大国际评级机构之一惠誉国际信用评级有限公司把松下的信用评级下调至极低级别。2013 年 4 月，松下从纽约证券交易所退市。与此同时，2015 年后，松下加大了在南亚地区的投资力度。2017 年 4 月，松下在印度成立了“松下电器印度公司”，力图在这潜力较大的市场中拓展业务。

5.2.4 国际化战略

（1）本土化经营。

跨国公司为了在国际市场占据一席之地，对本土化经营越来越重视，松下也不例外。其在世界多个国家和地区开展业务，经营领域的范围不局限于产品制造，还开展包括物流、娱乐等解决方案在内的多种事业。在世界各地开展着及时对应当地市场需求的产品生产和以客户为中心的业务运营。同时，为了满足不同国家和地区市场的需求，松下将过去设在日本的地区统一管理机构陆续迁至中国和美国等，在当地直接开展集研发、生产和销售于一体的经营活动。松下在国际战略方面充分运用了本土化战略，主要体现在以下两个方面。

一是人力资源本土化。作为实现海外人力资源本土化战略的有力保障，松下建立了大规模的员工培训体系。对派遣至海外市场的人员要求构建当地的人际关系网络，从掌握当地语言开始，逐步掌握面向海外市场的管理和销售方法。松下在发展中国家设立的分支机构，不论是合资企业还是独资企业，都将其视为所在国企业，经营主体由本土人员构成，使其能够独立进行经营管理。当然，在当地分支机构成立初期，松下要派遣日方人员，但其主要任务是经营指导和培养人员，待培养当地干部和职工后，只留下部分日本人员。

二是研究开发本土化。松下充分考虑各国的生产要素禀赋，以开发符合本地市场需求的产品。例如，在印度尼西亚，即便当地民众使用洗衣机，也有使用搓衣板仔细搓洗的习惯。鉴于此，松下开发了配备带有搓板的洗衣机（栗木契，2015）[①]。据松下发布2017年报所述，为了实施本土化战略，松下在产品开发、制造和销售的环节中授权给当地公司，从而实现了2016年在中国和其他亚洲国家显著增长[②]。为了扩大本土化研发，松下还在世界各地建立了研究机构或实验室，例如，在北京和苏州建立的研发中心，针对中国用户的需求进行了本土化的研发。公司充分利用分布于世界各地的研究机构，通过当地研发人员与日本集团总部的技术团队进行研发协调，完成松下在海外市场的本土化推进战略。

（2）品牌统一。

目前，品牌可以说是成为继经营元素“人”“物”“资金”“信息”之后的重要资源之一，对于大多数企业来讲是极其宝贵的资产。

---

① 栗木契．日本家電がアジアでヒット、現地化の新潮流［J］．PRESIDENT（2015年2月2日号）：95－97.

② パナソニック株式会社．Annual Report 2017. https：//www. panasonic. com/jp/corporate/ir/pdf/panasonic_ar2017_j. pdf.

毋容置疑，品牌价值的提升将有效促进企业价值的提升。据公司官方网站信息所示[①]，其在国际化发展过程中曾采用了多品牌战略，并拥有“National”“Panasonic”“Technics”三个品牌。

其中，“National”品牌在松下创业初期就开始使用，寓意“国民性”，主要应用于包括日本在内的亚洲市场。在2003年实行全球品牌统一策略后，仅日本本土市场的白色家电产品中继续使用该品牌。在2008年公司名称改为“Panasonic Corporation”后，松下于次年全面停止使用“National”品牌。在世界统一使用“Panasonic”品牌后，沿用了80多年的“National”品牌正式退出历史舞台。而“Panasonic”是20世纪50年代创立的品牌，最早于1955年应用在出口的扬声器[②]，当时主要作为面向北美市场的品牌进行使用，并作为影像音响、信息通信的品牌用于日本国内和全世界。另外，“Technics”是60年代创立的一个以黑胶唱盘为背景的电音潮流品牌，之后成为旗下电音设备、电子琴专用品牌。在2008年并入“Panasonic”品牌后，“Technics”品牌即呈自然淘汰的状态。

跨国公司在拓展海外市场的过程中，大多会面临如何打造品牌的问题。松下也不例外，其面临问题是原有品牌难以应用到新的市场。20世纪50年代是松下蓬勃发展的时期，从这一时期开始就大力开拓海外市场。但是，在海外注册“National”时，因带有“国民”“民族”等含义而遭遇挫折，故在开拓海外市场时所销售的产品几乎统一使用“Panasonic”品牌。而在日本境内，白色家电与灯具产品继续使用“National”，电视机等黑色家电则使用“Panasonic”。“Panasonic”在北美启用后，其品牌价值不但在北美市场，甚至在全球范围内都得到了很大的提升。基于“Panasonic”在全球市场的认

---

① パナソニック株式会社．ブランドの歴史．https：//www. panasonic. com/jp/corporate/brand/history. html.

② 森孝博．松下电器的全球品牌战略［J］．周晓红编译．中国防伪报道，2010（4）：36－37.

知度比"National"要高的缘由，松下谋求通过将"Panasonic"品牌与在北美和欧洲等发达地区建立起来的"先进性"和"可靠性"的价值相结合，并在全球范围内进行展开。据此，松下决定在全球使用"Panasonic"作为自身的统一品牌，力图进一步提升品牌价值。2003年5月1日，松下正式启动将国际市场的品牌统一为"Panasonic"，旨在避免海外投资时分散投资，以提高企业整体竞争力。

据森孝博（周晓红译，2010）所述，"National"品牌虽然在亚洲市场占有很大的份额，但在全球仅占9%，其余91%均为"Panasonic"品牌。可以看出，在世界市场中两者占比份额悬殊较大的情况下，将全球性宣传和营销分散为"Panasonic"和"National"对于公司而言是一种低效行为。通过将"Panasonic"作为全球统一品牌，使市场营销资源趋于集中，以便开展卓有成效的品牌推广活动。实行品牌统一战略后，产品质量问题的重要性更加凸显。作为单一品牌，"Panasonic"旗下产品的质量将有可能影响公司其他产品的形象。因此，松下将全球品牌统一成为"Panasonic"后，继续以"A Better Life, A Better World（更美好的生活，更美好的社会）"为品牌口号，并整合供应链系统，包括从原材料及零部件供应管理，到企业内部管理，再到中间商环节，一直到客户手上，建立了全面质量控制体系，为全球消费者提供更好的产品和服务。

随着经济全球化的进一步发展，企业间的并购交易日益活跃。与此同时，出现了并购方品牌、被并购方品牌等双品牌或多品牌共存现象。管理并购之后的品牌也是业界的一项重要课题。例如，2004年联想收购IBM个人电脑部门之后，获得IBM"Think"品牌的使用权，为了使IBM"Think"品牌与自身持有的"Lenovo"品牌得到共同发展，联想通过协调职能部门及重新规划产品线等进行了有效整合。通过收购IBM的电脑业务，使联想在品牌、规模和行业影响力方面上升了一个档次。除了获得被并购方品牌以外，为了吸引国内外的高端客户，一些跨国公司还打造了高端系列产品的品牌。例如，

2006年海尔就推出了"Casarte（卡萨帝）"品牌。单一品牌还是多品牌，一直是跨国公司发展的重要策略。例如，可口可乐、百事可乐、宝洁、联合利华等跨国公司在全球范围内采用多品牌战略，已经获得了巨大的成功。无论出于何种决策，如果品牌间没有形成协同发展，就可能导致资源空耗。从松下的品牌统一战略可以看出，从世界市场占有率上看，薄弱的"National"品牌无益于公司的国际化进程。松下集中资源发展全球范围内认知度较高的品牌，通过统一品牌以实现品牌规模效应。同时，在较早阶段进行品牌统一也有利于企业统筹安排，控制统一品牌过程中原有多品牌向单一品牌的转换风险，尽可能地把风险控制在可行范围之内。

5.3 日本电子企业发展方向及启示

5.3.1 日本电子企业的发展方向

当下，日本电子企业衰退论也不绝于耳。例如，2011年，三洋白色家电业务被海尔收购；2012年，日立从电视机制造领域撤离，转为委托代工生产；2013年，东芝关闭在中国的电视制造工厂；2014年，索尼剥离VAIO笔记本电脑业务并退出电脑市场；2015年，松下关闭一家位于山东济南液晶电视的合资工厂，全面退出在中国的电视生产；2016年，夏普被鸿海收购。此外，如东芝财务造假等也表明日本电子企业正在面临着前所未有的经营压力。贸然断言日本电子企业日落西山还为时过早，对于中国企业而言，可以从日本电子企业的颓势中汲取经验教训。当下，日本电子企业表现出的不振等迹象也有可能是在稳固其全球竞争力的调整或转型期。例如，东芝把白色家电业务出售给美的等，日本电子及电气设备巨头关闭或出售了一部分亏损的业务，进行业务重组与转型。更何况未来即便是退出整机生产制造板块，它们也将以关键零部件供应商的角色参与全球产业角逐。总体而言，日本电子企业在全球产业链的地位并未衰退。

从一定程度上来讲，这些日本电子及电气设备企业肩负着一个时代，又开启一个时代。现阶段，无视日本电子企业在产业链中的渗透力而唱衰日本电子产品还为时过早。例如，在手机关键部件以及半导体的生产制造能力都居于世界前列，在白色家电的空调高端芯片领域中的主机芯片、变频驱动芯片研发制造中扮演重要角色，其他在制造关键部件的产业机器人方面更是傲视群雄。即便当下日本电子企业如在智能手机、电脑等领域地位日渐衰落，整体退出整机生产制造领域，其对全球产业链控制能力也不会随之减弱，未来仍将通过掌握产品关键零部件的生产技术，以强势供应商的角色参与全球产业供应链中。

值得注意的是，日本电子及电气设备企业在整机制造领域的影响力下滑并未减缓其在未来产业发展方向的布局，尤其注重在环保方面的战略布局。如大金和三菱电机持有大量的有关空调变频技术等，掌握着该领域的大量环保节能技术。目前，日本电子企业在环保领域的布局，尽管规模效应尚未形成，但它们在环保低碳领域的深入与发展将助推其可持续发展。

5.3.2　对中国电子企业的启示

虽然日本电子企业进行国际经营的战略模式不能直接运用至中国电子企业，但日本电子企业在某些方面仍可为中国电子企业提供参考。

第一，主攻核心技术和产品开发。改革开放后，中国电子业经过 40 余年发展利用市场规模和劳动力等优势取得了诸多成就。但在劳动力成本不断上涨的今天，未来的发展仍应着眼于创新技术。当下，中国大部分电子企业在高端领域与世界电子制造巨头相比还有一定差距，缺少核心技术使不少中国电子企业在国际市场角逐中处于相对不利的地位。因此，主攻核心技术和产品开发将成为中国电子企业占据国际市场制高点的关键。

第二，构建全球研发网络。随着企业国际化经营程度不断提高，电子企业研发活动既要与时俱进，也要有国际化的思维和视野，并构建全球研发网络进行深化和拓展。一般情况下，研发基地大多设置在母公司所在地，但为了应对制造转移和开拓全球市场的需求，电子企业的研发活动也需要与全球生产相结合并优化全球研发资源，进而形成全球协同研发网络，以便推动全球研发互补和供求对接。

第三，立足本土化发展。电子企业在进入海外市场时，需要因地制宜，适时地推出了符合当地情况的发展策略。上述提及的松下在开拓海外市场方面，高度重视本土化产品研发。除了本土化产品研发以外，也要注重本土化营销，这将有利于企业融入当地文化，使企业准确把握当地市场需求。

第四，打造世界知名品牌。拥有世界知名品牌将有力助推电子企业的国际化经营前进。当下，在国际市场占据一席之地的电子企业大多是较为知名的品牌。而没有自主品牌以及国外消费者对其品牌认知度不高的企业，大多通过 OEM（Original Equipment Manufacturer），即代工或贴牌的方式进入国际市场。中国电子企业在国际化战略中，需要将品牌建设融入产品研发设计的每个环节，以提高消费者对其品牌的认知度，为打造世界知名品牌奠定基础。

日本大企业国际化
战略分析
Chapter 6

第6章　电信行业

6.1 电信行业概况

6.1.1 16家上榜企业概况

2019 年全球共有 16 家电信企业上榜，较 2018 年减少了 1 家。其中，美国最多有 4 家，占上榜电信企业 25.0%；中国和日本各有 3 家，各占上榜电信企业 18.8%；英国也有 2 家入围，德国、西班牙、墨西哥和法国各 1 家（见图 6－1）。

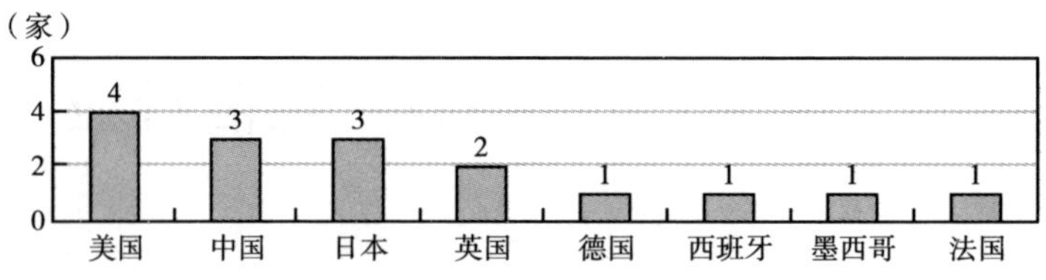

图 6－1　16 家上榜企业分布

资料来源：笔者根据 2019 年《财富》世界 500 强相关资料制作。

纵向比较来看，美国电话电报公司以 1707.56 亿美元营业收入雄踞电信行业首位；美国的威瑞森电信和中国移动通信集团有限公司分别以 1308.63 亿和 1120.96 亿美元营业收入进入电信行业前三甲；日本电报电话公司和美国康卡斯特电信公司分别以 1071.46 亿和 945.07 亿美元营业收入位列行业第四和第五。行业五强中，美国占了 3 家，中国和日本各占 1 家。

从总排名来看，只有 2 家企业总排名上升，上升最大的中国联合网络通信股份有限公司提升了 11 个位次，美国康卡斯特电信公司也提升了 5 个位次；12 家电信企业排名下降，占全球上榜电信企业总数的 75%，下降幅度最大的沃达丰集团，下滑了 59 个位次，下降幅度达到两位数的还有英国电信集团、美洲电信、软银集团和西班牙电话公司，分别下滑了 28 个、16 个、13 个和 12 个位次；

其余 2 家，中国电信集团有限公司和美国特许通讯公司总排名没有变化。

从营业收入情况来看，有 12 家企业同比有所增长，占全球上榜电信企业总数的 75%，最大增幅来自美国康卡斯特电信公司，为 11.8%；增幅居行业第二和第三是中国联合网络通信股份有限公司和中国电信集团有限公司，营业收入增幅分别为 8.1% 和 7.4%。其余 4 家收入均同比下滑，15.6% 的最大降幅来自沃达丰集团；英国电信集团、西班牙电话公司和美洲电信的营业收入降幅分别为 2.2%、2.0% 和 0.1%。

利润方面，16 家上榜企业的利润升降呈现两极态势。利润同比上升和下滑各占一半，均为 8 家。中国联合网络通信股份有限公司的利润增幅达到了三位数，为 879.1%；利润增幅达到了两位数的还有美洲电信、软银集团和西班牙电话公司，分别为 76.3%、35.7% 和 11.3%。但沃达丰集团的利润降幅也高达 425.7%，特许通讯公司、威瑞森电信、美国康卡斯特电信公司、德国电信和美国电话电报公司的利润降幅也均达到两位数，分别为 87.6%、48.4%、48.4%、34.5% 和 34.2%。

从行业的利润率来看，除沃达丰集团以外，其他 15 家企业均实现盈利。总体而言，电信运营商近年来利润率普遍走低，超过 10% 已经是比较高的业绩了，2019 年榜单上达到这一标准的有 6 家。在为数不多超过 10% 的企业中，日本企业占了 2 家，分别是软银集团和 KDDI 电信公司，利润率分别为 14.7% 和 12.2%，位列上榜企业第一和第三。日本另 1 家上榜企业日本电报电话公司虽然未超过 10%，也达到了 7.2%。中国三大运营商的利润率，表现最佳的中国移动通信集团有限公司为 10.5%，也突破了两位数大关；而中国电信集团有限公司和中国联合网络通信股份有限公司分别为 2.4% 和 1.4%，在实现盈利 15 家当中排名靠后，相对于其他上榜企业而言还处于较低水平。

总体而言，电信行业的名次是普遍升少降多。这也不难解释，近年来全球电信运营商几乎都面临类似的经营状况，即传统电话业务不断萎缩，固定电话主叫国际长途业务占比下滑，由语音通信需求向网络需求转移。移动互联网正在蓬勃发展，加剧了客户端对传统通信的替代。传统的依靠话音通话业务收入提高整体营业收入的模式需要调整优化。电信运营商亟须开辟增收市场，并在网络视频、云计算等领域的大力投资和对现有固定及网络的升级。电信行业的快速发展离不开强有力的网络基础支撑，电信运营商需要推进宽带基础设施升级，促进网络能力提升，这些投资与改造都需要投入大量的资金（见表 6 – 1）。

6.1.2 日本电信行业概况

在信息技术的推动下，日本电信市场的竞争更加激烈，发展也日趋迅速。目前，日本电信市场有三大巨头：日本电报电话公司、软银集团和 KDDI 电信公司。这三家电信运营商均是全业务经营公司，据 2019 年《财富》世界 500 强数据所示，三家公司的营业收入合计为 2395.72 亿美元，占据着本国电信市场 90% 以上的份额。

日本的电信运营市场经历了从国营垄断到少数企业垄断的经营阶段。日本在 1985 年实施《电气通信事业法》之前，国内电信市场一直处于垄断状态。其中，日本电报电话公司垄断了本地通话和国内长途电话业务市场，而国际电信电话公司（KDD）则垄断了国际电话业务市场。自 20 世纪 80 年代中后期以来进入逐步开放的阶段。1985 年，日本电报电话公司从国有体制开始向民营化改革至今，改革的道路历经了 35 年。在日本电信三大巨头中，日本电报电话公司由一家专营国内通信业务的国有企业，改制后成为一家焕发出活力的政府控股集团；国际电信电话公司（KDD）先后与第二电电株式会社（DDI）、日本移动通信公司（IDO）两家公司进行合并重组，摇身变

表 6－1　　上榜 16 家电信运营商

行业排名	企业	所属国家	总部所在地	2019 年排名	2018 年排名	名次变化	营业收入（百万美元）	（营业收入）年增减（%）	利润（百万美元）	（利润）年增减（%）	利润率（%）
1	美国电话电报公司	美国	达拉斯	25	20	－5	170756.0	6.4	19370.0	－34.2	11.3
2	威瑞森电信	美国	纽约	43	37	－6	130863.0	3.8	15528.0	－48.4	11.9
3	中国移动通信集团有限公司	中国	北京	56	53	－3	112096.0	1.8	11745.3	7.4	10.5
4	日本电报电话公司	日本	东京	64	55	－9	107146.9	0.6	7707.5	－6.1	7.2
5	美国康卡斯特电信公司	美国	费城	75	80	5	94507.0	11.8	11731.0	－48.4	12.4
6	德国电信	德国	波恩	90	81	－9	89286.8	5.7	2556.2	－34.5	2.9
7	软银集团	日本	东京	98	85	－13	86604.7	4.8	12727.9	35.7	14.7
8	中国电信集团有限公司	中国	北京	141	141	0	68709.5	7.4	1664.6	－8.5	2.4
9	西班牙电话公司	西班牙	马德里	176	164	－12	57465.9	－2.0	3931.1	11.3	6.8
10	美洲电信	墨西哥	墨西哥城	196	180	－16	53977.6	－0.1	2733.0	76.3	5.1
11	沃达丰集团	英国	纽伯里	217	158	－59	50532.4	－15.6	－9281.1	－425.7	－18.4
12	Orange 公司	法国	巴黎	228	225	－3	48836.5	5.4	2306.0	7.3	4.7
13	KDDI 电信公司	日本	东京	245	236	－9	45820.8	0.7	5570.9	7.8	12.2
14	中国联合网络通信股份有限公司	中国	北京	262	273	11	43974.4	8.1	616.9	879.1	1.4
15	特许通讯公司	美国	斯坦福德	264	264	0	43634.0	4.9	1230.0	－87.6	2.8
16	英国电信集团	英国	伦敦	405	377	－28	30743.0	－2.2	2833.1	5.2	9.2

资料来源：笔者根据 2018 年、2019 年《财富》世界 500 强相关资料整理。

为如今完全私有化的 KDDI 电信公司；软银集团则在 2006 年以 2 万亿日元收购了沃达丰日本，强势进入移动运营市场。

20 世纪 90 年代中期，日本电信行业以日本电报电话公司重组为契机，从满足用户需求的角度出发，积极推出一批新的业务，引领了日本电信市场的发展。日本电信运营商的经营之所以获得成功，除了在历次电信业改革中，政府通过相关政策和法律对电信行业、运营商的改革方向进行严格把控以外，还得益于企业的技术研发能力。日本各大电信运营商纷纷将市场的培育和业务的开发放在重要的位置，并从用户需求出发，逐渐开发和提供个性化服务，将日本电信市场培育成为世界领先的电信消费市场之一。

6.2 NTT 技术开发策略

6.2.1 公司简介

日本电报电话公司（以下称为 NTT 集团）成立于 1985 年，是日本最大的电信服务运营商，也是全世界最大的电信公司之一。据 NTT 集团官方网站信息所示①，截至 2019 年 3 月末，NTT 集团拥有总资产 22.29 万亿日元，员工数达 303350 人。NTT 集团改制前是日本政府的下属机构，主要经营日本本地电话与国内长途电话业务。经过一系列改革与重组，NTT 集团已经发展成为经营本地电话、国内与国际长途电话、移动通信、数据多媒体等的国际性综合电信运营商。依托 NTT 研究所超群的人力和技术资源，通过强化运营管理和改善通信设施，提高通信业务水平，为用户创造方便、快捷的信息通信环境，使其得到迅速的发展。NTT 集团研究涵盖了从基础研究到商业化的众多

① NTT 集团．业务概要．https：//www. ntt. co. jp/about_c/group. html.

活动，包括网络、服务平台、媒体处理和电子装备等，为世界各地的企业、政府和消费者提供服务。

NTT 集团业务分为区域通信业务、长途·国际通信业务、移动通信业务、数据通信业务和其他业务。截至 2019 年 3 月末，区域通信业务主要子公司有东日本电信电话株式会社、西日本电信电话株式会社，营业额达 3.15 万亿日元，营业利润为 3607 亿日元，员工数为 79550 人；长途·国际通信业务主要子公司有 NTT Communications 公司、Dimension Data 公司，营业额达 2.27 万亿日元，营业利润为 1001 亿日元，员工数为 48000 人；移动通信业务主要子公司有 DoCoMo 公司，营业额达 4.84 万亿日元，营业利润为 10136 亿日元，员工数为 26650 人；数据通信业务主要子公司有 NTT DATA 公司，营业额达 2.16 万亿日元，营业利润为 1477 亿日元，员工数为 123900 人；其他业务包括金融业务、房地产业务、建筑和电力业务、尖端技术开发业务、系统开发业务等，营业额达 1.24 万亿日元，营业利润为 856 亿日元，员工数为 25250 人。2018 年 11 月，NTT 集团公布了新的中期经营战略“Your Value Partner 2025（您的得力合作伙伴 2025）”，以作为“客户的得力合作伙伴”为目标，旨在通过各项业务的开展，为了强化产业竞争力、解决社会课题贡献力量。

6.2.2 相关财务数据

如图 6－2 所示，NTT 集团在营业收入方面，2011 年为历年最高，达到了 1330.76 亿美元，之后开始下跌，2015 年跌破 1000 亿美元后，2016 年开始又逐步回升。在利润方面，2008～2018 年均保持在 40 亿美元以上，2017 年突破了 80 亿美元，达到了 82.10 亿美元。在总资产方面，2010 年达到了峰值，为 2373.35 亿美元。

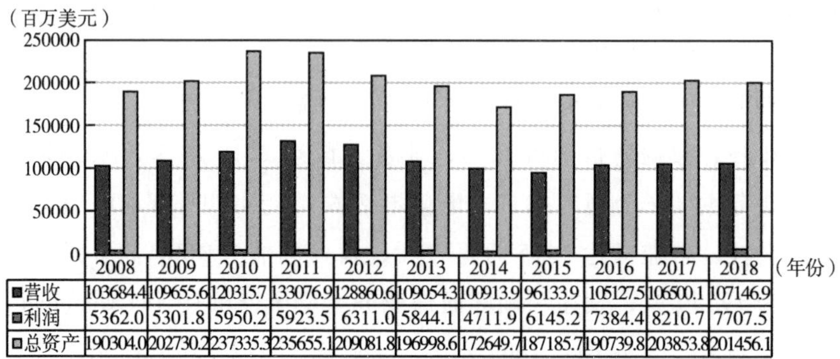

（年份）	2008	2009	2010	2011	2012	2013	2014	2015	2016	2017	2018
■营收	103684.4	109655.6	120315.7	133076.9	128860.6	109054.3	100913.9	96133.9	105127.5	106500.1	107146.9
■利润	5362.0	5301.8	5950.2	5923.5	6311.0	5844.1	4711.9	6145.2	7384.4	8210.7	7707.5
■总资产	190304.0	202730.2	237335.3	235655.1	209081.8	196998.6	172649.7	187185.7	190739.8	203853.8	201456.1

图 6－2　NTT 集团 2008～2018 年营收、利润与总资产

资料来源：笔者根据 2009～2019 年《财富》世界 500 强相关资料制作。

如图 6－3 所示，2008～2018 年，NTT 集团每年的利润率均达到 4% 以上。2015 年增速连续 4 年保持在 6% 以上。总体而言，近十余年来，其利润率一直保持较高水平。

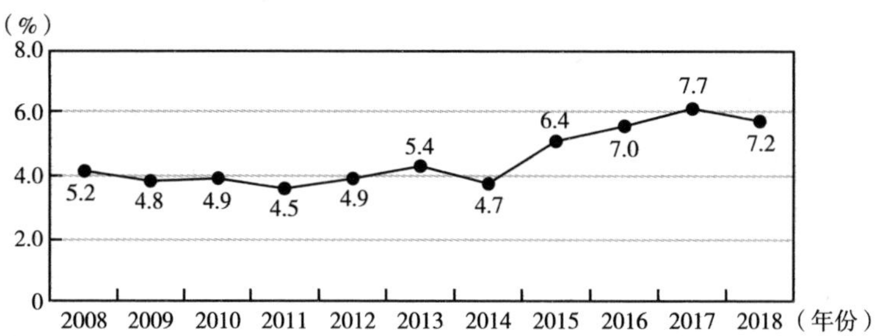

图 6－3　NTT 集团 2008～2018 年历年利润率

资料来源：笔者根据 2009～2019 年《财富》世界 500 强相关资料制作。

6.2.3　国际化发展

目前 NTT 集团的最大股东还是日本政府，属于国有控股公司。在 1985 年 NTT 集团进行改制前，属于国有体制。国有体制虽然有市场垄断等不利营造公平的市场竞争环境，但对初期建设投资金额巨大且周期较长的电信行业而言，基于国有体制的通信运营显然具有极大的优势，这是包括日本在内的发达国家曾经惯用的制度安排。据日本财务省的信息所示[①]，到 2019 年 10 月，日本财务省持有其 35.9% 的股权[②]。NTT 集团一直都处于一个较为特殊的地位，日本政府专门制定了《关于日本电信电话株式会社等法律》（也称为 NTT 法）来对其进行监督和管理。在这项法律中对 NTT 集团的股权结构进行了明确的规定，即“日本政府至少要持有 NTT 集团 34.8% 的股权”[③]。1999 年，NTT 集团开始进行重组，分为四家公司，包括一家控股公司（NTT），一家长途电话公司（NTT Communications）和两家本地电话公司（NTT 东日本、NTT 西日本），旨在通过重组弱化 NTT 在通信市场中的主导作用，营造公平竞争有序的市场环境。从之后的发展趋势来看，此次重组 NTT 集团的整体实力并没有被削弱，重组至今 20 余年，每年营业收入均远超日本国内其他电信运营商。

重组前，在日本电信市场 NTT 集团一直居于主导地位。20 世纪 90 年代中后期，日本政府响应世贸组织（WTO）谈判达成的“Agreement on Basic Tele－communications”，即《基础电信协议》中规定的向世界贸易组织成员开放国内的基础电信服务市场，取消了对外资进入日本电信市场的禁令，同时也鼓励和支持 NTT 集团在国际通信市场上开拓业务。此后 NTT 集团进一步开拓国际市场，并不断推出多项国际业务。

其中，NTT 集团旗下的移动运营 NTTDoCoMo 在海外业务拓展投入较大，表现得较为积极。NTTDoCoMo 在国际扩张中主要基于以下两个方面的考虑：第一，地域选择，主要选择了北美、欧洲、亚洲三大地区市场。众所周知，北美和欧洲两大市场使多数电信运营商趋之

① 日本的“省”是行政机构，相当于中国的“部”。

② 日本財務省．第 43 表 NTT 株式の概況．https：//www. mof. go. jp/national_property/reference/statistics/ichiran29/h29k43. html.

③ 日本電信電话株式会社．NTTの民営化と再編成について. https：//www. yuseimi-neika. go. jp/yuushiki/dai3/3siryou. pdf.

若鹜。而亚洲，尤其中国、印度以及东盟国家都是经济发展最具有活力的地区，市场潜力之大，日本企业与这些国家之间具有地缘优势，因此 NTTDoCoMo 顺理成章看好蓬勃发展的亚洲市场。第二，合作伙伴选择，主要与当地知名度较高的企业进行合作。在北美，NTTDoCoMo 与美国最大电信公司美国电话电报公司（AT&T）签署合作协议并就加强合作达成共识。AT&T 作为一家美国百年通信企业，曾长期垄断美国本地电话和长途电话市场，是全球范围内知名度较高的电信公司。在欧洲，NTTDoCoMo 选择与荷兰最大电信公司荷兰皇家 KPN 电信集团（Royal KPN）进行合作。在亚洲，针对韩国市场，NTTDoCoMo 与韩国第一大电信运营商韩国电信公司（KT 公司）进行合作；针对中国（包括港澳台地区）市场，NTTDoCoMo 分别选择了与中国移动、中国香港地区的和记黄埔及中国台湾地区的和信电信进行合作。中国移动不再赘述，和记黄埔是中国香港地区知名企业。和信电信是中国台湾地区的和信集团旗下子公司，后者是中国台湾地区较具影响的电子媒体集团之一。

NTTDoCoMo 国际扩张主要经历了两个阶段。第一阶段，依靠持股方式进入。NTTDoCoMo 在与美国的 AT&T、荷兰的 Royal KPN、中国香港地区的和记黄埔进行合作时，均持有这些公司部分股权。然而，仅仅依靠持有部分股权的合作，面对复杂多变的国际竞争环境以及各国、各地区不同的政府管制，这种合作方式充满了诸多不确定性。NTTDoCoMo 吸取了第一阶段经验，对自己的国际化战略进行重新审视，并结合内外环境的变化进行了相应的调整。第二阶段，采取战略联盟方式进入。例如，与提供通信服务的新加坡运营商 StarHub、俄罗斯移动营运巨头 OAO Mobile TeleSystems 以及法国电信业巨头 Bouygues Telecom 组成战略联盟，合作推出通信服务。战略联盟是企业容易获取有价值的经营资源较为经济的方式之一，尤其是跨国战略联盟，双方合作往往会得到当地政府多方面的扶持，这可以使企业获取独资化以外的有利资源。NTTDoCoMo 与当地的电信巨头组成战略联盟，使自身的资源得到了极大的开发和利用，实现了战略合作伙伴之间的资源共享与优势互补，有助于降低在海外市场拓展的成本和风险，从而使自身获得持续竞争优势的能力。

6.2.4 业务竞争优势

进入21世纪，信息通信产业处于一个历史的转折点，全球化和技术发展使信息通信领域发生了一系列新的变化。而NTT集团几乎覆盖了所有的信息和电信技术，包括区域通信业务、长途·国际通信业务、移动通信业务、数据通信业务四大领域，并涉足房地产、金融、建筑·电力、系统开发、尖端技术开发等业务。根据NTT集团官方网站所示的信息，四大领域的主要业务内容、主要服务、竞争优势如下：

第一，区域通信方面。业务内容：在日本各省提供通信服务；主要服务：提供FTTH（Fiber To The Home，光纤到户）服务等；竞争优势：在日本各省提供稳定、可靠的服务，包括区域覆盖等在内的广泛的客户基础和较高的市场占有率。第二，长途·国际通信方面。业务内容：在日本国内提供各省之间的通信、国际通信等业务；主要服务：数据中心服务和云服务等；竞争优势：在日本国内各省之间与国际通信市场中提供可靠及稳定的服务，包括区域覆盖等在内的高度的市场占有率、强大的服务阵容及广泛的客户基础。第三，移动通信业务方面。内容：手机业务及其相关业务等；主要服务：手机服务等；竞争优势：在移动通信市场中的技术研发能力、广泛的客户基础和高度的市场占有率。第四，数据通信方面。业务内容：为全球市场提供网络系统服务等；主要服务：企业资源计划（Enterprise Resource Planning，ERP）解决方案、信息与通信技术（Information and Communication Technology，ICT）外包等；竞争优势：利用在ERP、ICT等市场中的技术能力，在公共及金融领域中拓展业务。

上述业务中，当 NTT 集团完成数字网络的建设后，虽然通信业务已达到国际先进水平，但仍对其不断完善与改进，提供诸如通话费优惠业务等，确保以具有竞争优势的价格提供各项业务。在数字化转型的浪潮下，电信运营商所处的竞争与市场环境正在发生着巨大的变化。在新技术和监管变革不断演进的推动下，NTT 集团根据自身的发展战略和市场需求对企业的人力、物力和财力资源进行重新组合，以便有效地应对这些变化。

6.2.5 技术研发

为了达到“强化产业竞争力”和“克服社会性课题”的目的，NTT 集团认为要致力于克服在提高生产率、保护地球环境等方面存在的问题。NTT 集团认为化解这些问题，首先需要了解用户的“感知性”，即把握用户行动，通过“以数据为中心”创造出新的价值；其次基于“服务化”观点，即不仅提供产品还提供体验的业务，使企业与用户之间的关系变得更加紧密。于是，NTT 集团确定了 5 项技术，分别是人工智能（Artificial Intelligence，AI）技术、高临场感媒体技术、物联网（Internet of Things，IoT）技术、安全技术、网络技术。以下根据 NTT 集团官方网站技术研发中的信息对上述 5 项技术进行阐释。

（1）AI 技术。

NTT 集团推出的 AI 技术，将其命名为“corevo®”。据 NTT 集团官方网站所示，“corevo®”是指“通过对人的能力进行补充增强和充分发挥，使人类的生活更加丰富”①。NTT 集团把 AI 技术细分为四大类：助理（Agent）- AI、环境（Ambient）- AI、心动（Heart - Touching）- AI 以及网络（Network）- AI。其中，Agent - AI 是从人类

① NTT 集团．公司介绍．https：//www. ntt. co. jp/index_c. html.

的语音、语言、行为等在内的数据当中，对人类的意图及情绪进行解析，具备与人类对话的能力，进而对人类的日常生活提供帮助；Ambient - AI 则可作为物联网的大脑，通过实时读取和处理从工厂、汽车等各种机械设备及环境中所获得的数据，并对其作出分析，然后进行时间和空间上的预测、发出控制指令等；Heart - Touching - AI 是对本人没有意识到的部分进行理解和扩展的人工智能，以解析其深层心理和智慧等；Network - AI 是把接入网络的各个人工智能与各种资源进行整合，使网络本身变成一个人工智能整体。八木和小泽（Yagi and Ozawa，2017）曾指出，NTT 集团推进的上述 4 种人工智能的研究开发没有相互独立的必要，而是相互间存在逻辑上的紧密联系[①]。同时，他们还强调，NTT 集团将与其他公司合作，研发能强化产业竞争力和真正助力解决社会问题的人工智能技术及相关业务。

（2）高临场感媒体技术。

在此项技术中，NTT 集团着手推进以下三项技术的研发。第一，空间传送技术，主要通过超高临场感通信技术来进行空间传送的技术；第二，空间潜入技术，如应用在棒球赛事方面，可以以击球手的视线对棒球球员的投球予以体验的技术；第三，空间演出技术，利用错觉进行同时收看 2D 与 3D 的技术。2015 年 2 月发布技术概念中，利用该技术向体育赛事的实时拍摄或企业的演讲转播等方面进行扩展。例如，在体育的实时拍摄，通过前后左右的动作，再现超强的临场感，从而实现了用户观看体育比赛的新视听模式。

（3）物联网技术。

目前，NTT 集团根据不同业务领域的各种用途进行了物联网技术的开发。以远洋船舶为例，为了提高船舶的安全性和经济性，NTT 集团与日本邮船等日本海运巨头，以及与海运有关的技术研究所进行合

① Yagi，T. and Ozawa，H.，Creation of Artificial Intelligence Services through Open Innovation [J]. NTT Technical Review，2017，15 (8)：1 - 5. https：//www. ntt - review. jp/archive/ntttechnical. php? contents = ntr201708fa1. pdf&mode = show_pdf.

作，强化环境保护及国际竞争力。船舶物联网与其他领域物联网有所不同，由于位于陆地上的操控中心与位于海上的船舶存在一定的距离，因此只能通过卫星线路等低比特率的通信方式进行传送。在这种环境条件下，船舶物联网在船内装置对发自船舶引擎及航海信息的各项数据进行处理，然后将这些结果发送到陆地的操控中心，再通过陆地上的操控中心对航行中的船舶进行操纵。

（4）安全技术。

NTT 集团不仅加强了针对数据的安全性和保密性的加密技术的研发，防止秘密数据被外部破译，还积极研发推进互联网系统和物联网系统免遭攻击的网络安全技术，帮助客户更加安全地使用互联网。如今，NTT 集团正在研发能够对面向车辆通信的网络攻击进行检测、监控及分析的技术。当攻击者对车辆通信进行网络攻击时，需要在最短时间内对网络攻击进行检测，还需要全面分析攻击的原因及受害程度，并采取控制措施予以应对。目前，NTT 集团已经研发出可对车联网中汽车内部的通信状况进行实时监视与分析，以及对攻击所造成的异常情况迅速进行检测的技术。

（5）网络技术。

为了能够满足未来 10 年，即 21 世纪 30 年代的无线通信需求，实现 TB（1TB = 1024GB）级无线传输，NTT 集团采用轨道角动量（Orbital Angular Momentum，OAM）多路复用的新原理，成功实施了 100Gbps 的无线传输。一般而言，在 100Gbps 的无线传输速度下，可以在两秒钟之内传输完一部蓝光光盘里的全部数据，速度相当惊人。根据 NTT 集团的设计方案，将数据信号加载到利用 OAM 而形成的电波上，再通过与已被广泛应用的多输入多输出（Multiple - Input Multiple - Output，MIMO）技术进行组合处理，在实验阶段实现了大容量无线传输。NTT 集团研发的网络技术，旨在推进如 VR（虚拟现实）、AR（增强现实）以及远程医疗等业务的普及。

可见，在技术研发与应用方面，NTT 集团将市场推广和业务开发放在首要位置，同时重视技术的研发和应用。尤其是在第五代移动通信技术（5G）时代，快速适应产业技术变革成为各国电信运营商持续、稳定发展的核心动力。对于电信运营商而言，加快高速宽带网络建设，构建更灵活高效的网络架构迫在眉睫。此外，随着物联网逐渐兴起，电信业界也在加快扩展物联网新兴市场。上述提及的 NTT 集团通过构建远洋船舶物联网平台，来提高船舶的安全性和经济性。今后，电信运营商需要持续加强物联网平台能力建设，为物联网在各行各业的全面应用做好前期工作，并时刻跟踪新兴市场，提高技术研发水平。

6.3　日本电信运营商国际化特点及启示

6.3.1　日本电信业的增长动力

当下，全球电信业都试图通过新的运营模式来扩大经营规模以实现收入增长，以何种模式进行成为全球电信业界的战略主题。刘洁（2016）曾指出[①]，电信行业的发展边界正在不断扩大，从话音时代到移动互联网时代，供给侧技术往高速化与智能化方向发展，需求侧业务往连接多元化与应用丰富化方向发展。经过多年发展，日本电信业的增长动力来源于以下几个方面。

（1）改革有条不紊，步步为营。

日本的电信业改革始于 20 世纪 80 年代中期。1985 年，开始实施了《电气通信事业法》。随着此项法律的实施，日本电信市场引入了竞争，之后政府致力于电信行业管制政策的逐步完善。同年，NTT 开始民营化改革。在改革初期，出于国内电信市场稳定的考虑，政府对市场准入、资费定价、外资参与等方面予以严格限制。在市场准入方面，

---

① 刘洁．国外电信运营商新领域拓展对我国运营商的启示［J］．世界电信，2016（4）：68－71.

实行了进入电信市场的运营商需要按照本地、长途、国际、移动等不同业务领域分别进入电信市场的政策。当时，NTT 的范围被限定在针对本地及国内的通话业务，而 KDD 的范围被限定在国际的通话业务。在资费定价方面，1998 年，日本政府针对资费政策予以改革，废除了政府审批定价制度。在外资管制方面，出于保护本国电信运营商的考虑，政府一直秉持谨慎态度。直到 1998 年，政府才响应 WTO《基础电信协议》，取消了对外资进入本国电信市场的禁令，除了对外资进入 NTT 和 KDD 这两家公司有所限制之外，遵循了 WTO《基础电信协议》关于全面开放外资进入国内电信市场的承诺。2001 年，放宽外资对 NTT 集团持股比例的限制。至此，日本除部分针对 NTT 集团的保护政策以外，已经全面开放本国电信市场。解除外资管制后，较为典型的来自外资投资电信领域的案件是 2001 年沃达丰集团收购英国电信（BT）持有的日本第三大电信运营商日本电信公司（Japan Telecom）的股权，实现对日本电信公司及旗下移动运营商 J－Phone 的控股。尽管沃达丰集团 2006 年因经营不善将日本移动通讯业务出售给了软银集团，但外资的进入活跃了日本电信市场，日本也从一个近乎封闭的市场蜕变发展为突飞猛进的市场。由此可见，日本政府制定了一系列促进电信行业竞争的政策措施，这些举措使日本电信业得到了平稳有序发展，并为日本电信运营商开拓海外市场奠定了强有力的基础。

（2）通过并购拓展业务。

通过并购，既可以扩大营业收入规模，还可以拓展业务领域，使企业快速构建新的业务和服务能力。2010 年以来，日本电信运营商对互联网、宽带服务和有线电视的企业收购案不断。2010 年，KDDI 电信公司购入美国有线电视运营商 Liberty Global，lnc. 持有的 2592000 股 Jupiter Telecommunications 股票，以 3617 亿日元取得日本最大的有线电视公司 Jupiter Telecommunications 37.8% 的股权①。这次

① KDDI 株式会社．株式会社ジュピターテレコムへの資本参加について．［2010－01－25］．http：//media3. kddi. com/extlib/files/corporate/ir/news/2010/pdf/press_100125. pdf.

股权收购也给 KDDI 电信公司新增了超过 300 万有线电视收视户。KDDI 电信公司通过对 Jupiter Telecommunications 的投资，进一步扩大在有线电视业务方面的影响力，并利用 Jupiter Telecommunications 旗下有线电视网络交叉销售的电信服务方面取得了丰硕成果。与此同时，KDDI 电信公司另一个战略目标是打造 Jupiter Telecommunications 和 Japan Cablenet Limited 之间在业务和资金方面的合作关系。后者是日本第二大有线电视服务运营商，曾在 2007 年被 KDDI 电信公司收购。由于日本国内的移动通信市场竞争日趋激烈，固定电话市场的语音通话业务收入急剧下降。KDDI 电信公司通过一系列针对有线电视运营商的收购与投资，既强化了在电信、有线电视和媒体业务方面能力，又增加了在固定、移动、传统广播融合业务方面的三网融合领域影响力。拥有更多宽带服务和优质有线电视网络的 KDDI 电信公司进一步巩固了在该领域的领先地位，也进一步推动了电信服务和有线电视的深度融合，让用户可以通过单一线路享受两种服务。其他如软银集团先后收购了日本国内宽带服务提供商、美国电信运营商和手机游戏运营商等，通过并购方式使自身在较短时间内达到扩张业务版图、增加营业收入的目的。

（3）实施国际化战略。

国际化经营也是日本电信运营商寻求自身突破的一种重要方式。从时间上看，日本政府是根据 1997 年谈判达成的 WTO《基础电信协议》开始对外资开放了国内电信市场，并鼓励和支持国内电信运营商开展海外市场业务。上述有关日本电信业的一系列改革也可以看出，日本是基于国内激烈的市场竞争的基础上才开始对外开放国内市场的。一直以来，政府通过一系列的管制政策来引导电信业健康有序发展，这些措施包括市场准入、限制外资参与投资、资费审批定价制度等。直到 20 世纪 90 年代后期才允许外资进入电信领域，可以发现国外电信运营商在此前很难涉足日本电信市场业务，只能通过与本土运营商合资或合作的方式进入。例如，美国电话电报公司和英国电信与当时的日本电信公司组建战略联盟，均是以合资或合作方式进入日本移动通信领域的。在本土市场竞争日益激烈的背景下，日本电信巨头开始将触角伸向海外市场。其中，NTT 在 20 世纪 90 年代中后期开始了国际化的布局，在北美、欧洲、亚洲等地区成立海外分支机构，将业务网络延伸至世界多个国家。尤其是 NTTDoCoMo 利用自身的技术和业务优势，在全球范围内推广其 1999 年推出的 i – mode 商业模式①。其他包括 2013 年软银集团出资 200 多亿美元完成对美国电信运营商 Sprint 公司的收购，日本电信巨头一直在积极寻求海外扩张。

6.3.2 日本电信业发展带来的启示

众所周知，电信业与国民经济密切相连，电信业的发展也将对国民经济各部门产生一定的影响。日本作为全球技术和业务领先的电信市场之一，20 世纪 90 年代以来推动的一系列改革已取得一定的成果。这里就日本电信运营商的发展过程中的战略选择与产生的效果进行梳理，以便更好地为中国电信运营商的良性发展提供一些参考。

（1）重视市场推广与业务开发，提供数字、信息化服务。

一直以来，日本电信运营商重视业务的组合和市场的开发。在数字服务方面，主要针对个人用户，通过自主提供应用商店、内容媒体服务，包括音乐、游戏、视频等来增加营业收入。信息化服务方面，重点是面向企业的信息化服务，尤其是基于 IT 能力的系统集成解决方案服务。例如，NTT 集团在数字通信事业领域以 NTT DATA 公司为中心，提供大规模系统设计与研发服务。既面向日本国内市场提供业务流程服务，又面向国外市场提供软件外包服务，包括面向国内外市场提供物联网、云计算服务在内的服务平台。借鉴日本的发展经验，各国电信运营商也需要建立以客户需求为导向的服务体系，不断提升

① i – mode 技术是 NTTDoCoMo 开发的一项通过手机使用互联网进行上网服务的无线通信技术。

服务价值。

（2）利用技术优势走出国门。

20世纪90年代中期，NTTDoCoMo与欧洲电信标准委员会进行技术融合，共同推出了“宽带码分多址（WCDMA）”标准①，取得了世界上多数移动设备制造商的支持。之后，WCDMA迅速风靡各地，全球超过150个国家（地区）推出了商用3GWCDMA业务，占据了当时全球无线市场的半壁江山。移动通信技术开始是各个国家自行发展的状态，由此产生了不同的移动通信制式，而WCDMA的推出引发了全球范围内统一移动通信制式的需求。而NTTDoCoMo也基于这一技术，实现了自身价值的提升。如今，5G备注世界瞩目。NTTDoCoMo在2014年发布的《5G白皮书》②，向全球推广自身对5G通信技术的认识，试图在这场5G竞速赛中抢占先机。日本电信运营商重视技术的研发和应用，并在开拓海外市场中将技术放在重要位置，力图掌握国际市场主导权。对于各国电信运营商而言，都需要时刻跟踪行业的市场现状及发展趋势，持续自身的技术研发水平。

（3）通过并购和战略联盟开拓国际市场。

日本电信运营商除了利用技术优势走出国门以外，还通过并购开拓海外市场。NTT集团旗下以数据服务为主业的NTT DATA公司，如今已经是国内外知名的IT服务公司。近年来，NTT集团在全球范围内实施的收购项目中，主要布局软件服务、数据中心等数据服务领域，且足迹遍布北美、欧洲、亚洲。在新兴领域，如KDDI电信公司在2010年从美国有线电视运营商Liberty Global, lnc. 手中购入了日本最大的有线电视公司Jupiter Telecommunications的37.8%股权；软银集团在2013年购买了手机游戏商GungHo超过50%股票，都是通过

① WCDMA是Wideband Code Division Multiple Access的简写，是一种3G蜂窝网络。

② 株式会社NTTドコモ. ドコモ5G　ホワイトペーパー. [2014-10-06]. https://www.nttdocomo.co.jp/binary/pdf/corporate/technology/whitepaper_5g/DOCOMO_5G_White_PaperJP_20141006.pdf.

投资或并购实现业务拓展的。对于全球电信而言，行业的竞争逐渐成为寡头结盟之间的竞争。在这样的环境下，中国电信运营商在进军国际市场的过程中，既可通过与当地运营商建立战略联盟的方式，也可与相关合作企业进行紧密互动，进一步扩大海外业务版图。

第7章　银行行业

7.1 银行行业概况

7.1.1 上榜54家银行概况

银行行业在2019年全球共有54家上榜，也是上榜企业数量最多的行业（见表7－1）。较2018年增加了3家，分别为国家开发银行、巴西联邦储蓄银行和蒙特利尔银行。

纵向比较来看，中国工商银行、中国建设银行和中国农业银行占据行业前三甲。2018年，国有四大银行“中农工建”占据了行业前四名，2019年摩根大通公司跃升至行业第4位，导致中国银行下滑至行业第5位。从总排名来看，除上一年未上榜3家企业以外，29家企业排名上升，上升幅度最大为高盛，名次提升了55位。22家企业总排名下滑，降幅最大的英国劳埃德银行集团滑落了164个位次；位次滑落达到三位数的还有荷兰国际集团，滑落了139个位次。日本3家银行排名：三菱日联金融集团排名第166位和日本瑞穗金融集团第350位均有所提升，分别较2018年上升了11个和17个位次；三井住友金融集团第209位，较2018年下滑了17位。

从营业收入情况来看，有8家企业超过了1000亿美元，且这8家均来自中国与美国。其中，中国有5家，美国有3家。40家企业营业收入同比实现增长，占该行业上榜企业总数7成以上，最大增幅来自国家开发银行，为28.3%；增幅超过20%的还有高盛，为24.3%。但也有不少企业面临较大增收压力，54家上榜企业中有14家营业收入均同比下滑，32.8%的最大降幅来自英国劳埃德银行集团，荷兰国际集团、法国巴黎银行、巴西联邦储蓄银行和巴西银行的降幅均超过了20%，分别为29.7%、28.5%、26.1%和21.6%，降幅超过10%还有法国BPCE银行集团、伊塔乌联合银行控股公司、法

表 7－1　上榜 54 家银行

行业排名	企业	所属国家	总部所在地	2019 年排名	2018 年排名	名次变化	营业收入（百万美元）	（营业收入）年增减（%）	利润（百万美元）	（利润）年增减（%）	利润率（%）
1	中国工商银行	中国	北京	26	26	0	168979.0	10.4	45002.3	6.3	26.6
2	中国建设银行	中国	北京	31	31	0	151110.8	9.0	38498.4	7.4	25.5
3	中国农业银行	中国	北京	36	40	4	139523.6	14.0	30656.5	7.4	22.0
4	摩根大通公司	美国	纽约	41	47	6	131412.0	15.4	32474.0	32.9	24.7
5	中国银行	中国	北京	44	46	2	127714.1	10.6	27225.2	6.7	21.3
6	美国银行	美国	夏洛特	58	60	2	110584.0	10.3	28147.0	54.4	25.5
7	国家开发银行	中国	北京	67	未上榜	无	103072.9	28.3	16744.3	0.7	16.2
8	美国富国银行	美国	弗朗西斯科	69	62	－7	101060.0	3.4	22393.0	0.9	22.2
9	花旗集团	美国	纽约	71	76	5	97120.0	10.4	18045.0	—	18.6
10	西班牙国家银行	西班牙	马德里	85	77	－8	90531.9	3.6	9217.1	23.5	10.2
11	法国农业信贷银行	法国	巴黎	91	82	－9	88325.0	4.9	5192.7	26.2	5.9
12	汇丰银行控股公司	英国	伦敦	99	90	－9	86131.0	8.2	13727.0	27.1	15.9
13	法国巴黎银行	法国	巴黎	104	44	－60	83973.7	－28.5	8881.9	1.6	10.6
14	交通银行	中国	上海	150	168	18	65644.8	13.7	11131.3	7.1	17.0
15	三菱日联金融集团	日本	东京	166	177	11	60405.3	10.3	7871.0	－11.9	13.0
16	法国兴业银行	法国	巴黎	174	121	－53	58390.0	－16.5	4560.2	44.2	7.8

续表

行业排名	企业	所属国家	总部所在地	2019 年排名	2018 年排名	名次变化	营业收入（百万美元）	（营业收入）年增减（%）	利润（百万美元）	（利润）年增减（%）	利润率（%）
17	招商银行	中国	深圳	188	213	25	55063.5	15.2	12179.0	17.3	22.1
18	伊塔乌联合银行控股公司	巴西	圣保罗	191	133	-58	54662.5	-17.5	6814.8	-9.0	12.5
19	高盛	美国	纽约	204	259	55	52528.0	24.3	10459.0	144.0	19.9
20	三井住友金融集团	日本	东京	209	192	-17	51728.0	-0.6	6554.1	-1.1	12.7
21	兴业银行	中国	福州	213	237	24	50991.4	12.1	9164.5	8.3	18.0
22	上海浦东发展银行	中国	上海	216	227	11	50545.7	9.2	8453.0	5.3	16.7
23	摩根士丹利	美国	纽约	218	249	31	50193.0	15.0	8748.0	43.2	17.4
24	巴西布拉德斯科银行	巴西	奥萨斯库	221	166	-55	49612.3	-14.6	4537.5	-15.2	9.1
25	法国 BPCE 银行集团	法国	巴黎	223	151	-72	49529.3	-19.0	3571.2	4.8	7.2
26	中国民生银行	中国	北京	232	251	19	47981.3	10.8	7608.4	3.2	15.9
27	西班牙对外银行	西班牙	毕尔巴鄂	234	224	-10	47608.0	2.4	6283.2	58.4	13.2
28	印度国家银行	印度	孟买	236	216	-20	47286.0	-0.6	328.8	—	0.7
29	德意志银行	德国	法兰克福	239	223	-16	46969.5	1.0	315.1	—	0.7
30	俄罗斯联邦储蓄银行	俄罗斯	莫斯科	255	205	-50	44898.4	-9.7	13268.5	3.1	29.6
31	加拿大皇家银行	加拿大	多伦多	256	292	36	44609.3	15.7	9635.8	10.3	21.6

续表

行业排名	企业	所属国家	总部所在地	2019 年排名	2018 年排名	名次变化	营业收入（百万美元）	（营业收入）年增减（%）	利润（百万美元）	（利润）年增减（%）	利润率（%）
32	巴西银行	巴西	巴西利亚	269	175	-94	43332.9	-21.6	3782.9	13.6	8.7
33	瑞银集团	瑞士	苏黎士	274	306	32	42960.0	7.6	4516.0	322.1	10.5
34	中国光大集团	中国	北京	289	322	33	41879.7	16.9	1890.8	-0.2	4.5
35	多伦多道明银行	加拿大	多伦多	295	337	42	41198.7	19.4	8751.5	10.1	21.2
36	巴西联邦储蓄银行	巴西	巴西利亚	305	未上榜	无	40240.5	-26.1	2833.3	-27.7	7.0
37	荷兰国际集团	荷兰	阿姆斯特丹	310	171	-139	39598.2	-29.7	5618.8	-8.8	14.2
38	意大利联合圣保罗银行	意大利	都灵	315	324	9	39050.6	9.2	4779.7	-42.0	12.2
39	巴克莱	英国	伦敦	320	336	16	38278.3	10.9	2862.3	—	7.5
40	日本瑞穗金融集团	日本	东京	350	367	17	35406.3	10.2	870.9	-83.3	2.5
41	英国劳埃德银行集团	英国	伦敦	353	189	-164	35251.9	-32.8	5737.9	17.1	16.3
42	瑞士信贷	瑞士	苏黎士	360	373	13	34284.2	7.5	2069.9	—	6.0
43	澳洲联邦银行	澳大利亚	悉尼	373	349	-24	33186.3	-2.1	7228.0	-3.4	21.8
44	第一资本金融公司	美国	麦克莱恩	387	391	4	32377.0	7.9	6015.0	203.5	18.6
45	德国中央合作银行	德国	法兰克福	392	355	-37	31975.5	-4.7	972.5	-9.9	3.0
46	加拿大丰业银行	加拿大	多伦多	398	430	32	31589.3	14.6	6642.5	8.6	21.0

续表

行业排名	企业	所属国家	总部所在地	2019 年排名	2018 年排名	名次变化	营业收入（百万美元）	（营业收入）年增减（%）	利润（百万美元）	（利润）年增减（%）	利润率（%）
47	联合信贷集团	意大利	米兰	425	402	-23	29332.3	0.3	4593.7	-25.5	15.7
48	西太平洋银行	澳大利亚	悉尼	433	414	-19	29027.9	1.6	6151.5	1.1	21.2
49	KB 金融集团	韩国	首尔	434	471	37	29000.9	15.8	2782.5	-5.0	9.6
50	澳新银行集团	澳大利亚	多克兰兹	457	448	-9	27147.9	3.3	4863.4	-0.3	17.9
51	澳大利亚国民银行	澳大利亚	多克兰兹	479	485	6	25942.7	5.7	4220.6	4.9	16.3
52	荷兰合作银行集团	荷兰	乌得勒支	483	492	9	25823.3	8.4	2235.2	31.4	8.7
53	美国合众银行	美国	明尼阿波利斯	486	490	4	25775.0	7.4	7096.0	14.1	27.5
54	蒙特利尔银行	加拿大	多伦多	497	未上榜	无	25002.7	16.5	4235.1	3.6	16.9

资料来源：笔者根据 2018 年、2019 年《财富》世界 500 强相关资料整理。

国兴业银行和巴西布拉德斯科银行，分别为19.0%、17.5%、16.5%和14.6%。

利润方面，2019年上榜54家银行全部实现盈利，总利润为5284.37亿美元。与2018年相比，大部分企业利润同比有所增长，瑞银集团、第一资本金融公司和高盛的利润增幅均达到了三位数，分别为322.1%、203.5%和144.0%。但也有小部分企业利润同比有所下降，其中，日本瑞穗金融集团的利润降幅最高，达83.3%。另外2家日本上榜企业三菱日联金融集团和三井住友金融集团的利润也出现下降，降幅分别为11.9%和1.1%。

利润率方面，2019年上榜企业总利润5284.37亿美元除以总营业收入31858.46亿美元，由此得出行业的利润率为16.6%。总体上，银行行业利润率普遍较高，有39家利润率超过10%。表现最佳的俄罗斯联邦储蓄银行利润率为29.6%。行业排名前10名中，第1至第6名企业利润率均超过20%；行业排名前20名中，除法国农业信贷银行和法国兴业银行分别为5.9%和7.8%以外，利润率均超过10%。可见，银行行业的整体利润率水平是非常高的。

7.1.2　上榜银行国别分布

2019年上榜54家银行中，中国有11家。国有四大银行“中农工建”占据前五名中的四席，营业收入均在1200亿美元以上。整体情况，中国的银行排名均比较靠前，即便是中国上榜企业位次第11的中国光大集团，也在54家企业中位次第34。另外，中国的银行榜单排名，除国家开发银行上一年未入榜，以及中国工商银行与中国建设银行名次没有发生变化以外，其余8家名次全部上升。其中，中国光大集团上升幅度最大，较2018年上升33个位次；招商银行、兴业银行、民生银行、交通银行和上海浦东发展银行的上升名次也均达到两位数，分别较上一年上升25个、24个、19个、18个和11个位次。此外，美国有 8 家企业上榜，其中，摩根大通公司、美国银行和美国富国银行的营业收入均超过 1000 亿美元。法国、加拿大、巴西和澳大利亚分别有 4 家上榜；日本和英国各有 3 家上榜；西班牙、德国、瑞士、荷兰和意大利分别有 2 家上榜；印度、俄罗斯和韩国各有 1 家上榜（见图 7－1）。

从 2019 年世界 500 强上榜银行国别分布可见，全球银行业版图发生了深刻变化：美国、日本等发达国家相对实力从 20 世纪的绝对统治地位逐渐下降，而以中国为代表的发展中国家实力日渐增强。全球银行业形成了以中国、日本为中心的东亚地区，以美国、加拿大为中心的北美地区，以法国、英国等为中心的西欧地区的三足鼎立格局。

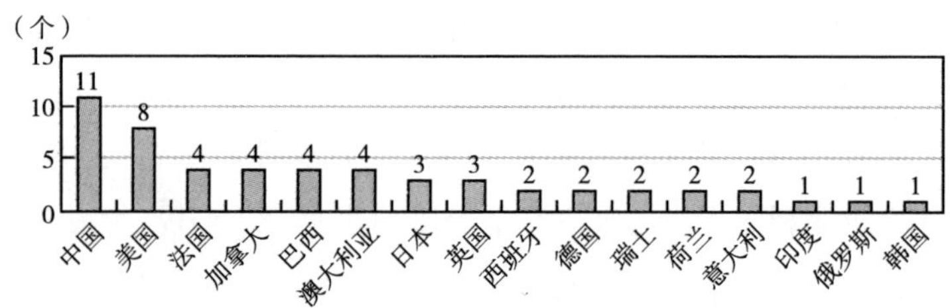

图 7－1　2019 年上榜 54 家上榜银行国别分布

资料来源：笔者根据 2019 年《财富》世界 500 强相关资料制作。

7.1.3　日本银行巨头相关数据

（1）全球金融危机爆发后的财务数据。

2008 年全球金融危机爆发后，日本三大银行在当年也出现了严重亏损。据 2009 年《财富》世界 500 强数据所示，三菱日联金融集团、三井住友金融集团和日本瑞穗金融集团的亏损额分别为 25.57 亿、37.17 亿和 58.61 亿美元。随后，它们迅速扭亏为盈，在 2010～2019 年《财富》世界 500 强公布的数据中，全部实现盈利，部分年份盈利还相当丰厚（见表 7－2）。

表7-2 日本银行三大巨头2009~2019年世界500强排名与财务数据

单位：百万美元

企业	项目	2009年	2010年	2011年	2012年	2013年	2014年	2015年	2016年	2017年	2018年	2019年
三菱日联金融集团	世界500强排名	128	126	157	144	163	199	201	191	164	177	166
	营业收入	56513.7	54284.9	52877.4	62706.1	57359.8	51667.5	51282.3	47599.8	55185.3	54768.8	60405.3
	年增减（%）	0.9	-3.9	-2.6	18.6	-8.5	-9.9	-0.7	-7.2	15.9	-0.8	10.3
	利润	-2557.7	4186.7	6807.7	12428.7	10267.5	9830.7	9402.2	7925.0	8550.1	8932.5	7871.0
	年增减（%）	-145.9	—	62.6	82.6	-17.4	-4.3	-4.4	-15.7	7.9	4.5	-11.9
	利润率（%）	-4.5	7.7	12.9	19.8	17.9	19.0	18.3	16.6	15.5	16.3	13.0
三井住友金融集团	世界500强排名	225	218	189	191	190	225	243	243	202	192	209
	营业收入	35365.2	34103.5	44902.2	49967.4	52099.7	46334.9	44122.6	39750.5	47374.6	52026.0	51728.0
	年增减（%）	-12.6	-3.6	31.7	11.3	4.3	-11.1	-4.8	-9.9	19.2	9.8	-0.6
	利润	-3717.4	2924.7	5556.3	6567.3	9562.2	8338.5	6854.2	5386.8	6520.5	6628.2	6554.1
	年增减（%）	-192.0	—	90.0	18.2	45.6	-12.8	-17.8	-21.4	21.0	1.7	-1.1
	利润率（%）	-10.5	8.6	12.4	13.1	18.4	18.0	15.5	13.6	13.8	12.7	12.7
日本瑞穗金融集团	世界500强排名	228	257	303	316	312	416	412	399	357	367	350
	营业收入	34982.8	30346.4	31719.8	34394.3	35079.0	29224.7	28924.7	26782.5	30390.1	32141.8	35406.3
	年增减（%）	-11.7	-13.3	4.5	8.4	2.0	-16.7	-1.0	-7.4	13.5	5.8	10.2
	利润	-5861.1	2578.4	4824.6	6136.5	6749.9	6871.7	5565.7	5588.8	5570.1	5203.8	870.9
	年增减（%）	-315.1	—	87.1	27.2	10.0	1.8	-19.0	0.4	-0.3	-6.6	-83.3
	利润率（%）	-16.8	8.5	15.2	17.8	19.2	23.5	19.2	20.9	18.3	16.2	2.5

资料来源：笔者根据2009~2019年《财富》世界500强相关资料整理。

（2）近年的利润。

日本银行界的跌宕起伏还体现在利润这个指标上。2010 年以来，日本银行巨头的经营状况明显好转，从困境当中逐步走出来，尤其是三菱日联金融集团的营利能力更是多年雄踞日本银行业榜首，经营表现更为良好。比较不同时期的数据，可以发现它们之间的强弱对比变化状况。

2011～2019 年的年平均利润额，三菱日联金融集团和三井住友金融集团分别达到60 亿和50 亿美元以上，日本瑞穗金融集团除 2019 年低于 10 亿美元以外，其他年份均在 40 亿美元以上；2011～2019 年的年平均利润额，三菱日联金融集团、三井住友金融集团和日本瑞穗金融集团分别达到 91. 12 亿、68. 85 亿和 52. 64 亿美元（见图 7－2）。

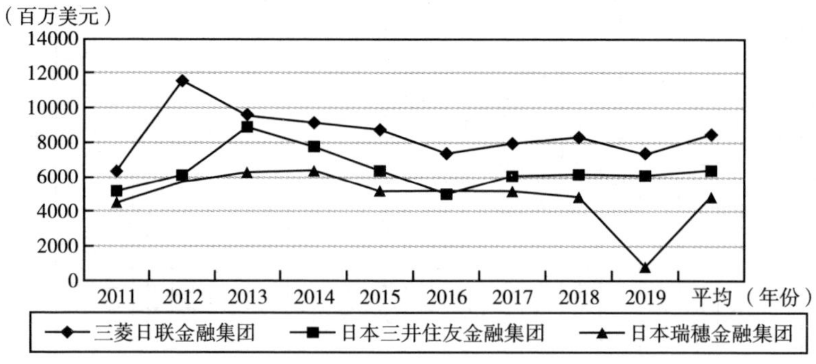

图 7－2　2011～2019 年日本三大银行利润比较

资料来源：笔者根据 2011～2019 年《财富》世界 500 强相关资料制作。

（3）近年的利润率。

在利润率方面，如图 7－3 所示，2011～2019 年，三菱日联金融集团和三井住友金融集团每年都保持在 10% 以上，其中三菱日联金融集团更是在 2012～2018 年每年都达到 15% 以上；2011～2018 年日本瑞穗金融集团每年都保持在 15% 以上，但是在 2019 年仅为 2. 5%。总体而言，三菱日联金融集团和三井住友金融集团的利润率基本保持在 10～20%，而日本瑞穗金融集团则浮动较大，部分年份甚至达到 20% 以上，但是到了 2019 年却急剧下降。

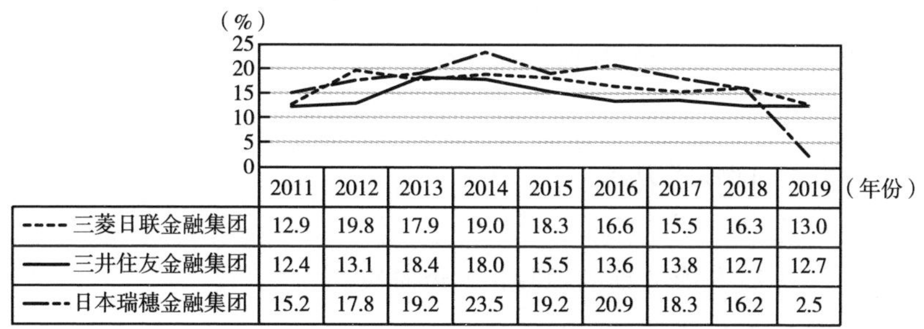

	2011	2012	2013	2014	2015	2016	2017	2018	2019
三菱日联金融集团	12.9	19.8	17.9	19.0	18.3	16.6	15.5	16.3	13.0
三井住友金融集团	12.4	13.1	18.4	18.0	15.5	13.6	13.8	12.7	12.7
日本瑞穗金融集团	15.2	17.8	19.2	23.5	19.2	20.9	18.3	16.2	2.5

图 7-3　2011～2019 年日本三大银行利润率比较

资料来源：笔者根据 2011～2019 年《财富》世界 500 强相关资料制作。

7.2　三菱日联国际化发展

7.2.1　公司简介

三菱日联金融集团（MUFG）成立于 2001 年，由三菱东京金融集团（MTFG）和日本联合金融控股集团（UFJ Holding）经过多次并购后，2005 年成为日本规模最大的金融集团，涉及银行、信托、证券等多种金融业务。三菱东京金融集团是在以东京银行及三菱财团的三菱银行、三菱信托银行等为核心，不断合并重组同业机构的基础上而发展起来的。日本联合金融控股集团是由东海银行、东洋信托银行和三和银行于 2001 年合并组建而成的。三菱东京金融集团和日本联合金融控股集团的合并是自 20 世纪 90 年代日本泡沫经济破裂及金融机构陷入困境后，日本国内银行业规模最大的一宗并购交易。这也使日本主要的银行减少为 4 家，除了三菱日联金融集团旗下的三菱日联银行，另外的 3 家分别是三井住友金融集团旗下的三井住友银行、日本瑞穗金融集团旗下的瑞穗银行和理索纳金融控股集团旗下的理索纳银行。其中，三菱日联银行在合并后一举成为日本最大的商业银行。

据三菱日联银行官方网站信息所示[①]，截至2019年3月末，三菱日联银行在日本境内和境外分别拥有分行750家和72家。

7.2.2 国际化历程

（1）1995年合并前的国际化发展阶段。

三菱日联金融集团是由三菱东京金融集团和日本联合金融控股集团合并而来的。并购重组贯穿着三菱东京金融集团的发展过程。三菱东京金融集团是由三菱银行和东京银行等金融机构合并组建起来的。三菱银行的前身是“三菱为替店（三菱兑换店）”，东京银行的前身是“横滨正金银行”，三菱兑换店和横滨正金银行均成立于1880年。1996年，三菱银行和东京银行合并成立了东京三菱银行。2001年，东京三菱银行、三菱信托银行等合并组成了三菱东京金融集团。东京银行在1996年合并前，在日本国内业务少有建树，但却长于国际业务。自第二次世界大战结束以来，东京银行一直专注于外汇业务，海外运作经验较丰富，20世纪50年代，为配合日本对外经贸发展而再次成为以办理外汇业务和国际结算为主营业务的银行。东京银行涉及国际业务的部门相对健全，有着丰富的国际金融经验，是日本与世界多数国家建立国际业务联系的代表性银行之一。但在90年代前期受到日本泡沫经济的冲击，与本国企业业务往来紧密的东京银行也难以幸免。为了进一步巩固经营阵地并拓展市场，东京银行与三菱银行合并，并以三菱银行为母体，东京银行遂退出历史舞台。正如伊鹿倉正司（2016）所述，东京银行与三菱银行的合并，主要基于联合拓展海外业务，以及以更大规模进入国际金融市场获得竞争优势[②]。

---

① 三菱UFJ銀行．企業情報．https：//www.bk.mufg.jp/kigyou/index.html.

② 伊鹿倉正司．わが国都市銀行の重層的国際化［J］．東北学院大学学術研究会『経済学論集』，2016（187）：93－118.

（2）1996～2007 年合并后的国际化收缩阶段。

1996 年，东京银行与三菱银行合并后组建的三菱东京金融集团就将重心放在日本国内的业务上。2005 年，三菱东京金融集团与日本联合金融控股集团合并重组。当时，三菱东京金融集团的主要客户是三菱财团的大企业，经营网点主要分布在日本关东地区。三菱东京金融集团看上日本联合金融控股集团的原因，除了在合并后力促集团成为全球金融界的领头羊、稳坐日本金融界的头把交椅以外，还看中了日本联合金融控股集团在日本本土的中小企业和私人业务，以及分部在关西地区、中部地区的营业网点。对于三菱东京金融集团而言，合并后有利于自身推动针对中小企业和私人的金融业务发展。两强合并后，虽进一步增强了实力，但还是将业务发展的天平倾向在日本国内。合并不久后的三菱日联金融集团国际化收缩的原因主要有两点：一是受东京银行国际化战略受挫的影响，三菱日联金融集团进行国际化的战略决策时才异常慎重；二是当时日本国内经济持续处于低迷状态，国内市场需要集中资源来夯实发展基础。

（3）2008 年全球金融危机后国际化新布局阶段。

2008 年全球金融危机爆发以来，欧美银行业普遍精简没有营利能力的国际业务，花旗、汇丰等国际银行巨头陆续收缩海外战线，而三菱日联金融集团却逆势而上，重新开始国际化布局，其主要通过以下两种方式拓展国际市场：第一，通过并购获取海外优质资源。2008 年，三菱日联金融集团斥资 90 亿美元收购摩根士丹利超过 20% 的股权。除了投资金融领域以外，还将投资触角伸向资源领域。2011 年，三菱日联金融集团出资 3.24 亿澳元收购澳大利亚稀土开发商莱纳（Lynas）公司 9.99% 的股权，旨在为日本国内制造商提供生产半导体等电子器件所需的稀土资源（日本経済新聞，2011）[①]。第二，加

① 日本経済新聞．三菱 UFJ 豪レアアース開発会社に出資［N］．日本経済新聞．［2011－07－05］．

大对重点地区的投入力度。2008 年全球金融危机爆发后，欧美与亚太地区之间的经济发展出现了差异，与欧美地区经济受到巨大波动不同，亚太地区经济虽然受到一定影响，但以中国为代表的发展中国家经济稳步发展，保证了亚太地区经济的健康发展。在此背景下，三菱日联金融集团认识到亚太地区业务的重要性，加大了对该地区的投资力度。

7.2.3 国际战略分析

（1）金融危机前并购重组。

20 世纪 90 年代，股市、楼市泡沫相继破灭，也给日本银行业造成了巨大冲击。多家日本银行业的不良债权问题浮出水面，巨额的不良债权导致兵库银行、北海道拓殖银行、日本长期信用银行、日本长期信用银行等大型金融机构纷纷破产。至此，“日本银行不倒”的神话成为历史。伴随着大量金融机构呆账和坏账的出现，日本银行业频繁曝出丑闻，使日本银行业的信誉严重受损。也正是从这一时期起，日本经济出现严重的衰退。日本国内 GDP 增长率最高都未超过 3%，部分年份甚至还呈现负增长，远低于全球平均增长水平，经历了 20 世纪 40 年代中期以来最长的萧条期。在多年低迷的经济环境里，日本银行业陷入空前的困境之中。为了使日本银行业走向复兴，通过实施合并重组以便扩大自身规模、增强资金实力、提高竞争力，成为日本银行业在经济低迷期中求生存、谋发展的重要举措。在合并重组方面，三菱日联金融集团在日本金融机构中首屈一指。其在严峻现实中通过一系列并购，实现了规模扩张。如前所述，三菱日联金融集团是由三菱东京金融集团与日本联合金融控股集团合并组建而来的，三菱东京金融集团前身的母体是东京银行和三菱银行。20 世纪 90 年代中期，尽管日本经济萧条对银行业的影响已日益明显，但多数银行仍未找到理想的解决方案。就在其他银行处于迷茫与彷徨的时期，三菱银行已经在寻找解决问题的突破口，与东京银行进行协商并推动双方合并重组。三菱银行主要以国内的三菱财团成员企业客户为主，而东京银行主要聚焦海外业务。东京银行和三菱银行的业务互补性显著，合并重组无疑会带来共赢。合并重组后的东京三菱银行收效明显，也为日后成为日本商业银行中的翘楚奠定了强有力的基础。

事实上，1996 年三菱银行和东京银行的合并重组也比日本金融机构的大合并提早了数年。之后，才有 2000 年日本兴业银行、第一劝业银行和富士银行合并成立的瑞穗银行，2001 年住友财团的住友银行和三井财团的樱花银行合并成立的三井住友银行，同年东海银行、东洋信托银行和三和银行等金融机构合并重组而成的日本联合金融控股集团。

然而，东京三菱银行并未停止兼并的步伐，2001 年又与三菱信托银行进行合并重组。三菱信托银行是三菱财团的重要成员之一，也是日本最大的信托银行之一，主营贷放信托业务，信托投资能力出类拔萃。东京三菱银行与三菱信托银行的合并重组目的很明确，就是利用合并重组实现多元化发展，并通过扩大经营规模增强自身综合竞争力。两者合并后组建的三菱东京金融集团在当时已经拥有了商业银行、信托银行等可以提供多元化业务的金融机构，同时成为日本国内资本实力最雄厚的商业银行之一。可以看出，三菱银行和东京银行的合并重组是实现业务互补战略的一环，随后与三菱信托银行的合并重组也是这一战略的进一步持续和深化，有效提升了自身的核心竞争力。

此外，国内与国际两方面的激烈竞争也推动了三菱日联金融集团的前身三菱东京金融集团进一步的并购重组活动。首先，在日本国内，2001 年重组成立的日本瑞穗金融集团资产规模超过了当时的三菱东京金融集团，成为当时日本最大的金融机构。而另一家日本银行巨头三井住友金融集团也虎视眈眈，紧随其后。要在日本银行业占据主导权，三菱东京金融集团需要进一步实施并购以扩大企业规模。其次，在国际上，美国的摩根大通、美国富国银行、花旗，英国的汇丰，法国的法国农业信贷银行，西班牙的西班牙国家银行以及中国等国的银行都在不断成长。全球银行业的激烈竞争，给包括三菱东京金融集团在内的日本银行业带来巨大挑战。

2005 年，三菱东京金融集团与日本联合金融控股集团完成合并重组，坐上了日本金融行业头把交椅，资产规模也名列世界前茅。次年，先前分别隶属于两家集团的东京三菱银行和日联银行合并组建成三菱日联银行。如前所述，东京三菱银行的主要客户以三菱财团的大型企业为主，中小企业和私人业务较少，营业网点也相对较少且大多分布在日本关东地区；而日联银行的主要客户以中小企业和私人业务居多，营业网点主要集中在日本关西地区及中部地区。因此，合并组建的三菱日联银行形成了强有力的优势互补。对于三菱东京金融集团而言，尽管日本联合金融控股集团的财务状况是日本银行巨头中最差的，长期以来深陷巨额亏损泥沼当中，但是合并后对于自身的长远发展具有至关重要的战略意义，这主要是因为此合并可以发挥业务互补、区域互补的作用。可以看出，并购重组已经成为三菱日联金融集团经营战略的重要一环。同时，2008 年金融危机前的一系列并购重组，为企业未来的发展奠定了坚实基础。

（2）金融危机后蓄势待发。

2008 年全球金融危机之后，三菱日联金融集团进行战略调整，再次踏上国际化征程，不断开拓海外市场。其动机主要体现在下列三个方面。

第一，资金相对过剩成为日资银行扩展海外业务的动因。在 2012 年时任首相安倍晋三再次上台后推出了量化宽松政策，使日本国内货币供应量大幅上升，导致日本银行机构资金在国内相对过剩。

第二，低利率环境促使日本金融机构国际化的动机不断增强。在量化宽松政策推动下，日本金融机构对境内贷款利率下降，进一步压低国内利率水平。在此背景下，日本银行业试图通过海外业务的扩张，来抵消国内市场不景气带来的影响。其中，三菱日联金融集团的海外投资最为活跃，尤其是不断开拓美国市场业务。此外，日本银行业为了规避日元贬值带来的汇率风险，希望通过增持非日元资产实现保持资产稳步增长的目标。

第三，外部环境变化为三菱日联金融集团提供了较为有利的宏观经济环境。美国一直是三菱日联金融集团重要的海外市场之一，2008 年全球金融危机之后，加大了对美国的投资力度。随着美国经济的稳步复苏，又陆续追加对美业务投资。除美国以外，三菱日联金融集团还加大与日本经济有着密切关系东南亚地区的投资力度。其原因是东南亚地区经济发展速度较快，金融市场仍然存在较大的拓展空间。2010 年以来，三菱日联金融集团在东南亚地区进行了一系列的投资。例如，2013 年收购了泰国第五大银行 Bank of Ayudhya（Krungsri）的股权，具有后者控制权并纳入合并报表范围；同年又购入越南银行业巨头越南工商银行的股权；2016 年收购菲律宾十大银行之一信安银行的股权；2018 年对印度尼西亚的达纳蒙银行进行战略投资。陆续收购以及投资泰国、越南、菲律宾和印度尼西亚的银行，主要目的是增加东南亚地区的营业网点，扩大业务范围。

如今，三菱日联金融集团虽然不是世界银行业的“领头羊”，但一直致力于全球布局以及稳步推进国际化战略。这对于中国银行业而言，也有许多启发和值得借鉴之处。其不仅时刻关注着世界银行业的发展趋势和最新金融业务，还善于把世界银行业新产品开发成果应用到业务中去。例如，2003 年汇丰收购了美国最大的消费信贷公司家居国际集团（Household International Group），引发世界金融界的广泛关注。次年，三菱日联金融集团的前身三菱东京金融集团就把这一符合市场发展需求的最新产品开发成果应用至自身的业务规划中，与日本排名第二的消费金融公司“ACOM”达成了战略业务和资本联盟协议，进一步推进自身的消费金融业务。

综上所述，自20世纪90年代初日本经济开始进入长期萧条时期，银行业也深受不良债权等不利因素的困扰，发展陷入了困境。虽然较在90年代鼎盛时期日本银行业占据全球银行业半壁江山还有一定差距，但鉴于日本在较为严峻的经济形势以及银行业面临日趋激烈的国内外竞争环境下，三菱日联金融集团通过并购重组实现了稳步成长，这无疑是日本银行业的一个亮点。面对2008年全球金融危机带来的巨大冲击，三菱日联金融集团没有一蹶不振，反而迅速扭亏为盈，2011年开始后每年利润都达到60亿美元以上，利润率均维持在12%以上，其发展经验值得各国银行参考。

7.3 日本银行业金融机构海外布局及启示

7.3.1 日本银行机构的国际地位

20世纪70年代以前，世界银行业由欧美银行特别是美国银行机构占据绝对霸主地位，日本银行机构并不具有很强的国际竞争力。随着70年代日本经济的高速发展，原本相对弱小的日本银行机构开始在全球范围内崭露头角。到了80年代，日本银行机构的强盛已经初露端倪，打破一直由欧美银行主导世界银行业的格局，开始成为世界银行业的一股重要势力。

之后，日本银行机构规模不断扩大。20世纪90年代是日本银行机构的鼎盛时期，其银行机构占据全球银行排名前10的半壁江山。根据李石凯（2006）1995年按资产排名全球前十大银行榜单[①]，第1

① 李石凯．全球银行产业的新恐龙：三菱日联金融集团［J］．经济导刊，2006（6）：56－62.

位至第8位全部来自日本，分别是三和银行、第一劝业银行、富士银行、住友银行、樱花银行、三菱银行、日本兴业银行、日本长期信贷银行也进入前10位，位列第8。可以看出，这一时期日本银行机构在全球银行业占据着举足轻重的地位，在全球银行排名数量上占有明显优势。

然而，随着泡沫经济的破裂，日本银行业多家机构陷入困境，国际竞争力开始急剧下降。20世纪90年代后期，在欧美银行的快速扩张下，日本银行机构的世界排名逐步下滑。由于日本经济的长期萧条，日本银行机构营利状况全面告急，金融业呈现持续低迷的状况。为了重振国内金融业，日本政府陆续推出了一系列放松金融管制措施，力推金融行业改革与重组。日本经济历经10余年的萧条之后，复苏依然缓慢且乏力。与此同时，日本政府为提升国内金融业竞争力所推行的大刀阔斧改革也在持续推进。由此，日本国内金融机构的战略联盟、重组、并购也不断取得突破性进展。

进入21世纪，日本银行业经过数次合并重组，打造出了三菱东京金融集团、三井住友金融集团、日本瑞穗金融集团和日本联合金融控股集团四大金融机构，有效阻遏了在全球银行排名上的下滑，又开始回到全球主流银行的行列。2005年，三菱东京金融集团与日本联合金融控股集团两家企业合并后，日本银行机构四分天下的局面变成了由三菱日联、三井住友和日本瑞穗三家金融集团三足鼎立的格局，三大金融机构各有所长。三菱日联金融集团除在海外市场拓展领域内拥有丰富的经验外，还依托三菱财团的成员企业，形成了以大企业为中心的业务网络。加之合并重组的日本联合金融控股集团在中小企业和私人业务方面的优势，同时将关东地区、关西地区、中部地区的三大地区融为一体，建立起了强大的业务运营管理体系，并成为行业的“领头羊”。三井住友金融集团紧随其后，作为三井财团和住友财团的核心成员企业，在针对大企业业务方面占主导地位的同时，还持续发展私人银行业务，两项业务都得到较为均衡的发展。而与三菱日联金融集团、三井住友金融集团依托财阀体系发展业务不同，日本瑞穗金融集团没有受到财阀体系的影响，持续推进各项业务的均衡发展。

7.3.2 后危机时代海外布局

2008年全球金融危机暴发后，欧美银行业受到重创，给银行业的海外扩张带来了很大的冲击，尤其是以美国为首的大型银行无力延续金融危机前的海外扩张步伐。尽管日本银行业也遭受冲击，但逆势而上、抓住机遇，开启了新一轮的海外扩张。在日本银行业中，三菱日联金融集团、三井住友金融集团和日本瑞穗金融集团的国际化程度最高，也是日本银行业全球扩张的主力军。纵观日本银行业的新一轮国际化征程，以北美和亚洲新兴市场为扩张重点（见表7-3）。

表7-3　2008年以来日本三大金融机构的海外布局（部分列举）

企业	年份	国家和地区	涉及银行业务的主要事项
三菱日联金融集团	2008	美国	购入摩根士丹利股权
	2013	泰国	购入 Bank of Ayudhya（Krungsri）股权
	2013	越南	购入 VietinBank（越南工商银行）股权
	2016	菲律宾	购入 Security Bank（信安银行）股权
	2018	印度尼西亚	出资 Bank Danamon（达纳蒙银行）
三井住友金融集团	2008	越南	出资 Vietnam Exim Bank 并纳入合并报表
	2013	印度尼西亚	出资 Bank Tabungan Pensiunan Nasional 并纳入合并报表
	2015	中国香港地区	出资东亚银行并纳入合并报表
	2015	柬埔寨	出资 ACLEDA Bank 并纳入合并报表
	2016	印度尼西亚	出资 PT Oto Multiartha and PT Summit Oto Finance 并纳入合并报表

续表

企业	年份	国家和地区	涉及银行业务的主要事项
日本瑞穗金融集团	2008	美国	出资美国主营并购投资业务银行“Evercore Partners Inc.”
	2011	越南	出资 Vietcombank 并达成资本和业务联盟
	2011	印度尼西亚	收购 PT Balimor Finance
	2015	美国	与 Matthews Asia（马修斯亚洲）达成资本和业务联盟

资料来源：笔者根据三菱日联金融集团、三井住友金融集团、日本瑞穗金融集团官方网站信息整理。三菱 UFJフィナンシャル・グループ. MUFGについて. https：//www. mufg. jp/profile/index. html. 三井住友フィナンシャルグループ. SMBCグループについて. https：//www. smfg. co. jp/company/. みずほフィナンシャルグループ. <みずほ>について. https：//www. mizuho - fg. co. jp/company/index. html.

金融危机之后，日本金融机构加紧海外布局的节奏。首先，从地域分布来看，主要集中在北美和东南亚地区。其中，三菱日联金融集团一直充分利用机遇填补国际市场空白，提升其国际化水平。2008年，抓住美国、欧洲的金融结构大幅收缩的机遇收购了摩根士丹利；2013年以来，陆续开拓东南亚地区的金融业务。三井住友金融集团自2008年以来，更加注重国际化，加快了海外布局。之后，涉及银行业务的投资主要聚集在亚洲地区，尤其是东南亚地区。日本瑞穗金融集团自2008年以来的海外布局主要集中在北美及东南亚地区。其次，从国别分布来看，三菱日联金融集团陆续出资或收购泰国、越南、菲律宾和印度尼西亚的银行；三井住友金融集团陆续出资越南、印度尼西亚和柬埔寨的当地银行；日本瑞穗金融集团主要针对美国、越南和印度尼西亚进行投资，并通过与总部设在旧金山的基金公司 Matthews Asia（马修斯亚洲）建立合作关系，推进在亚洲地区业务的扩展。可以看出，三大金融机构的主要聚焦于美国、越南、印度尼西亚，且以收购兼并当地金融机构为主。

日本银行业海外扩张区域的经济发展相对较为迅速。2008年以来，日本银行业海外扩张的重点区域主要围绕北美和东南亚地区进行，这些地区具有较强的投资吸引力。就北美地区而言，由于日本与美国经济贸易关系十分密切，日本银行业一直以来都将美国视为全球金融投资重点区域。随着美国经济在复苏轨道上加快前行，日本银行业加大在美国的投资力度。就东南亚地区而言，近年来，日资企业加大了对越南、印度尼西亚等东盟国家的投资，且东盟国家在经济发展过程中，无论是支持创新创业，还是基础设施建设，都需要大量资金提供支撑。尤其是基础建设将带来大量的投资需求，这也是日本银行业对东南亚地区投资增长的主要原因之一。

7.3.3 对中国银行业的启示

国内也有对日本银行业的海外布局进行研究，进而提出对中国银行业的启示和借鉴。例如，陈卫东和熊启跃（2016）在对日本银行业的海外扩张进行分析后指出①，中国需要在“练好内功”的基础上“理性布局”海外市场。随着中国与世界各国经贸往来日益密切，以及“一带一路”倡议与人民币国际化的持续推进，中国银行业的国际化进程备受关注。通过对日本银行业新一轮的海外布局，中国银行业也可以借鉴其经验，以便进一步推进国际化发展。

首先，进一步发力海外业务。在日本银行业中，三大金融巨头是海外扩张的主力军。相对于日本三大金融机构，中国四大银行“中农工建”的国际化水平略低。《中资银行国际化报告 2015》根据境外资产、营业收入、分支机构、海外并购等多方面建立中资银行国际化指数显示，中资银行的国际化水平远低于国际大型银行（光明日报，2015）②。当下，中国正致力于推动人民币的国际化。现阶段中国银

---

① 陈卫东，熊启跃．日本银行业新一轮海外扩张及其对中国银行业走出去的启示［J］．国际经济评论，2016（3）：85－96，6.

② 中国人民大学国际货币研究所，浙江大学互联网与创新金融研究中心，中国银行国际金融研究所．《中资银行国际化报告 2015》发布［N］．光明日报，2015－10－16（07）.

行业相对较低的国际化水平，已经成为约束人民币国际化“瓶颈”的因素之一。为了提升人民币在未来国际金融市场中的地位，中国银行业应尽可能发挥其应有的作用，尤其是大型银行要进一步参与和推动人民币跨境业务和离岸市场发展，并积极推进国际化步伐，提升全球范围内的影响力。

其次，优化海外布局。日本银行业新一轮海外扩张将目光聚焦在经济发展状况整体良好的北美和东南亚地区，且主要通过收购兼并、股权投资的方式进行。中国银行业的海外布局方面，可以加大对经济增长速度较快、整体运行状况较好的国家和地区的扩张力度，也可以借鉴日本银行业的海外市场投资经验，找到合适的投资、收购对象之后，再通过收购兼并、机构整合的方式，拓展当地的客户基础和业务范围，实现“海外版图”的进一步扩张。

最后，满足当地企业与中资企业需求。新一轮的海外扩张中，日本银行业服务在当地投资的日资企业的基础上，还关注满足东道国企业的资金需求。随着中资企业参与“一带一路”沿线国家和地区的基础设施建设，中国银行业也要结合中资企业“走出去”的金融需求，加大对中资企业海外直接投资的贷款支持力度。同时，积极抓住国家政策机遇，顺应“一带一路”倡议，强化对沿线国家的金融投资与经营网点覆盖，促进海外业务稳健发展。

第8章　公用设施行业

8.1 公用设施行业概况

8.1.1 16家上榜企业基本情况

2019年全球共有16家公用设施企业上榜，较2018年减少2家，原因是英国的南苏格兰电力（2018年排名第265位）和德国的巴登—符滕堡州能源公司（2018年排名第477位）没有上榜。如图8－1所示，上榜企业中，亚洲有7家（中国和日本各3家、韩国1家），欧洲有7家（法国和西班牙各2家、意大利、德国、英国各1家），美洲有2家（美国和墨西哥各1家）。

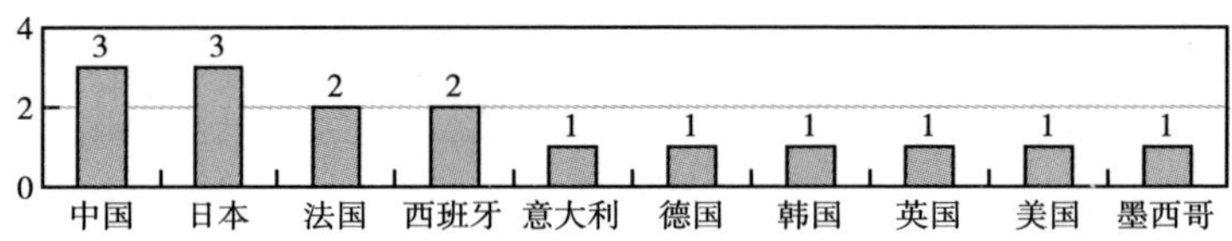

图8－1 各国上榜企业数量

资料来源：笔者根据2019年《财富》世界500强相关资料制作。

16家公用设施企业按主营业务可划分为电力、兼营电力、非电力三大类。电力企业如国家电网有限公司、中国南方电网有限责任公司、韩国电力公司等主营电力业务占据了榜单大部分；兼营电力企业如向工业、居民家庭提供天然气为主业，并提供电力服务的英国森特理克集团；非电力公司如以环境服务为主业的法国威立雅环境集团。

如表8－1所示，纵向比较来看，榜单前5位同上一年位次完全一样。其中，国家电网有限公司在行业中排名第1位，世界500强排名第5位，较2018年下滑3个名次。意大利国家电力公司和法国电力公司分别位列行业第2和第3。行业前5名中，中国占据两席，另一家中国南方电网有限责任公司位列第4。东京电力公司位列行业第5。

表 8－1　　上榜 16 家公用设施行业企业

排名	企业	所属国家	总部所在地	2019 年排名	2018 年排名	名次变化	营业收入（百万美元）	（营业收入）年增减（%）	利润（百万美元）	（利润）年增减（%）	利润率（%）
1	国家电网有限公司	中国	北京	5	2	－3	387056.0	10.9	8174.8	－14.3	2.1
2	意大利国家电力公司	意大利	罗马	89	83	－6	89305.7	6.1	5651.8	32.7	6.3
3	法国电力公司	法国	巴黎	110	94	－16	81403.3	3.7	1389.1	－61.2	1.7
4	中国南方电网有限责任公司	中国	广州	111	110	－1	80963.6	11.2	1782.4	－8.0	2.2
5	东京电力公司	日本	东京	178	186	8	57167.4	8.3	2096.1	－27.0	3.7
6	莱茵集团	德国	埃森	183	214	31	56016.7	17.1	465.0	－78.8	0.8
7	韩国电力公司	韩国	首尔	193	188	－5	54567.9	4.0	－1194.9	－204.0	－2.2
8	Iberdrola 公司	西班牙	毕尔巴鄂	292	330	38	41395.4	17.5	3557.1	12.5	8.6
9	英国森特理克集团	英国	温莎	311	318	7	39594.7	9.7	244.1	－43.1	0.6
10	Exelon 公司	美国	芝加哥	344	356	12	35985.0	7.3	2010.0	－46.7	5.6
11	中国华电集团有限公司	中国	北京	386	397	11	32421.4	9.5	464.4	39.3	1.4
12	法国威立雅环境集团	法国	欧贝维利耶	407	419	12	30579.5	8.0	518.4	14.5	1.7
13	关西电力公司	日本	大阪	420	420	0	29832.5	5.5	1037.9	－24.3	3.5
14	西班牙能源集团	西班牙	马德里	430	429	－1	29123.0	5.3	－3330.4	－317.2	－11.4
15	CFE 公司	墨西哥	墨西哥城	443	454	11	28457.1	9.0	2322.3	－59.3	8.2
16	日本中部电力公司	日本	名古屋	453	462	9	27374.1	6.3	716.3	6.7	2.6

资料来源：笔者根据 2018 年、2019 年《财富》世界 500 强相关资料整理。

从总排名来看，9家公用设施企业排名上升，占全球上榜公用设施企业总数的56%，上升幅度最大的来自西班牙的Iberdrola公司，名次提前了38位。上升幅度达到两位数的还有，德国的莱茵集团、美国的Exelon公司、法国威立雅环境集团、中国华电集团有限公司和墨西哥的CFE公司，分别较2018年提前了31个、12个、12个、11个和11个位次。6家企业总排名下滑，降幅最大的法国电力公司滑落了16个位次。日本3家上榜企业中，关西电力公司保持上一年的名次，其他2家排名均有所提升，东京电力公司排名第178位，较上一年上升8个位次；日本中部电力公司排名第453位，较上一年提升9个位次。

从营业收入情况来看，2019年上榜公用设施企业总收入金额为11012.43亿美元。上榜企业营业收入同比全部实现增长，最大增幅来自Iberdrola公司，为17.5%；莱茵集团、中国南方电网有限责任公司和国家电网有限公司的营业收入增幅也均超过了10%，分别为17.1%、11.2%和10.9%。日本3家上榜企业的营业收入增幅均超过了5%，其中8.3%的最大增幅来自东京电力公司，日本中部电力公司和关西电力公司的增幅分别达到了6.3%和5.5%。

利润方面，国家电网有限公司位居榜首，达81.74亿美元，远超其他企业。利润超过20亿美元的还有意大利国家电力公司、Iberdrola公司、CFE公司、东京电力公司和Exelon公司，分别为56.51亿、35.57亿、23.22亿、20.96亿和20.10亿美元。但上榜企业中也有2家企业出现亏损，亏损额最高来自西班牙能源集团，达33.30亿美元，韩国电力公司亏损额也达到11.94亿美元。与此同时，2019年上榜公用设施企业的利润升降呈现两极态势。利润同比有所增长的是小部分，为5家，39.3%的最大增幅来自中国华电集团有限公司；意大利国家电力公司、法国威立雅环境集团和Iberdrola公司的利润增幅均达到了两位数，分别为32.7%、14.5%和12.5%；另1家是日本中部电力公司，增幅为6.7%。但有11家利润同比下降，317.2%的最大降幅来自西班牙能源集团，韩国电力公司的利润降幅也高达204.0%，国家电网有限公司、法国电力公司、东京电力公司、莱茵集团、英国森特理克集团、Exelon公司、关西电力公司、CFE公司的利润降幅也均达到了两位数。

从行业的利润率来看，西班牙能源集团和韩国电力公司出现亏损，故利润率为负数。总体上，公用设施的利润率普遍走低，没有一家突破两位数大关，超过5%的利润率已经是比较好的成绩了，2019年榜单上达到这一标准的有4家。表现最佳的Iberdrola公司利润率为8.6%，CFE公司紧随其后为8.2%；另2家是意大利国家电力公司和Exelon公司，分别为6.3%和5.6%。

8.1.2　16家上榜企业国际化特点概况

上榜公用设施企业在保持本国市场领先地位的同时，还积极拓展周边国家与本国经济文化上联系密切的其他国家市场。不同地区的企业根据各自的经营战略和发展目标，确定了优先投资领域与发展方向。

16家上榜企业国际化特点可以归纳为以下两点：首先，欧洲企业国际化程度更高。随着欧洲一体化水平不断提高，电力等能源对欧洲地区经济发展的重要性越加明显。上榜的多家欧洲企业在欧盟能源一体化进程的推动下，在欧洲地区广泛拓展国际化业务，并在此基础上积极开拓与本国有历史渊源国家和地区的市场。例如，法国电力公司除了在本国电力市场占据主导地位外，还加强与德国、英国、比利时等国家在能源电力领域的合作，并不断向周边国家进行渗透，以扩充自身的业务领地。再如，英国与西班牙的企业分别在与自己文化、地缘关系密切的北美、拉美国家进行投资，着力拓展国际化业务。其次，亚洲企业国际化程度稍弱。上榜的中日韩企业业务主要聚焦在本国市场，相对而言，国际化业务拓展程度不如欧洲企业。

8.2 东京电力战略布局与国际化追求

8.2.1 公司简介

东京电力公司成立于 1951 年，是一家集发电、输电和配电于一体的日本最大电力企业，也是亚洲最大电力企业之一，规模仅次于国家电网有限公司和中国南方电网有限责任公司。东京电力公司总装机容量 2001 年 7 月 24 日达到峰值为 6430 万千瓦，供电范围主要覆盖东京都及周边 8 个地区，供电区域面积为日本的 11%，但销售电量却占到全国的 1/3，2016 年销售电量总计 2415 亿千瓦时，相当于意大利全国的销售电量。据东京电力公司官方网站信息所示①，2018 年销售电量达 2303 亿千瓦时。作为一家大型电力企业，截至 2018 年末拥有员工 41086 人；截至 2019 年 4 月拥有 79 家关联公司，业务范围涉及电力设备维护、燃料供应、能源运输、房地产开发等领域。

2011 年 3 月 11 日，日本本州岛东海岸发生大地震引发的海啸，导致东京电力公司位于福岛的核电站发生重大事故。东京电力公司在事故中处理不力，广受各方争议。此后，因受福岛核电站事故影响的当地居民陆续向法院提起诉讼，要求东京电力公司赔偿损失。毫无疑问，福岛核电站事故对于东京电力公司影响巨大，其也在艰难的环境中寻求出路，逐渐扭转事故后的亏损颓势，重回发展正轨。据东京电力公司官方网站信息所示②，2017 年公司在日本以外 22 个国家持有发

---

① 東京電力ホールディングス株式会社．会社概要．https：//www. tepco. co. jp/about/corporateinfo/holdings/.

② 東京電力ホールディングス株式会社．主な海外投資プロジェクト（発電事業）. http：//www. tepco. co. jp/corporateinfo/illustrated/overseas/major－overseas－j. html.

电业务，其中，亚洲及大洋洲地区 8 个国家（泰国、越南、菲律宾、新加坡、印度尼西亚、韩国、印度、澳大利亚）、欧洲地区 6 个国家（英国、意大利、西班牙、挪威、芬兰、荷兰）、美洲地区 5 个国家（美国、加拿大、墨西哥、乌拉圭、智利）、中东地区 3 个国家（阿拉伯联合酋长国、卡塔尔、阿曼），海外电力项目权益装机容量共计 510 万千瓦。

8.2.2　相关财务数据

如图 8－2 所示，东京电力公司在营业收入方面，2012 年为历年最高，达到了 719.67 亿美元，之后开始下跌，在 2016 年跌破 500 亿美元后，2017 年开始有所回升。在利润方面，2010 年营业损益为亏损 145.63 亿美元，这是东京电力公司自创业以来的首次亏损，之后两个财年均出现超过 80 亿美元亏损，主要原因是 2011 年发生的东日本大地震使核电站停运，导致火力发电用燃料费用剧增。2013 年后，开始扭转亏损颓势，利润逐步回升。在总资产方面，2011 年达到了历史高位，为 1888.24 亿美元，之后开始下降，2016～2018 年徘徊在 1100 亿美元左右。

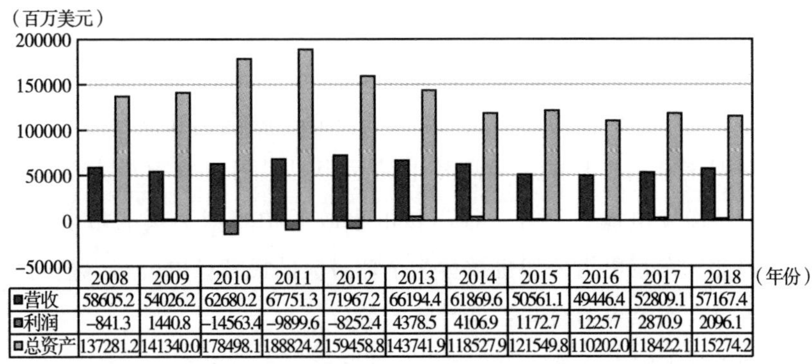

	2008	2009	2010	2011	2012	2013	2014	2015	2016	2017	2018
■营收	58605.2	54026.2	62680.2	67751.3	71967.2	66194.4	61869.6	50561.1	49446.4	52809.1	57167.4
■利润	−841.3	1440.8	−14563.4	−9899.6	−8252.4	4378.5	4106.9	1172.7	1225.7	2870.9	2096.1
□总资产	137281.2	141340.0	178498.1	188824.2	159458.8	143741.9	118527.9	121549.8	110202.0	118422.1	115274.2

图 8－2　东京电力 2008～2018 年营收、利润与总资产

资料来源：笔者根据 2009～2019 年《财富》世界 500 强相关资料制作。

如图 8－3 所示，东京电力公司的利润率在 2010～2012 年出现了大幅下降。因火力发电用燃料费用的增加，以及包括处理福岛第一核电站废炉的相关费用，使利润出现大幅减少。2013 年以来逐步回升，每年均保持在 2% 以上的利润率。

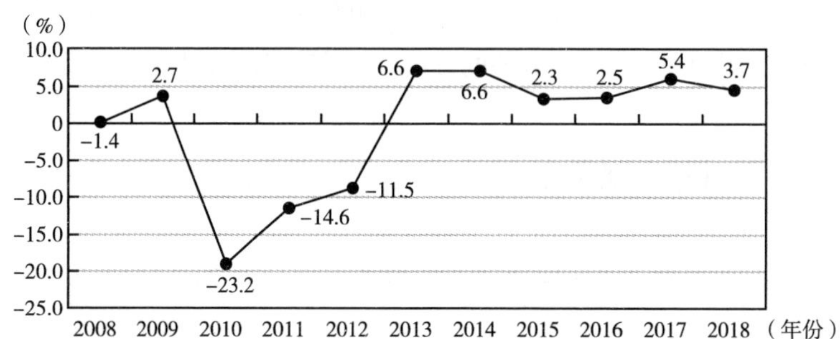

图 8-3　东京电力 2008~2018 年历年利润率

资料来源：笔者根据 2009~2019 年《财富》世界 500 强相关资料制作。

8.2.3　面临严峻的经营环境

东京电力公司自创立以来重视发展大容量发电机组，截至 1997 年，600 MW（兆瓦）及以上火电大机组占公司火电总容量就已经超过一半。在此基础上，东京电力公司还大力发展核能发电业务。福岛核电站事故发生前，东京电力公司拥有 3 处核电站，分别是位于距离东京 200 多千米的福岛第一核电站、福岛第二核电站和位于新潟县的柏崎刈羽核电站。其中，福岛核电站是当时世界上规模最大的核电站，而按净发电能力计算，福岛核电事故后柏崎刈羽核电站全球最大。因此，东京电力公司也被称为全球最大的民营核电公司。毫无疑问，核电在东京电力公司占据特殊的地位。

随着日本国内反对核能的呼声日益高涨，东京电力公司从 2012 年开始停运了境内的所有核电站设施。此后，火力发电成为公司主要的发电方式，也因此火力发电业务成为公司的主要收入来源。但是发电业务利润下滑和巨额赔偿，让公司的经营状况陷入了前所未有的困境。

尽管东京电力公司也在发电、输电及配电上加强管理，并投入必要资金，强化减员增效，依然面临下列几点因经营环境变化带来的挑战。

（1）能源价格不断上升。

众所周知，日本自然资源贫乏，主要依靠进口。一般认为，原油等矿产资源对外依存度50%是国际警戒线。而日本的煤炭和石油对外依存度早就超过了50%这一警戒线。长期以来，日本企业在全球范围内进行矿产资源布局，但国内自然资源匮乏的现状并未改变。2011年福岛核事故导致其发电燃料需求上升，从而形成支撑国际能源商品价格高位运行的重要因素。煤矿、石油等燃料的成本不断高涨，使火力发电成本也相对上升。核电站的停运后，大量依靠火力发电导致进口能源量激增，间接导致了日本境内能源使用价格的上涨。例如，2012年5月北海道电力公司的泊核电站核反应堆关闭后，每年需要增加2000亿日元用于购买煤炭等火力发电用燃料，为了缓解自身的成本压力，不得不上调销售端电价。又如，关西电力公司因燃料成本支出增加，申请上调电价。加之，国际能源商品价格全球经济快速发展及一体化的进程下持续走高，直接导致日本东京电力公司发电成本不断上升，使公司在2010～2012年的财务状况急剧恶化。

（2）售电价格停留在小范围增长。

与持续上升的发电成本相比，售电价格却只出现小幅上涨。对于售电价格，日本电力企业按照电压等级以及负荷曲线等向用户提供多项电价方案，用户可以从多个选项中选取。东京电力公司为了提升企业的竞争优势，也提供了多项电价方案，针对用电容量较大用户实行了优惠电价等举措。

（3）市场竞争加剧。

进入21世纪，日本电力企业在发电和售电两个方面都引入了市场机制。在发电方面，拥有自家发电设施的发电公司可以参与发电市场竞争。在售电方面，日本电力市场开始对零售市场开放，用电量达到一定瓦数的客户可自主选择售电公司。面临来自发电公司和售电公司的竞争，东京电力公司的销售电量在相当长一段时间内增长缓慢，新增装机计划也因电力需求不足而陆续取消。

8.2.4 多方位战略布局

为了应对上述挑战，东京电力公司对业务进行新一轮的布局。首先，优化全产业链业务布局。在发电领域，从上游供应至终端发电过程进行全方位的优化，力图成为世界领先的能源企业。其次，加强同业合作。核电站停运后，火力发电成为其最重要的发电方式。并与日本电力行业位居第三的中部电力公司在火力发电领域开展了一系列合作。希望通过此举提升现有发电业务的运营效率，实现运营成本的大幅削减。最后，进行业务调整。2011 年福岛核电站事故发生后，日本国内供电形势发生了深刻变化，东京电力公司试图在日益激烈的竞争中改进服务并获得业务优势，其在输电和配电业务方面进行了重组，旨在提升输电网、配电网的供电能力和服务质量。

此外，东京电力公司为了减少电网负荷峰谷差、提高设备利用率，还提供了多项优惠方案力推用户低谷时段用电。东京电力公司出台了降低夜间时段电费标准的条款，以此来引导夜间时段用电，降低用户电费支出。

8.2.5 开拓海外业务

（1）海外电力项目权益装机容量。

世界各国经验证明，一般情况下电力需求增长与经济发展速度成正比。20 世纪 90 年代以来，日本经济持续低迷，日本的电力需求增速放缓。在本国市场接近饱和的情况下，电力企业力图到海外寻找新商机。进入 21 世纪，海外电力市场的开放为电力企业向全球化发展创造了良好机遇。东京电力公司也努力使海外市场的业务成为新的利润增长点，全力促进企业持续健康发展。由图8－4可见，2000年以来，东京电力公司持续加大了对海外电力项目的投资力度，从2004年的175万千瓦增加到了2011年的403万千瓦。2012年开始，受到2011年福岛核电站事故的影响，海外电力项目权益装机容量有所下降。但从2014年开始逐渐上升，2016年再次突破400万千瓦，截至2017年12月底，海外电力项目权益装机容量达到510万千瓦。

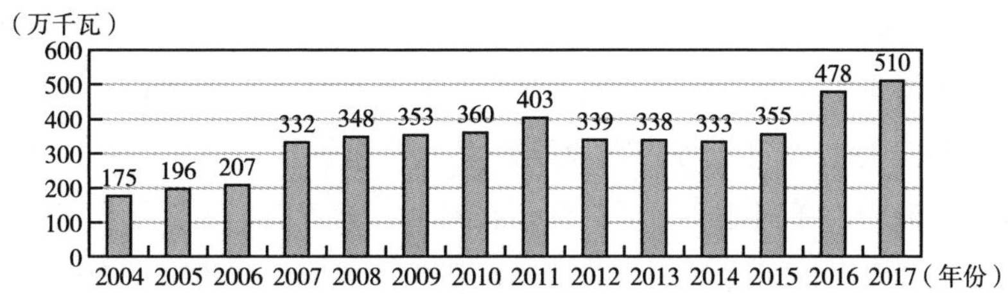

图8－4　2004～2017年东京电力公司海外电力项目权益装机容量

资料来源：笔者根据东京电力公司官方网站信息的相关资料制作。東京電力ホールディングス株式会社．海外プロジェクトの総発電設備容量．http：//www. tepco. co. jp/corporateinfo/illustrated/overseas/total－generation－j. html。

（2）国际化发展。

在国际化方面，东京电力公司主要围绕以下几点展开。

第一，一体化经营模式。电力企业的一体化经营特点主要是在燃料生产、电力生产、输电、配电的一体化经营。东京电力公司火力发电厂主要是液化天然气电厂，根据东京电力公司公布的数据，2017年消耗了液化天然气（LNG）及液化石油气（LPG）2096万吨，是世界上最大的LNG用户之一。东京电力公司因福岛核电站事故停止发电后，主要依靠火力发电来弥补核能发电的缺口。LNG及LPG消耗量也由2010年的1978.8万吨增加到2011年的2372.2万吨，再到2012年达到2503.4万吨的峰值。此后，为了进一步降低发电成本，LNG及LPG消耗量有所下降，但从2011年开始，每年消耗量都超过2000万吨。事实上，日本的电力企业也进入国际LNG市场，为第三方提供服务。东京电力公司在很早的阶段就开始筹划有关燃料运营的国际化业务，在2001年就制定了进入LNG供应链上游的战略，并于

2003年获得进入LNG业务领域的经营许可。在2006年成立了涉及LNG业务的贸易公司，形成了LNG的集采购、运输和销售供应链的上游和下游于一体的全方位业务，向日本国内及美国运输销售LNG。一方面确保了燃料的可靠供应，另一方面避免了燃料价格波动带来的发电成本增加，通过企业内部分工协作创造了效益，提高了企业整体竞争力。

第二，国际化以对外投资和对外咨询为主。对外投资方面，在业务上主要集中在发电领域，包括燃气电厂、燃煤电厂等，在日本以外22个国家持有发电业务；在投资区域上分布较广，分别在亚洲、欧洲、美洲、大洋洲地区开展投资。在对外咨询方面，主要是利用公司在发电技术方面的优势，向新兴经济体和发展中国家中国、印度、老挝、越南、马来西亚、阿拉伯联合酋长国、沙特阿拉伯、赞比亚、缅甸、印度尼西亚、土耳其、孟加拉国、巴西、不丹、阿曼、基里巴斯、斯里兰卡、科威特，共18个国家提供包括提高配电系统可靠性、指导电力节能等与发电、配电、用电相关的技术咨询。电力工程市场开发是一项综合性较强的业务，工作需要与工程建设、信息等相关工作对接联系。随着综合性开发以及与国际企业竞争、合作机会的增多，东京电力公司在项目开发及协调方面发挥着积极作用。

第三，与日本商社共同开发国际市场。由于国际业务涉及国家和地区较广，项目所在地的法律法规和投资环境存在差异。为了降低投资风险，日本电力企业往往选择与国内外企业联合竞标或组成战略联盟。东京电力公司也通过与日本商社一起作为开发事业主体，利用当地丰富资源，投身海外电力开发。据东京电力公司官方网站信息所示[①]，东京电力公司与三菱商事株式会社联合竞标，在卡塔尔建造一

① 東京電力ホールディングス株式会社．カタールにおけるガス火力発電・造水（IWPP）プロジェクトへの参画について～三菱商事と東京電力がカタール電力・水公社の国際入札を落札～．［2015－05－25］．https：//www.tepco.co.jp/cc/press/2015/1276194_6818.html.

座可运行25年以上的240万千瓦发电站。日本商社在电力事业开发中发挥组织及协调的作用，而东京电力公司利用在发电方面的技术加紧开辟日益增长的国际市场。

第四，拓展核电业务。如前所述，东京电力公司号称世界最大的民营核电公司，核电业务曾经是公司重要的盈利点，也是公司重要的利润来源。然而，核电站反应堆用过的核燃料，即缺乏燃料的安全处置问题，让世界核电发展面临了严峻挑战，也是一直未解决的世界性难题。在日本，核电站被称为“没有卫生间的公寓”，原理就是使用过的核燃料处理难题。但是从东京电力公司长期以来对核电的态度可以看出，其不愿放弃核电业务。因此，东京电力公司希望重启核电业务。与此同时，向海外拓展核电业务已成为包括东京电力公司以及日立、东芝在内的日本核电领域工业巨头的一致目标。据东京电力公司官方网站信息显示①，2019年8月，东京电力公司与中部电力公司、日立以及东芝，就共同从事“核能发电业务（沸水反应堆）”达成了协议②。日本企业试图利用世界电力需求激增拓展海外核电业务，给自身发展带来新的利润增长点。

8.3 日本电力企业发展的有益经验

针对国外电力企业的研究，如宋卫东等（2009）曾基于世界500强的电力企业经营特点，提出了可充分借鉴国外电力企业在一体化经

① 東京電力ホールディングス株式会社．原子力発電事業（沸騰水型軽水炉）に係る共同事業化の検討に関する基本合意書の締結について．［2019－08－28］．http：//www. tepco. co. jp/press/release/2019/1516677_8709. html.

② 沸水反应堆（Boiling Water Reactor，BWR）是反应堆堆芯进行核裂变后产生的热能，促成冷却的水沸腾使之变为高压蒸汽，从而驱动涡轮机发动后经过发电机转换为电能。现在从事沸水反应堆设计与建造的日本企业主要有日立、东芝等。

营方面等经验，以增强企业在国内外市场竞争能力的建议①。以下梳理了几点日本电力企业发展过程中的有益经验，以便更好地为中国电力企业的良性发展提供参考。

（1）重视垂直一体化经营模式。

这一模式的主要特点是在经营电力业务的同时，向能源行业的上游和下游发展，以降低运营成本，提高企业整体竞争力。当下，全球电力企业在经营模式选择上，多数企业集发电燃料和电力生产、输电、配电、供电为一体，重视燃料供应链成本优化与控制，东京电力公司也不例外。如前所述，东京电力公司早在 2001 年开始制订进入燃料供应链上游的战略，在获得经营许可后，随即成立了贸易公司，形成集发电燃料的供应链上游和下游于一体的运营模式。中国电力企业也可借鉴国外企业在燃料生产、发电、输电、配电的垂直一体化经营战略的有益经验，避免因燃料市场的价格变化对电力生产的影响，使电力生产步入良性循环的轨道。

（2）推动企业国际化发展。

如前所述，一般情况下，经济增长率越高的国家，其电力需求增长越快。东京电力公司除了巩固本国市场以外，还以经济增速较快的发展中国家为目标，在 10 余个新兴经济体国家和发展中国家开展业务，不断扩张海外市场，力图促进企业经济效益的不断提高。中国电力企业也可密切跟踪国际电力市场的发展趋势，结合自身在电网运行、电力生产等优势，在电力需求增长较快的发展中国家寻求投资机会。同时，通过与当地企业合作，拓展在发电燃料供应、输变电工程建设与电力销售等领域的业务。

（3）协助企业提高技术研发能力。

早在 20 世纪 50 年代，日本就通过政府相关机构协助企业提高本国电力技术的研发能力。例如，日本电源开发株式会社是 1952 年 9

① 宋卫东，等．进入世界 500 强的电力企业经营特点及启示［J］．国外电力，2009（4）：79 – 83.

月根据日本政府颁布的《电源开发促进法》，由政府出资设立的企业[①]。其主要业务是实施日本政府有关能源政策，向供应日本电力市场的10家民营企业提供电力，并与这10家企业进行合作，积极推进关键核心技术的研发，以提供高质量、高可靠性的供电服务。尤其是在全球面临的环境问题愈发受到公众关注的背景下，包括日本电源开发株式会社在内的日本电力企业通过持有的世界先进水平的脱硫、脱硝技术，以及提高能源利用效率提供有力的技术，实现高效率的能源利用。在当前中国大多数电厂主要依靠煤炭资源来制造热能发电的情况下，有必要强化如燃煤电厂烟气脱硫、脱硝等方面的技术创新能力。为了确保中国的电力技术领域处于世界先进水平，相关机构还可以进一步协助企业，不断提升电力行业的技术研发能力。

① 電源開発株式会社．企業データ．http：//www.jpower.co.jp/company_info/about/data.html.

第9章 信息技术服务行业

9.1 信息技术服务行业概况

2019年全球共有4家信息技术服务企业上榜，较上一年减少1家，原因是美国的DXC Technology公司（2018年排名第484位）没有上榜。纵向比较来看，国际商业机器公司（IBM）位居榜首，同上一年位次完全一样，总部位于爱尔兰都柏林的埃森哲（Accenture）跃升至行业第2位，导致之后的排名与2018年略有不同。另2家来自日本，分别是富士通和日本电气公司，世界500强排名第349名和第470名，位列行业第3和第4。从总排名来看，4家中只有埃森哲排名上升，名次较2018年提升了18位；其余3家企业总排名均出现下滑，降幅最大的是富士通，较上一年滑落了36个位次，IBM和日本电气公司较上一年分别下滑了22个和7个位次（见表9-1）。

2019年上榜信息技术服务企业总营业收入金额为1825.08亿美元。有3家企业营业收入同比有所增长，最大增幅来自埃森哲，为11.5%；日本电气公司和IBM的营业收入增幅分别为2.4%和0.6%。而富士通的营业收入出现下降，较上一年下滑了3.6%。

利润方面，2019年上榜信息技术服务企业总利润为140.93亿美元。但利润升降呈现两极态势。2家利润同比有所增长，其中，IBM的利润增幅超过50%，为51.7%；埃森哲的增幅也达到了17.8%。另2家企业富士通和日本电气公司利润同比有所下降，利润降幅也分别达38.3%和12.4%。

利润率方面，2019年上榜企业总利润140.93亿美元除以总营业收入1825.08亿美元，由此得出行业的利润率为7.7%。纵观各企业的利润率，只有1家超过10%，最高利润率来自IBM，为11.0%；埃森哲紧随其后，为9.9%；富士通和日本电气公司均低于5%，分别为2.6%和1.4%。

表9－1 上榜4家信息技术服务行业企业

排名	企业	所属国家	总部所在地	2019年排名	2018年排名	名次变化	营业收入（百万美元）	（营业收入）年增减（%）	利润（百万美元）	（利润）年增减（%）	利润率（%）
1	国际商业机器公司	美国	阿蒙克	114	92	－22	79591.0	0.6	8728.0	51.7	11.0
2	埃森哲	爱尔兰	都柏林	298	316	18	40993.0	11.5	4059.9	17.8	9.9
3	富士通	日本	东京	349	313	－36	35647.9	－3.6	943.1	－38.3	2.6
4	日本电气公司	日本	东京	470	463	－7	26277.0	2.4	362.5	－12.4	1.4

资料来源：笔者根据2018年、2019年《财富》世界500强相关资料整理。

9.2 富士通国际化发展与策略

9.2.1 公司简介

富士通株式会社原为1923年日本古河电气有限公司与德国西门子公司创建的富士电气有限公司所属通信部门的分支，是日本最老牌的电气设备制造商之一。1935年6月20日独立成为富士通信机制造株式会社，1967年正式将公司名称更改为现名称，即“Fujitsu Kabushiki Kaisha（富士通株式会社）”。提起富士通，许多消费者首先映入脑海的是“计算机”，作为世界先进的日本信息通信技术企业，其业务包括电脑、复印机、扫描仪、液晶显示器等硬件产品，以及销售管理系统、财务规范管理软件、零售流通管理等软件产品。富士通以生产电子信息设备起家，是一家聚焦电子信息技术，并以电子信息技术带动家用电器产品研发和生产的典范。凭借雄厚的电子信息技术实力，为自身拓展家用电器产品的研发创造了先决条件。其研发生产的空调、空气净化器等各类家用电器产品，在竞争激烈的日本国内及国际市场上依然占有一席之地。据富士通公司官方网站信息显示①，2017年营业额合计40983亿日元，其中日本25915亿日元，海外15068亿日元。海外各地区分别为：EMEIA（欧洲、中东、印度、非洲）地区8101亿日元；美洲地区2807亿日元；亚洲地区2771亿日元；大洋洲地区1005亿日元。截至2019年3月31日，在全世界拥有员工132138人。

9.2.2 相关财务数据

如图9-1所示，富士通在营业收入方面，2011年为历年最高，

① 富士通株式会社．企業情報．https：//www.fujitsu.com/jp/about/.

达到了 565.82 亿美元，之后开始下降，2016 年有所回升后，2017 年和 2018 年又连续两年出现下降。在利润方面，2008 年和 2012 年营业损益出现亏损，分别为 11.18 亿和 8.78 亿美元。在总资产方面，2010 年为历年来新高，达到了 364.96 亿美元，之后开始下降，2013 ~ 2018 年在 270 亿 ~ 300 亿美元徘徊。

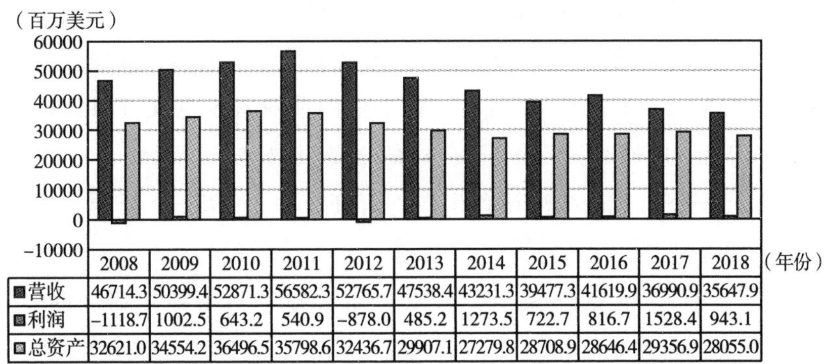

	2008	2009	2010	2011	2012	2013	2014	2015	2016	2017	2018
■营收	46714.3	50399.4	52871.3	56582.3	52765.7	47538.4	43231.3	39477.3	41619.9	36990.9	35647.9
■利润	−1118.7	1002.5	643.2	540.9	−878.0	485.2	1273.5	722.7	816.7	1528.4	943.1
□总资产	32621.0	34554.2	36496.5	35798.6	32436.7	29907.1	27279.8	28708.9	28646.4	29356.9	28055.0

图 9 − 1　富士通 2008 ~ 2018 年营收、利润与总资产

资料来源：笔者根据 2009 ~ 2019 年《财富》世界 500 强相关资料制作。

如图 9 − 2 所示，富士通的利润率在 2008 年和 2012 年出现了负值。2008 年的亏损原因主要是受到全球金融危机的冲击，2012 年的亏损原因之一是 2012 年第 4 季度计入了 871 亿日元的半导体业务重组费用。而 2017 年的利润率也达到了历年来的新高，为 4.1%。

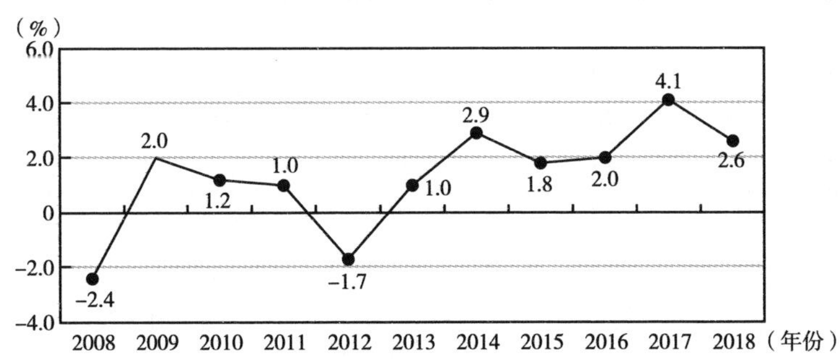

图 9 − 2　富士通 2008 ~ 2018 年历年利润率

资料来源：笔者根据 2009 ~ 2019 年《财富》世界 500 强相关资料制作。

9.2.3 国际化发展历程

（1）国际业务的黎明（创业初期~20世纪60年代）。

1923年，在日本关东大地震中包括通信等许多公共服务设施遭到了严重损毁。在恢复通信设施期间，政府决定采用欧美市场上市不久的自动交换系统。与此同时，灾后重建也给日本通信行业提供了高速发展的契机。如表9-2所示，富士通的前身富士电气有限公司于1924年开始进口和销售西门子公司的电话及自动开关系统，1935年又从西门子公司获取载波设备生产许可证，并于1937年开始制造载波通信设备。

第二次世界大战结束后，日本公司恢复了与国外公司的联系。1952年富士通恢复与西门子公司的技术合作。1954年富士通研发出日本首台中继式自动计算机，从这一阶段开始向制造综合通信设备方向发展，并筹划拓展海外市场。20世纪60年代，富士通陆续出口本国研发的产品到国外，进一步开拓国际市场。1963年富士通向菲律宾出口了日本首台计算机；1969年在马来西亚完成了长度达2500千米的多路广播通信网络。

表9-2 富士通国际化发展历程

年份	方式	国家和地区	事项
1924	进口	德国	进口和销售西门子公司电话及自动化开关系统
1935	技术许可	德国	从西门子公司获得载波设备生产许可证
1952	技术合作	德国	恢复与西门子公司技术合作
1963	出口	菲律宾	出口日本首台计算机到菲律宾
1967	新设	美国	在纽约成立日本境外的第一个办事处
1968	新设	美国	在加利福尼亚成立公司第一家海外子公司富士通加利福尼亚州公司
1969	出口	马来西亚	完成长度达2500公里的多路广播通信网络
1972	新设	美国	在夏威夷成立日本美国管理科学研究院

续表

年份	方式	国家和地区	事　　项
1972	投资	美国	投资阿姆达尔公司
1973	出口	美国	交付世界首个单路单载波卫星通信系统
1975	出口	欧洲	向欧洲地区出口连通德国与瑞典全长 1 万 6000 千米海底同轴电缆系统
1976	上市	德国	在法兰克福证券交易所上市
1978	合资	德国	与西门子公司签署有关计算机产品合资企业协议
1978	出口	美国	为美国生产世界首个卫星通信实发式调制解调器
1981	新设	美国	在加利福尼亚州设立圣地亚哥工厂
1981	出口	新加坡	交付世界第一台全数字电子交换系统
1981	上市	英国	在伦敦证券交易所上市
1983	上市	瑞士	在苏黎世、巴塞尔和日内瓦（现合并为 SWX）证券交易所上市
1984	新设	美国	在达拉斯设立工厂
1985	出口	美国	纽约与华盛顿之间光纤传输系统
1988	出口	新加坡	将世界第一个商业综合业务数字网服务运行在位于新加坡的富士通
1990	出资	英国	英国国际计算机公司 80% 股份
1997	收购	美国	收购阿姆达尔公司并纳入全资子公司
1999	合资	德国	与西门子公司合资成立富士通西门子电脑
2003	战略合作	美国	与英特尔公司进行战略合作
2003	全球合作	美国	与红帽公司开展全球合作
2004	战略合作	美国	加强与微软、思科、升阳战略合作
2005	技术合作	美国	与电子数据系统公司（EDS）签署技术合伙协议
2006	全球合作	德国	扩大与 SAP 公司的合作
2012	新设	中国	设立在中国的首个数据中心
2014	组织结构	全球	宣布新的全球矩阵组织

资料来源：笔者根据富士通公司官方网站信息相关资料整理。

（2）国际化快速推进（20 世纪 70 ~ 80 年代）。

进入 20 世纪 70 年代，公司加速开拓国际市场，持续向海外提供高品质通信产品和优质服务。1973 年，富士通交付位于美国与西班牙之间的世界首个单路单载波（Single Channel Per Carrier，SCPC）卫星通信系统[①]。1975 年，富士通向欧洲地区出口连通德国与瑞典的全长 16000 千米海底同轴电缆系统，这也是日本首次向国外出口该产品。在 1978 年和 1981 年富士通分别收到来自美国与新加坡的订单，为美国生产了世界首个卫星通信实发式调制解调器，为新加坡交付了世界第一台全数字电子交换系统。1985 年，富士通为连接美国纽约与华盛顿之间的通信项目交付了 450M 光纤传输系统。

除了出口以外，公司还积极在海外设立分支机构。首先，在人力资源方面，1972 年，富士通在美国夏威夷成立了日本美国管理科学研究院，旨在培育杰出的商业领袖。其次，以投资方式拓展国际业务。1972 年，富士通投资美国的阿姆达尔公司（Amdahl），并于 1975 年，通过阿姆达尔公司向美国国家航空航天局（NASA）提供大型计算机。此外，富士通还通过在境外证券交易所公开上市，开辟了利用境外资本的新途径。1976 年，富士通在法兰克福证券交易所上市。富士通又于 1981 年在伦敦证券交易所上市；1983 年富士通在苏黎世、巴塞尔和日内瓦（现合并为 SWX）证券交易所上市。

（3）迈向全球化（自 20 世纪 90 年代至今）。

进入 20 世纪 90 年代，伴随着向解决方案和服务的转变，富士通通过所拥有的技术为客户解决问题，助力客户业务发展。随着全球经济一体化进程的加快，富士通也在加快业务的全球化布局。尽管其在较早时期就开始在整体业务方面开展全球化经营，但随着世界信息技术服务行业全球化经营的不断深化，公司意识到全球范围内正在形成一个统一的大市场，以国内市场为中心的运营模式难以实现业务的大幅度增长。与全球规模的信息技术市场相比，本国市场只是全球市场中的一小部分。为了适应全球化竞争需求，富士通于 2014 年宣布了新的

① SCPC 是数据链路传输的一种方式，多要用于应急通信。

全球矩阵组织，包括五个地区在内的日本、亚洲、美洲、大洋洲、EMEIA（欧洲、中东、印度、非洲）。富士通力图通过制订一个新的组织结构，加快公司业务的全球化布局。与此同时，富士通在产品的技术研发过程中，不仅限于电子元器件和硬件产品，在软件开发和服务方面也力图在全球范围开展业务，并进一步加快全球市场的开发力度。

9.2.4 富士通国际化战略布局

富士通自创办以来就大力开拓海外市场业务，力图提高海外市场占有率和销售额。公司有一个明确的国际化理念，即把“全球范围的市场”定位为公司开展国际业务的基本方向，将“全球范围的客户”视为公司的服务对象，由此成为国际化程度最高的日本企业之一。在竞争激烈的国际市场中，富士通保持不断发展的态势，主要采取以下策略进行海外市场拓展。

（1）通过技术合作和自主研发确定技术优势。

富士通与国际知名公司进行技术合作以奠定研发基础，并把自主研发产品推向海外市场。在公司创业伊始就从西门子公司获得生产载波设备的技术。第二次世界大战之后，又迅速恢复了与西门子公司的技术合作。富士通长时间保持与西门子公司的技术合作，在 1978 年与西门子公司签署计算机产品领域合资企业协议。通过引进技术和自主研发，富士通陆续在全球发布了多种创新性新品（见表 9 - 3）。

1978 年富士通推出了世界首个卫星通信实发式调制解调器；1981 年交付了世界第一台全数字电子交换系统；1988 年运行了世界第一个商业综合业务数字网（Integrated Services Digital Network，ISDN）；1990 年发布了世界速度最快的超大型通用计算机；1992 年发布了世界速度最快的并行向量超级计算机；1995 年发布了采用世界速度最快的互补金属氧化物半导体（Complementary Metal - Oxide - Semiconductor，CMOS）通用处理器和并行处理技术的全球服务器；1999 年实现了世界首个超过 1 万千米距离以上每秒 1 兆比特波分复用（Wavelength Division Multiplexing，WDM）传输；2000 年推出了全球容量最大的 1.76Tbps 密集型 WDM 传输系统；2001 年推出了世界首台提供内置 64Kbps 无线数据传输的移动计算机；2002 年发布了世界速度最快的大型主机；2005 年开发了世界首个符合全球微波接入互操作系统（Worldwide Interoperability for Microwave Access，WiMAX）规范的基站和用户站使用的高度集成的大规模集成电路（Large－scale integration，LSI）；2006 年发布了世界首款 300GB2.5 英寸串行 ATA 硬盘驱动器①；2008 年发布了世界首个带有高级加密标准（Advanced Encryption Standard，AES）256 比特编码的 320GB2.5 硬盘驱动器。从上述富士通发布的产品和服务就可以看出，其凭借尖端的科技，形成了自身的核心竞争优势。

表 9－3　　富士通发布的创新性新品

年份	产品及服务
1978	推出世界首个卫星通信实发式调制解调器
1981	交付世界第一台全数字电子交换系统
1988	运行世界第一个商业 ISDN 服务
1990	发布世界速度最快的超大型通用计算机
1992	发布世界速度最快的并行向量超级计算机
1995	发布采用世界速度最快 CMOS 通用处理器和并行处理技术的全球服务器
1999	实现世界首个超过 1 万千米距离以上每秒 1 兆比特 WDM 传输
2000	推出全球容量最大的 1.76Tbps 密集型 WDM 传输系统
2001	推出世界首台提供内置 64Kbps 无线数据传输的移动计算机
2002	发布世界速度最快的大型主机
2005	开发世界首个符合 WiMAX 基站和用户站使用的高度集成的大规模集成电路
2006	发布世界首款 300GB2.5 英寸串行 ATA 硬盘驱动器
2008	发布世界首个带有 AES 256 比特编码的 320GB2.5 硬盘驱动器

资料来源：笔者根据富士通公司官方网站信息相关资料整理。

① 串行 ATA 的英文全称是 Serial Advanced Technology Attachment，是由 IBM 及英特尔等公司倡导的硬盘接口规范。

（2）与国际标准接轨，制造与之兼容的产品。

20 世纪 70 年代，由于欧美计算机制造商根据自身的技术规范制造产品，导致不同企业之间的产品无法兼容。这一期间，IBM 的产品体系结构成为国际标准。这意味着其他企业的产品如果能与 IBM 兼容，则较容易得到市场认可。然而事与愿违，当时生产能够兼容 IBM 产品的企业面临着更大的竞争和业务的流失。富士通却认为，要赢得市场份额，就必须按照国际标准制造产品，在产品生产中引入更多的国际标准。对接国际标准制造产品也为自身赢得市场份额，1980 年富士通成为日本规模最大的计算机公司。80 年代随着越来越多的计算机公司生产兼容 IBM 个人计算机的产品，基于 IBM 架构的个人计算机逐渐成为业界主流。此外，富士通还与日立成立了合资公司，旨在生产兼容 IBM 体系结构的产品。但在富士通的一部分产品中，由于没有兼容 IBM 体系结构，致使产品销售受到一定影响，经济蒙受一定损失。在随后的研发工作中，富士通更加注重与国际标准接轨。80 年代富士通发布了一系列个人计算机，例如，1981 年富士通推出了公司第一批个人计算机，包括首台具备 8Bit 处理能力的个人计算机“Fujitsu Micro 8”、第一款具备 16Bit 处理能力的商用个人计算机“Facom 9450”，尽管这些产品拥有庞大的粉丝群，但由于与 IBM 体系结构不兼容，导致在与同行产品的竞争中失去了部分市场份额。

20 世纪 90 年代，微软 Windows 操作系统受到业界的认可，它也使个人计算机可以执行许多此前只有大型计算机才能完成的任务。此前，富士通一直秉持着商业和公共机构的大型主机才是计算机主流的观点，并未在个人计算机业务上投入过多资源。由于个人计算机的市场重要性还未被富士通及时认可，导致其在发展个人计算机业务方面起步相对较晚。随着微软 Windows 操作系统的推出，个人计算机的重要性逐渐被富士通认可并受到重视。微软 Windows 操作系统虽然没有成为国际标准，但事实上已经得到了业界的普遍认可。在吸取 80 年代发布的个人计算机不兼容 IBM 体系结构的经验后，90 年代发布的个人计算机都根据国际标准或业界公认的标准推出了一系列产品。1993 年，富士通发布了符合微软 Windows 标准的电脑“FMV 系列”。1995 年，富士通发布了预装所有必备软件的“FMV 系列”个人计算机，迎来了公司个人计算机业务的转折点，也正是凭借“FMV 系列”产品占领了个人计算机市场的有利位置。进入 21 世纪，富士通发布产品也充分考虑到了与其他系统平台的兼容与应用。例如，2005 年富士通发布绑定思科系统的新一代路由器“CSR－1”；2006 年发布符合新一代视频压缩标准“H. 264”的处理器。

（3）分阶段，通过新设办事处、变为及子公司、收购兼并、股权投资、战略合作方式来拓展国际业务。

首先，20 世纪 60～80 年代，富士通主要在海外设立办事处或子公司销售本国研发的产品，并将工厂迁移到海外，建立海外生产与销售基地。1967 年，在美国纽约成立办事处，这也是富士通在海外的第一个办事处。次年，富士通又在美国加利福尼亚州成立富士通加利福尼亚州公司，该公司为富士通第一家海外子公司。20 世纪 80 年代，富士通开始在海外建厂生产。1981 年和 1984 年，富士通相继在美国设立了圣地亚哥工厂和达拉斯工厂，生产半导体等产品。

其次，20 世纪 90 年代，富士通陆续通过出资、收购、合资的方式拓展国际业务。在出资方面，例如，1990 年富士通取得英国的国际计算机公司（ICL）80% 股份，并于 1998 年将 ICL 纳入旗下全资子公司。在收购方面，1997 年，富士通收购了美国的阿姆达尔公司，并将其纳入旗下全资子公司。2002 年，富士通分别将 ICL、阿姆达尔公司更名为富士通服务控股公司、富士通 IT 控股公司。在合资方面，在 1999 年富士通与西门子公司合资成立了富士通西门子电脑公司。

进入 21 世纪，富士通主要通过与欧美公司建立战略合作关系，持续拓展合作领域。2002年富士通开始扩大了与微软公司的全球合作。2003年富士通与英特尔进行战略合作，共同研发终端价格较普通服务器高出不少的企业级服务器；2003年宣布与为IT技术提供关键任务的软件与服务的Red Hat（红帽）公司，以Linux（一种自由和开放源码的操作系统）解决方案为关键任务开展全球合作；2004年加强与微软、思科、升阳（Sun Microsystems，主营IT及互联网技术服务，2009年被甲骨文收购）等公司的战略合作关系；2005年与美国的电子数据系统公司（EDS）签署技术合伙协议；2006年宣布扩大与总部位于德国沃尔多夫市，全球最大的企业管理和协同化电子商务解决方案供应商SAP公司在服务领域的全球合作。除了扩大与全球知名公司在软件方面的合作以外，富士通重视增强硬件制造的核心竞争力，并不断深化信息技术服务的应用。例如，2012年，富士通在中国设立首个数据中心优化数据，为企业客户推出云服务。其在世界各地管理多个数据中心，拥有丰富的运行经验。

9.2.5 富士通品牌战略与本土化战略

（1）品牌战略。

随着网络多媒体技术等互联网潮流的兴起，富士通以计算机通信平台设备、半导体电子器件、软件服务等方面不断创新的高科技形象享誉全球。为提升全球消费者对富士通品牌的认可度，其不断强化产品和服务在命名以及对外宣传上的一致性。从2000年6月起，富士通投入3000亿日元（不包括日本国内的推广），实施了“FUJITSU”全球品牌战略。基于该战略，“FUJITSU”被赋予富士通的共同品牌标识，包括原先数十家使用自己的标识或形象的关联企业也被要求使用“FUJITSU”标识。其中，有数家关联企业还被要求必须在其标识下附上“A FUJITSU COMPANY”的字样。此外，还以独特的视觉效果来传递“客户至上”理念的“shaping tomorrow with you（与您携手，创意未来）”这一品牌口号，并将该口号制作成品牌图形搭配对话框的形式出现。

富士通全球品牌推广首先体现在公司员工的日常工作行为中，为确保公司员工了解并践行公司的品牌理念，富士通通过开展网络学习等方式，对公司员工开展品牌教育培训。公司会定期在内部实施有关品牌意识的调查，并基于调查结果安排公司后续的品牌教育活动。同时，为增强品牌推广活动的一致性，对企业名称、标识等进行了详细规定。目前，企业视频已成为向客户传达品牌故事的重要工具之一。为了让用户更好地了解富士通品牌，其将品牌故事制作成了视频集，并通过网络活动资源、社交媒体进行传播，在全球范围开展全方位的品牌宣传活动。为了实现传播范围的扩大，富士通将网站打造成全球品牌一个重要的宣传平台，通过公司的全球门户网站以及 62 个国家和地区性门户网站对公司品牌进行更广泛的宣传。公司还针对社交媒体制定了相应的传播指南，并积极推进使用这些媒体进行宣传。根据富士通公司官方网站所示，在“2013 年日本最佳国际品牌”活动中富士通列第 22 位。目前，这个花费巨资实施的品牌战略为富士通业务在全球范围内的推广提供了有效支撑。

（2）本土化战略。

这里以富士通在中国的业务拓展为例，分析其本土化战略。1982 年，中国第一次购入富士通的数字交换机之后，富士通加快了中国市场布局。其在中国市场不仅涉足通信业务，还致力于集成了电子信息、产品研发、制造与销售服务的经营管理一体化解决方案。2003 年，富士通在上海成立了富士通微电子（上海）有限公司，新成立的公司主要统筹其在中国半导体市场的设计、研发及销售。

针对中国市场，富士通主要基于下列两点实施战略：一是注重扩大中国的信息技术市场份额。当下，全球信息技术和产业的发展速度迅猛。在信息技术市场，与世界其他地区的用户相比，中国的用户需求并没有太多的差别，甚至在互联网金融的普及程度上已经超过了多数的发达国家。中国的用户既购买产品又购买服务，这也为富士通给用户提供全套业务服务创造了发展机遇。其以 1998 年在中国成立的首家独立法人研发机构富士通研究开发中心有限公司为基石，与中国高校在软件开发、信息技术处理、移动通信等领域展开了合作。二是重视人才资源的利用，并研发生产适合中国高端市场需求的信息技术产品。根据炜华（2004）所述[①]，早在 1989 年，富士通就开始组织与中国的人才开展国际交流活动，当时是由国家行政学院与中国国际人才交流协会组织派遣人员赴富士通进行研修。富士通在人才培养等方面与中国高校及相关机构展开的合作，推进了公司业务在中国的发展。随着中国的信息技术的不断发展和进步，这一合作也在不断深化。与此同时，富士通针对中方人员的培训内容也从信息技术扩大到市场销售领域。富士通与中国在人才交流合作方面，开始阶段主要以技术研修为主，逐步走向经营管理，再到后面发展到接受由国家行政学院组织的公务人员等各个层面。即，培训人员构成从单一的软件技术人员扩展到经营、行政管理的各个方面。在双方开展合作交流 10 余年后，富士通在中国投资了多家企业。因此可以看出，通过人才交流合作，富士通获益匪浅。

9.3　日本信息技术产业发展经验及启示

日本是信息技术产业大国，也是信息技术产业强国之一。虽然在信息技术方面较美国起步晚，但发展速度飞快，总体水平处于世界领先地位。经过多年的发展，日本信息技术产业已经形成了一些卓有成

① 炜华．全球经营重在速度和客户——访富士通株式会社会长、中国国家行政学院名誉教授秋草直之［J］．国际人才交流，2004（6）：24－26.

效的发展成果。当下，围绕实现中国制造强国和信息技术强国的战略目标，探讨日本信息化的发展历程以及其信息技术产业的经验和教训，对于中国信息技术产业的发展具有一定的借鉴作用。

9.3.1 日本信息技术产业发展历程

自20世纪中叶开始，日本就致力于信息技术产业的发展。迄今为止，共经历了以下几个发展阶段。

（1）初始阶段（20世纪60年代）。

从20世纪60年代初开始，日本的计算机产业应运而生。当时的主要制造商是日立、富士通、日电、三菱、冲电气和东芝。根据青木洋（2016）所述，在计算机产业发展的初期阶段，日本在计算机技术方面落后美国超过10年①。为快速缩小与美国之间的差距，日本通产省扶持本土企业加大力度从美国引进技术，并设置壁垒限制外国产品进入日本市场，以维持本国企业的计算机产品市场需求量。与此同时，梅棹忠夫（1963）在《信息产业论》文中提出了“信息产业”的概念，奠定了企业与公众对“信息化”社会的基本认识，随后这个概念也陆续传播到其他国家②。作为“信息化”概念的鼻祖，他预测信息产业将带来的文明变化，人类社会将从“工业时代”过渡到“信息产业时代”，提出了“未来的社会将是以信息产业为中心的社会”的观点，还明确提出了“信息将成为非常重要的经济要素”这一观点。在信息产业还不发达的时代就提出这些观点毫无疑问是相当超前的。此后，他又指出了人类历史分为三个时代：农业时代、工业时代和信息工业时代，再次强调信息技术将大力推动经济建设，给全

① 青木洋．日本の初期コンピュータ産業と外資提携——IBMとの交渉過程［J］．研究年報経済学（東北大学経済学会），2017，75（3·4）：57-70.

② 梅棹忠夫．情報産業論——きたるべき外胚葉産業時代の夜明け［J］．放送朝日，1963（1）：4-17.

球发展带来一个高潮（梅棹忠夫，1988）[①]。与此同时，“信息”在企业经营中的作用和地位与日俱增，成为继“人”“物”“财”之后的第四个重要的经营要素，为日后日本信息技术产业快速发展奠定了社会基础。

（2）成长阶段（20世纪70～90年代中期）。

日本在20世纪70～90年代在信息产业取得的辉煌成就，与日本涉及信息领域的企业遵循以梅棹忠夫等学者早在60年代提出“信息化”概念，以及不断完善“信息经济”的相关理论不无关系。70年代，日本进入信息技术产业的高速发展阶段。这一阶段，日本政府的政策目标就是建设强大的信息技术产业，颁布了一系列振兴信息产业的法律法规，并制定了推进信息技术产业发展的宏大计划，从而迅速缩小了与美国信息技术产业之间的差距。与此同时，日本还继续引进吸收国外先进技术，实现了信息产业的快速发展。基于1970年5月制定的《促进信息处理法》，日本信息技术业界成立了许多行业性团体组织，如“特别认可法人信息处理振兴事业协会”“社团法人信息中心协会”“社团法人软件产业振兴协会”等全国性行业协会，同一时间日本各地方还成立如“一般财团法人关西信息中心”等机构，进一步促进了信息产业的发展[②]。1971年3月31日，在通过的《特定电子工业及特定机械工业振兴临时措施法》中[③]，日本政府对电子计算机和零部件研发、性能改进等提供补贴和建设贷款，给日本国内制造商的发展带来了积极的影响。1978年7月1日，在出台的《特定机械信息产业振兴临时措施法》中[④]，继续执行与之前出台的《特

---

① 梅棹忠夫．情報の文明学［M］．東京：中央公論社．1988.

② 日语原文为“情報処理の促進に関する法律”“特別認可法人情報処理振興事業協会”“社団法人情報センター協会”“社団法人ソフトウェア産業振興協会”“一般財団法人関西情報センター”。

③ 日本衆議院．特定電子工業及び特定機械工業振興臨時措置法．［1971－03－31］．http：//www. shugiin. go. jp/internet/itdb_housei. nsf/html/houritsu/06519710331017. htm.

④ 日本衆議院．特定機械情報産業振興臨時措置法．［1978－07－01］．http：//www. shugiin. go. jp/internet/itdb_housei. nsf/html/houritsu/08419780701084. htm.

定电子工业及特定机械工业振兴临时措施法》相同的促进措施，但最大特色是将软件行业添加到了支持对象中。在这一阶段，通过政府颁布实施的政策法规，日本的信息产业得到了快速的发展。总体而言，这一阶段在信息技术产业方面，日本与美国并驾齐驱，部分领域甚至要做得更好。

20世纪80年代末至90年代中期阶段，日本信息技术产业愈加繁荣。80年代后期，日本信息技术产业有了长足的进步，成为世界第二大信息技术强国。这一阶段，日本主要通过三个步骤推动信息技术产业的高速发展。第一，持续引进国外先进技术并加以吸收；第二，重点开发大规模集成电路、超大规模集成电路芯片的设计和制造技术；第三，重点提高系统集成及软件开发能力。这一系列举措使日本信息技术产业“硬件”和“软件”双管齐下，形成了非同凡响的综合实力。日本培育了一大批如东芝、日本电气等享誉全球的信息技术产业公司，日本公司生产的计算机产品也风靡全球。这一时期，日本在信息技术领域的产品开发、市场占有率等方面仅次于美国，而在影像技术等技术领域处于世界领先水平。

（3）复苏阶段（20世纪90年代中后期~90年代末）。

20世纪90年代初，日本泡沫经济崩溃，从此陷入多年的经济萧条之中。日本经济的长期低迷，也给本国信息技术产业造成了一定的冲击。这一阶段，日本信息技术产业发展呈下降趋势，80年代风靡全球的半导体电子器件逐渐丧失了优势。其他如计算机网络、软件服务等方面也失去昔日光芒。特别是在电子商务领域，日本落后于美国且差距越来越大。

为此，日本制定了一系列加快信息技术产业发展计划与措施，旨在强化信息基础设施的建设，国内信息技术产业逐渐复苏。根据1995年颁布的《科学技术基本法》，日本政府制定了《科学技术基本计划》[①]，明

① 日本内閣府．科学技術基本計画．https：//www8. cao. go. jp/cstp/kihonkeikaku/index5. html.

确规定了5年之后科学技术的发展方向，而发展信息技术也是该计划的重点。

（4）持续发展阶段（21世纪初至今）。

进入21世纪后，日本政府加速发展信息技术产业。21世纪初期阶段的信息化战略主要分为两个阶段：一是“e－Japan战略”阶段。2000年日本政府推出“e－Japan战略”构想，2001年正式实施“力争在5年内使日本成为世界上IT基础设施最先进的国家”的战略。同时，日本政府还在2001年设立了“信息通信技术战略本部”（也称IT战略本部），以协同推动战略实施。二是“u－Japan战略”阶段。2004年，日本主管信息技术产业的总务省出台了“u－Japan战略”，规划2006～2010年实施的ICT政策。目标是到2010年，建立日本国内“ubiquitous network（无所不在的网络）”系统，即用户在任何地点、任何时间都可以快速便捷地获取和交换任何信息。从“e－Japan战略”到“u－Japan战略”的演进中，日本的信息化战略从带动经济层面单向发展，转变为经济与社会同步发展。

日本从20世纪90年代中后期开始实施了《科学技术基本计划》。目前，日本政府已经推出了五个阶段的基本计划：第一阶段（1996～2000年），第二阶段（2001～2005年），第三阶段（2006～2010年），第四阶段（2011～2015年）和第五阶段（2016～2020年），并按照计划制订和推广科学技术政策。在具体实施过程中，日本加强信息技术的基础理论研究，并注重信息技术的开发与应用。这不但巩固了日本在信息行业领先的技术水平，还加快了日本在关键领域的技术赶超。

9.3.2 日本信息技术产业发展带来的启示

当前，中国信息技术产业发展仍然有待完善。针对日本信息技术产业的发展经验，如天津经济课题组（2013）①、周季礼（2015）②，从制订并实施优惠的经济政策、优化调整信息产业结构等方面予以了探讨。纵观日本信息技术产业发展的过程，有些成熟的经验可供中国参考与借鉴。这里总结了以下几点日本信息技术产业的发展经验对中国的启示。

一是制订适合本国国情的信息技术产业政策推动其发展。毋庸置疑，一个国家的产业政策导向将在一定程度上影响该产业的发展动向。从日本的信息技术产业发展历程可以发现，制订精准有效的信息技术产业发展政策，将大力推动产业高质量发展。自 20 世纪 70 年代，日本政府陆续颁布并实施的《特定电子工业及特定机械工业振兴临时措施法》及《特定机械信息产业振兴临时措施法》等旨在促进电子计算机、软件等信息技术产业发展的法律法规，奠定了硬件和软件在日本信息技术产业的主体地位。21 世纪以来，日本政府设立"IT 战略本部"，分别在 2000 年出台了"e - Japan 战略"以及在 2004 年出台了"u - Japan 战略"等政策。这些战略都着力于构建一个功能强大、无所不在的信息网络系统，有效地推动了信息技术产业的发展。自进入 21 世纪以来，中国也陆续出台相关政策，带动了信息产业的快速发展。为了进一步促进信息技术产业的发展，2007 年，国家信息产业部发布了《国民经济和社会发展信息化"十一五"规划》，2010 年与 2013 年国务院先后发布了《国务院关于加快培育和发展战略性新兴产业的决定》和《国务院关于促进信息消费扩大内需的若干意见》等政策措施支持国内信息产业的发展。目前，中国也在加速完善的信息技术产业政策体系，为促进信息产业持续健康发展创造良好的环境。

---

① 天津经济课题组．信息产业　引领未来经济发展［J］．天津经济，2013（9）：43 - 50.

② 周季礼．日本网络信息产业发展经验及启示［J］．信息安全与通信保密，2015（2）：26 - 30.

二是提高技术创新能力。技术创新是产业可持续发展的重要引擎。一直以来，日本重视技术创新，并通过技术带动信息产业的快速发展。日本的信息技术产业之所以能在 20 世纪 70 年代超越欧洲、接近美国，得益于当时日本对国外先进技术的引进和吸收。与此同时，打造良好的技术研发环境也是推进技术创新的重要因素之一。从 1996 年开始按照《科学技术基本计划》确定科技发展战略，从基础设施建设、人才培养等方面给予大力支持，营造良好的技术创新环境。该计划以五年为期，已经进入了第五阶段（2016 ~ 2020 年），都把信息技术研发作为计划要点。此外，构建更加高效的科研体系对推进技术创新具有至关重要的意义。在日本的科研环境中，“产官学”是一大特色。技术研发和成果转化需要一定的人力、物力和财力，通过科研与产业相结合，形成“产官学”合作方式，对促进高新技术成果迅速转化为现实生产力有着至关重要的作用。正是通过政策引导企业与高校、研究机构等进行技术攻研合作，形成了以“产”（企业）为中心，“官”（政府）与“学”（高校及研究机构）相结合的流动性科研体制。中国信息技术产业发展也有必要推动科研与经济效益相结合，不断推进技术成果转化和突破核心技术研发，从而激发企业和产业自身的快速发展。

三是加强信息人才建设。毋庸置疑，人才对于每个产业都是一个非常重要的因素，尤其是信息技术产业属于创新性产业，本身要求具备较高的专业素质。美国及日本等信息技术产业强国的高速发展都离不开信息科技人才的培养和引进。当下，中国信息技术产业正进入由大变强的关键时期，需要大量的高素质复合型人才提供支撑。而中国信息技术专业人才需求量缺口较大，也不具特殊的优势。因此，要注重发展教育以及人才培养，通过构建完整的信息人才培养机制和构建有效的人才机制，为中国信息技术产业的发展提供有力的人才支撑。

第10章　金属产品行业

10.1　金属产品行业概况

10.1.1　19家上榜企业概况

2019年全球共有19家金属产品企业上榜，较上一年增加4家。中国五矿集团有限公司以营业收入800.76亿美元依然雄踞金属产品行业首位，世界排名为第112位；行业排名第2位的是正威国际集团，世界排名为第119位；安赛乐米塔尔紧随其后，进入前三甲。榜单前6位同上一年位次完全一样。

从总排名来看，4家企业上一年未上榜，11家金属产品企业排名上升，上升幅度最大的鞍山钢铁集团有限公司名次提前了43位，首钢集团、河钢集团有限公司、江苏沙钢集团有限公司、中国宝武钢铁集团有限公司、韩国浦项制铁公司、日本制铁公司和江西铜业集团有限公司排名上升幅度也达到两位数，分别上升了29个、25个、24个、13个、13个、12个和12个位次。4家企业总排名下滑，降幅最大的新兴际华集团有限公司滑落了94个位次；其余3家中国铝业集团有限公司、正威国际集团和中国五矿集团有限公司分别下滑了29个、8个和3个位次（见表10－1）。

2019年上榜金属产品企业总营业收入金额为8766.13亿美元。上榜企业营业收入普遍增长，19家中有17家企业同比实现增长，最大增幅来自青山控股集团有限公司，为43.2%。同比营业收入上升幅度达两位数的企业还有9家，分别是安赛乐米塔尔、中国宝武钢铁集团有限公司、韩国浦项制铁公司、河钢集团有限公司、江苏沙钢集团有限公司、鞍山钢铁集团有限公司、首钢集团、铜陵有色金属集团和纽柯。但也有2家营业收入同比下滑，15.7%的最大降幅来自新兴际华集团有限公司，另1家中国铝业集团有限公司的降幅为2.8%。

表 10－1　上榜 19 家金属产品行业企业

排名	企业	所属国家	总部所在地	2019 年排名	2018 年排名	名次变化	营业收入（百万美元）	（营业收入）年增减（%）	利润（百万美元）	（利润）年增减（%）	利润率（%）
1	中国五矿集团有限公司	中国	北京	112	109	－3	80076.4	9.7	－373.6	—	－0.5
2	正威国际集团	中国	深圳	119	111	－8	76363.1	4.9	1483.0	－4.1	1.9
3	安赛乐米塔尔	卢森堡	卢森堡	120	127	7	76033.0	10.7	5149.0	12.7	6.8
4	中国宝武钢铁集团有限公司	中国	上海	149	162	13	66310.0	12.5	2168.2	721.3	3.3
5	韩国浦项制铁公司	韩国	首尔	171	184	13	59223.2	11.2	1556.1	－36.2	2.6
6	日本制铁公司	日本	东京	186	198	12	55720.2	8.1	2265.3	38.8	4.1
7	河钢集团有限公司	中国	石家庄	214	239	25	50920.6	12.2	－77.8	—	－0.2
8	蒂森克虏伯	德国	埃森	215	218	3	50856.1	7.3	9.5	—	0.0
9	中国铝业集团有限公司	中国	北京	251	222	－29	45383.8	－2.8	112.7	—	0.2
10	江苏沙钢集团有限公司	中国	张家港	340	364	24	36440.9	11.9	1869.2	76.0	5.1
11	日本钢铁工程控股公司	日本	东京	356	358	2	34937.4	6.7	1474.7	67.3	4.2
12	江西铜业集团有限公司	中国	贵溪	358	370	12	34870.0	9.1	131.4	15.8	0.4
13	青山控股集团有限公司	中国	温州	361	未上榜	无	34242.2	43.2	578.6	50.7	1.7
14	金川集团	中国	金昌	369	未上榜	无	33391.6	4.0	234.0	90.0	0.7
15	鞍山钢铁集团有限公司	中国	鞍山	385	428	43	32619.4	17.4	－254.5	－516.6	－0.8
16	首钢集团	中国	北京	402	431	29	31103.8	13.2	84.2	9568.3	0.3
17	铜陵有色金属集团	中国	铜陵	461	未上榜	无	26846.7	15.3	－70.2	—	－0.3
18	新兴际华集团有限公司	中国	北京	475	381	－94	26207.9	－15.7	103.6	－76.4	0.4
19	纽柯	美国	夏洛特	496	未上榜	无	25067.3	23.8	2360.8	79.0	9.4

资料来源：笔者根据 2018 年、2019 年《财富》世界 500 强相关资料整理。

利润方面，2019 年上榜金属产品企业中有 15 家实现盈利，51.49 亿美元的最高利润来自安赛乐米塔尔；纽柯、日本制铁公司和中国宝武钢铁集团有限公司的利润均超过 20 亿美元，分别为 23.60 亿、22.65 亿和 21.68 亿美元；超过 10 亿美元还有江苏沙钢集团有限公司、韩国浦项制铁公司、正威国际集团和日本钢铁工程控股公司，分别为 18.69 亿、15.56 亿、14.83 亿和 14.74 亿美元。但有 4 家出现亏损，中国五矿集团有限公司表现不尽如人意，亏损额居首位，达 3.73 亿美元，其他 3 家也来自中国企业，分别是鞍山钢铁集团有限公司、河钢集团有限公司和铜陵有色金属集团，亏损额分别为 2.54 亿、0.77 亿和 0.70 亿美元。

总体上，金属产品企业的利润率普遍走低，没有一家超过 10%，超过 5% 的利润率已经是比较高的数值，2019 年榜单上达到这一标准的仅有 3 家。表现最佳的纽柯的利润率为 9.4%；安赛乐米塔尔和江苏沙钢集团有限公司分别为 6.8% 和 5.1%。日本 2 家上榜企业日本制铁公司和日本钢铁工程控股公司利润率虽未超过 5%，但也分别达到 4.1% 和 4.2%，位列行业第 4 和第 5。反观中国上榜钢铁企业的盈利水平相对偏低，除了江苏沙钢集团有限公司和中国宝武钢铁集团有限公司超过 3% 以外，其他均低于 2%。

10.1.2 上榜企业国别分布

如图 10－1 所示，19 家金属产品类企业中有 13 家来自中国，占全球上榜金属产品类企业总数的 69%。从横向比较来看，尽管 19 家企业中排名下滑的 4 家企业均来自中国，但是面对严峻的生产经营形势，中国企业依然占据上榜企业总数的约 7 成，在上榜数量方面处于绝对霸主地位。日本有 2 家企业入围，排名均有所提升，日本制铁公司排名第 186 位，较上一年上升 12 个位次；日本钢铁工程控股公司排名第 356 位，较上一年上升 2 个位次。其他，卢森堡、韩国、德国和美国各有 1 家企业入围。

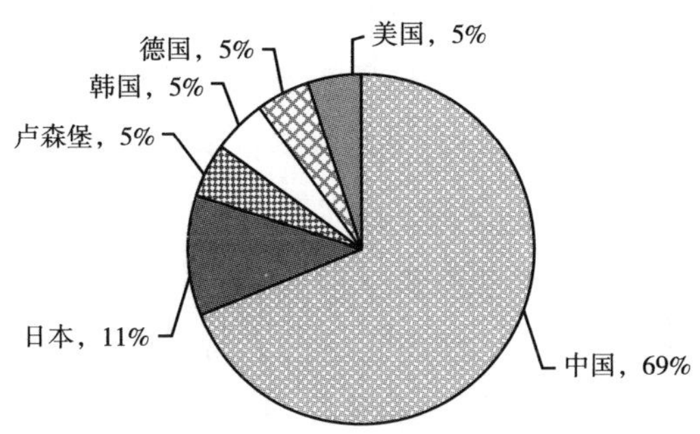

图 10－1　上榜企业国别分布

资料来源：笔者根据 2019 年《财富》世界 500 强相关资料制作。

10.2　日本制铁全球战略

10.2.1　公司简介

日本制铁公司是新日铁住金公司在 2019 年 4 月 1 日起使用的新公司名。它是日本一家大型钢铁企业，于 2012 年由新日本制铁和住友金属工业合并成立。新日本制铁设立于 1970 年，经过数次合并而成立的，前身为官营八幡制铁所，是第二次世界大战前日本最大的官营钢铁厂。创立于 1891 年的官营八幡制铁所，不仅是新日本制铁的发祥地，也是日本钢铁工业的发祥地。1934 年，八幡制铁所、轮西制铁、釜石矿山、三菱制铁、富士制钢出资共同设立了日本制铁株式会社。1932 年，八幡制铁所转为民营化运营。另外，住友金属工业是住友财团中的重要组成部分，成立于 1949 年，与住友化学和三井住友银行并称为住友财团“御三家（三甲）”。2019 年更名后，“住友金属”从公司名称中消失。

日本制铁是日本最大的钢铁企业，也是全球钢铁行业最具影响力的企业之一。据日本制铁公司官方网站信息显示[①]，截至2019年3月31日，其拥有员工105796人。其业务涉及钢铁、化学、新材料、工程技术、信息系统解决方案领域，产品包括厚板、薄板、线棒材、建材、钢管、铁路·汽车·机械部件、钛和特种不锈钢、不锈钢。目前，日本制铁每年粗钢产量约为4100万吨，提高至4500万吨是其发展的目标。制造基地包括东亚、东南亚和南亚（中国、日本、泰国、马来西亚、越南、印度尼西亚、印度），中东和非洲（沙特阿拉伯、阿拉伯联合酋长国、尼日利亚、南非），欧洲（瑞典），美洲（美国、墨西哥、巴西）。

10.2.2 相关财务数据

如图10-2所示，日本制铁在营业收入方面，2011~2014年连续四年突破500亿美元后，2015年又跌落到400亿美元左右，时隔2年之后于2017年重新回到500亿美元。在利润方面，2012年出现了15亿美元的巨额亏损。之后，一直保持着10亿美元以上的年度利润。在总资产方面，2017年和2018年连续两年达到700亿美元以上，分别为714.04亿和727.34亿美元。

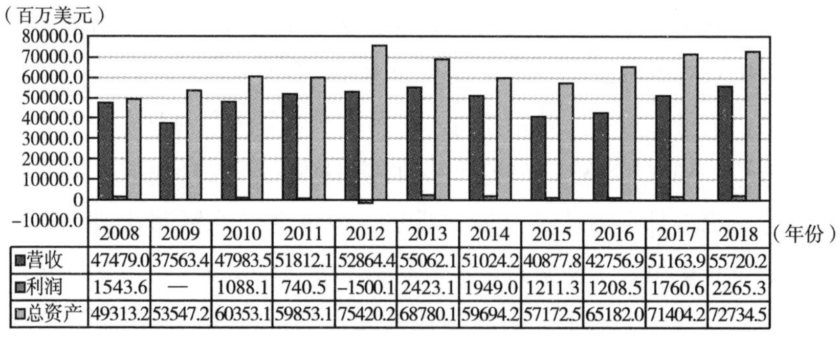

	2008	2009	2010	2011	2012	2013	2014	2015	2016	2017	2018
■营收	47479.0	37563.4	47983.5	51812.1	52864.4	55062.1	51024.2	40877.8	42756.9	51163.9	55720.2
■利润	1543.6	—	1088.1	740.5	-1500.1	2423.1	1949.0	1211.3	1208.5	1760.6	2265.3
□总资产	49313.2	53547.2	60353.1	59853.1	75420.2	68780.1	59694.2	57172.5	65182.0	71404.2	72734.5

图10-2 日本制铁2008~2018年营收、利润与总资产

资料来源：笔者根据2009~2019年《财富》世界500强相关资料制作。

① 日本製鉄株式会社．企業情報．https：//www.nipponsteel.com/company/about/.

如图 10－3 所示，日本制铁的利润率在 2009 年和 2012 年出现了负值，2013 年后一直保持着 2% 以上的水平，个别年份甚至突破了 4%。

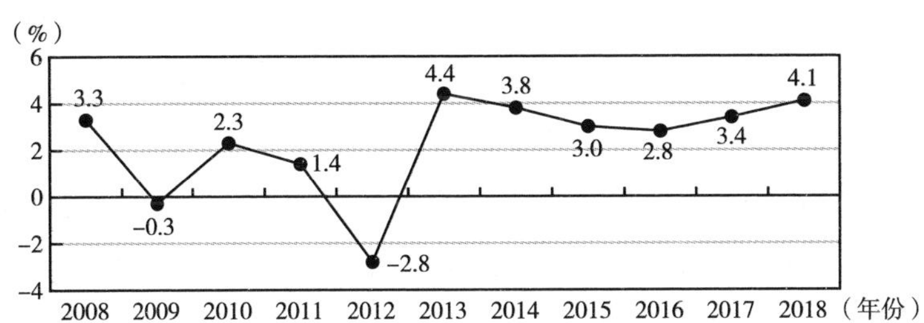

图 10－3　日本制铁 2008～2018 年历年利润率

资料来源：笔者根据 2009～2019 年《财富》世界 500 强相关资料制作。

10.2.3　全球战略走向

10.2.3.1　布局全球市场

鉴于日本国内市场已经趋于饱和，日本钢铁企业也意识到要在日益激烈的市场竞争中取得发展，需要在日本以外的地区开拓市场。正如史慧恩（2013）所述，海外扩张成为日本钢铁企业生存的必然选择①。在日本钢铁企业的海外扩张中，日本制铁的力度相对较大，其海外市场主要围绕下列地区开展。

（1）美洲市场。

日本制铁是 2012 年由新日本制铁和住友金属工业合并成立的。新日本制铁所属三井财团的核心企业三井物产株式会社早在 20 世纪 70 年代就开始了对巴西联合矿业公司进行投资。此后，三井物产株式会社继续扩大与巴西铁矿石巨头淡水河谷公司的合作，通过投资巴

① 史慧恩．海外扩张——日本钢企未来生存的关键［J］．冶金管理，2013（3）：32－35.

西的铁矿企业，占据了铁矿石这个钢铁行业产业链上游的制高点。随后，三井物产株式会社通过三井财团的重要关联企业新日本制铁在经营管理和生产技术方面的优势，实现对巴西钢铁产业链从最上游的采矿业、中游的钢铁生产至下游的物流全方位战略布局。新日本制铁正是基于这样的背景下，开始实施在巴西的投资计划。众所周知，巴西铁矿石资源非常丰富，是全球重要的铁矿石出口国之一。因此，新日本制铁将巴西视为公司发展全球战略的重点地区之一。为了实现这一战略目标，在巴西市场占据主导地位对新日本制铁全球布局有着重要意义。2008 年，新日本制铁与巴西的米纳斯吉拉斯钢铁公司共同出资，新建大型高炉与钢铁厂，扩大包括热轧钢板、大型厚板、薄板等钢材的产能。2009 年，新日本制铁又宣布从淡水河谷公司购买米纳斯吉拉斯钢铁公司的股权，加大对后者的投资力度。新日本制铁通过与米纳斯吉拉斯钢铁公司合资新建钢铁厂以及成为其大股东，逐步实现了对巴西钢铁产业链的整合和布局。

在美洲除南美巴西外，日本制铁还加速扩大北美的汽车钢板产能。日本制铁和全球最大的钢铁公司安赛乐米塔尔在海外扩张时深度合作，尤其是针对北美市场，两家公司一直就如何提高产量以及如何适应日系汽车制造商北美地区产量上升等事宜进行协商。2014 年，日本制铁和安赛乐米塔尔以 15.5 亿美元收购了欧洲钢铁工业巨头德国的蒂森克虏伯位于美国阿拉巴马州 Calvert 的钢厂，随后该钢厂被改名为“AM/NS Calvert”。此外，日本制铁与安赛乐米塔尔还在美国共同经营其他两家合资公司：“I/N Tek”和“I/N Kote”。二者在美国三家共同经营的合资公司主要生产和销售汽车用冷轧钢板和镀锌钢板，这些美国汽车钢板生产基地正在发挥其海外市场扩张的功能。

（2）亚洲市场。

除了持续发力美洲市场外，日本制铁为了加快全球扩张，进一步加强在亚洲市场的钢材生产、下游加工和供应链开发。在亚洲地区，除了聚焦全球最大的汽车生产国家中国以外，还将目光投向了汽车生产大国印度。除了汽车制造以外，在基础设施建设中，印度钢材市场预计将有大幅增长。因此，印度被认为是未来新增需求规模较大的国家之一。根据日本制铁董事长桥本英二在 2019 年接受媒体采访中所述，公司预测印度将从目前 1 亿吨钢铁需求，在未来不到 10 年内扩大到两倍以上的需求规模（子君，2019）①。现阶段，印度最大的国有钢铁制造企业之一印度钢铁管理局公司以及塔塔钢铁公司、京德勒西南钢铁公司、埃萨钢铁公司，这四家钢铁企业占据着印度热轧卷市场约 90% 的份额。从这项数据可见，印度是本国钢材占有较高市场份额的市场。作为一个极具吸引力的市场，日本制铁一直在寻找合适的机会进入印度钢铁市场。而印度政府为了扶持国内钢铁产业，也对钢铁产品进口进行相应的限制。由于印度土地私有制导致征地较为困难，新建大型高炉从开工建设到烘炉花费时间较长，无法像在中国和泰国等国家那样可以在短期内提高供货量。由于供货量难以在短期内得到明显改善，2018 年日本制铁与安赛乐米塔尔联合收购了埃萨钢铁公司。收购后者后，日本制铁加大技术力量的投入，力图在印度市场进一步扩大经营。

10.2.3.2　成立统筹全球化事业部门

2015 年 7 月，日本制铁按照每三年一次规划，在“2017 年中期经营计划”中，为推动全球化战略，对涉及海外业务的组织架构进行了新一轮调整。据日本制铁公司官方网站信息所示②，其中一项重要举措是设置了“全球事业推进本部”，即全球业务发展部门。海外业务的部门结构调整前，日本制铁的海外业务部门包括海外事业企画部（海外业务规划部）、钢管事业部、米纳斯吉拉斯项目、上海宝山

---

① 子君．日本制铁董事长谈今后发展［N］．世界金属导报，［2019 - 04 - 16］（3）．

② 新日鉄住金．海外事業に関する組織体制の強化について～「グローバル事業推進本部」の設置～．［2015 - 06 - 08］．https：//www.nipponsteel.com/common/secure/news/20150608_500.pdf.

冷轧、CGL 项目①、印度 C. A. P. L. 项目②。海外业务的部门结构调整后，“全球事业推进本部”下设三个分支，分别是海外事业企画部、全球事业支援中心、VSB 项目③。原“海外事业企画部”的业务职能转移至“全球事业企画部”和“全球事业支援中心”。此外，原米纳斯吉拉斯项目、原上海宝山冷轧和 CGL 项目、原印度 C. A. P. L. 项目和原 VSB 项目均被放置在全球业务发展部门。由此，日本制铁的海外业务部门简化成为“全球事业推进本部”和“钢管事业部”。其通过对国际业务进行结构调整，旨在提高与国际业务发展相关的管理知识及技能积累，并提升自身国际业务的竞争力。此外，2018 年日本制铁提出的“2020 中期经营计划”中计划采取五大举措④，以促进企业可持续发展。其中一大措施是：增强和扩张全球业务。如前所述，日本制铁已经在北美、南美、亚洲建立了下游生产基地，主要满足汽车、能源资源和基础设施三大关键领域的需求。

10.2.4 全球战略分析

（1）国内和国外“两条腿并走”。

日本制铁采取国内业务和国际业务“两条腿并走”的发展战略，推进全球化经营。首先，针对国内业务，迄今为止，日本制铁的国内业务主要是投资上游加工领域。在上游工序方面，因产品使用铁矿石大多从澳大利亚和巴西进口，该工序是资本集约型，若能降低劳动力以及相关生产配套成本，生产成本可以与其他国家持平。因此，上游

---

① CGL 是英文 Continuous Galvanizing Line 的简写，译为连续镀锌线，是指在金属等材料的表面进行镀锌的表面处理技术。

② C. A. P. L. 是英文 Continuous Annealing Pickling Line 的简写，译为连续退火生产线，是指带钢不经过停留而直接进行卷取的生产线。

③ VSB 是指巴西的 Vallourec & Sumitomo Tubosdo Brasil 钢铁厂。

④ 新日鉄住金株式会社．新日鐵住金グループの中期経営計画について ~つくる力を鍛え、メガトレンドを捉え、鉄を極める ~．[2018 - 03 - 02]. https://www.nippon-steel.com/ir/pdf/20180302_700.pdf.

工序在日本生产具备竞争力。在下游工序方面，因工序较为复杂，导致生产费用加大，使企业处于不利的竞争地位。日本制铁在下游工序尽量使生产流程集约化，以此来提高竞争力。其次，在国际业务方面，日本制铁将上游工序业务主要保留在日本国内，其原因是考虑到全球范围内的钢铁产能已严重过剩，且上游工序在世界各地建厂生产时，都属于资本集约型生产，生产要求的地域空间范围内条件大致相似。而在下游工序，围绕当地用户需求，企业尽可能地在目标市场国家就地生产、就地销售。因此，日本制铁的海外战略主要是投资下游加工领域，一方面，该工序所需半成品钢材由日本国内提供或由合作伙伴提供，向海外下游加工厂出口半成品原料，这可以提高日本国内高炉和轧钢设备的产能利用率；另一方面，可以在海外市场获得成品钢材稳定的用户基础。传统上，日本制铁在其他国家建加工厂，这些工厂从日本钢厂或当地合资公司进口半成品钢材。面对中国、印度等新兴经济体国家和发展中国家自给自足的发展定位，日本制铁逐渐改变传统的国际业务模式，尤其是在新兴经济体国家布局从粗钢到最终产品的生产链的多个环节。

（2）强化海外业务职能管理。

2015 年，日本制铁成立了“全球事业推进本部”，进一步强化海外事业的开发力度。日本制铁每年派遣数百名员工到海外生产基地或办事处工作，当外派人员归国后，安排其在“全球化事业推进本部”就海外事业推进管理经验进行分享，以便对即将赴海外员工和其他员工进行培训，传授自身在海外的工作经验，以推进海外事业的发展。同时，日本制铁还开展全球化的研究开发，与海外钢铁企业、研究机构和客户共同进行研究开发。

（3）瞄准目标市场。

日本制铁海外战略的基本方针是在海外用户需求地建立下游工序生产基地。其海外扩张主要是确保日本汽车制造商等日系制造业在当地生产基地的用钢需求，并注重能源、基础设施等钢材供应，主要是瞄准高等级钢材市场。利用公司在标准非常高的国内市场已经细化的先进技术，为海外扩张提供应有的支持。

（4）与行业巨头合作开拓市场。

目前，日本制铁已在中国、美国、印度等汽车制造大国建设了车辆设备用钢板生产基地。其中，在海外的多个投资项目中与全球最大的钢铁公司安赛乐米塔尔进行合作。在美国，双方合资经营多家钢铁企业，为在北美地区的日系汽车制造商提供钢板；在印度，双方共同出资收购印度钢铁企业埃萨钢铁公司，开拓印度的汽车钢板市场；在欧洲，双方签署了关于汽车钢板的合作伙伴协议，在欧洲市场深化彼此合作。

10.2.5 企业竞争力分析

（1）劣势。

首先，日本钢铁企业的成本要高于其他国家的竞争对手。日本制铁也不例外，一直以来经营成本处于行业较高的水平。日本制铁董事长桥本英二曾指出，2019 年其面临的最大经营课题有两项：一是为了恢复钢铁主业收益首先要恢复制造能力；二是在利用经营资源进行设备更新与维修投资方面，要控制固定成本的增加（子君，2019）。日本制铁的钢材产量一半以上用于出口，因此对生产运营成本十分敏感。

由于中国、韩国等亚洲竞争对手在非高端钢铁产品领域的竞争力不断提升，并在高端钢铁产品领域的不断深化技术创新，日本制铁将面临更严峻的挑战。在非高端钢铁产品领域，当地钢铁企业与日本钢铁企业的同类产品质量差距逐渐缩小；而在粗钢产品领域，其他国家钢铁企业与日本钢铁企业的品质旗鼓相当。在当地钢铁企业的产品可以满足当地用户需求时，当地用户尤其是非日系企业不愿支付更高的价格购入日本钢铁企业产品。

随着中国先进的钢铁产能不断增加，中国已经转变为冷轧卷和镀锌板的出口大国。中国的板卷轧制产能大幅度增长，大力推动了板卷出口，尤其是针对亚洲国家的出口，对亚洲板卷供给产生了重大影响。而此类产品一直以来都是日本钢铁企业出口的拳头产品。例如，在东南亚的板卷加工市场，多年以来钢材供应大多被日本钢铁企业所掌控，但近年中国和韩国钢铁企业的此类产品陆续出口到东盟国家，正在成为日本钢铁企业强劲的竞争对手。来自亚洲竞争对手的新增产能将拥有一定的成本优势，随着需求增长放缓，竞争对手将通过低成本来夺取有限的市场份额。

（2）优势。

第一，通过全球化、技术、成本的“三位一体”模式持续增强全球竞争力。2012年原新日本制铁和原住友金属工业合并成立了新日铁住金，其目的是通过整合双方资源，使其在全球范围竞争中处于优势地位。如图10－4所示，两家公司合并后，2013年新日铁住金制定的中期经营计划中，就提出了强化生产技术的先进性、提高成本竞争力、生产迈向全球化等战略目标，力图成为具有充分竞争力的世界领先钢铁企业（新日鉄住金株式会社，2013）①。

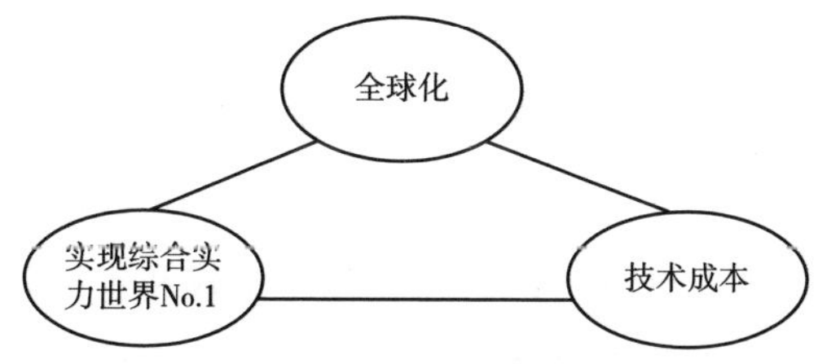

图10－4　新日铁住金中期经营计划

首先，在强化生产技术方面，日本制铁通过整合原新日本制铁和原住友金属工业两家企业的技术研发、生产操作能力来优化生产网

① 新日鉄住金株式会社．中期経営計画．［2013－03－13］．https：//www. nippon-steel. com/ir/pdf/20130313_200. pdf.

络，开展领先世界水平的技术研发。其次，在降低成本提高企业竞争力方面，目标是提高产品研发质量和效率，优化生产技术和生产作业程序。通过设备集约化方式来降低固定费用，同时提高生产设备利用率维持原有产能，在维持现有生产规模的基础上推进成本结构改革，由此打造和强化企业核心竞争力。同时，通过低品位原材料的实用化，进一步提高成本竞争力。最后，在生产迈向全球化方面，为了建立全球范围的竞争优势，与设备集约化并进的是重新构筑在日本的生产基地。日本制铁将缺乏竞争力的日本国内生产基地停产或减产，优化日本国内各地的生产体制，持续推进最佳生产体制的构筑。同时，推进全球战略，持续扩大海外生产能力。

第二，利用先进技术获取竞争优势。毫无疑问，先进制造技术是一家企业国际竞争力的重要表现。日本钢铁企业的竞争优势主要是具备世界领先的技术研发能力。20 世纪 50 年代开始，日本钢铁企业从国外大量引进了先进制造工艺。日本制铁也不例外，通过引进西方先进技术并消化吸收和创新，占据了钢铁生产制造的制高点。日本制铁凭借自身的研发能力，专注发展高端技术和高端产品。在高端技术方面，例如，率先进行了大规模集成电路用高功能铜复层钢丝应用；在高端产品方面，例如，推出了提高燃煤火电发力的锅炉钢管和开发液化天然气用的长达 1 万米的超深度高强无缝钢管（唐佩绵，2014）[①]。其不断涌现出高端技术和高端产品，如研发了用于集装箱船的高性能船板。此外，日本制铁推出的高强度汽车钢板和表面处理汽车钢板，不断追求其他材料所不能达到的优良特性。为了进一步增强在汽车用钢领域的竞争力，日本制铁还在 2018 年成立了“汽车材料计划部”，重点关注汽车钢板的应用技术。针对汽车材料多样化，包括对综合材料也采取了措施，如将旗下涉及化学和材料的研发生产公司进行合并，以更好地满足汽车行业对钢铁材料和非钢铁材料的需求。日本制

① 唐佩绵．新日铁住金的技术经营思想［N］．世界金属导报，2014－01－21（8）．

铁在现行的“2020 中期经营计划（2018 ~ 2020 财年）”中，三年技术研发额设定为 2200 亿日元，比上一个中期经营计划（2015 ~ 2017 财年）设定额 2100 亿日元又提高了 100 亿日元，进一步推进技术研发与应用。其主要针对以下领域进行研发：一是开发电动汽车、轻量化汽车钢板以及高耐腐蚀油井管等，满足行业用户不断变化的需求；二是开发资源循环利用和减少碳排放技术，促进低品位燃料、废钢最大化利用；三是通过工艺革新不断提高生产质量和效率；四是通过 2016 年 4 月设立的“IoX 解决方案事业推进部”和 2017 年 10 月设立的“AI 研究开发中心”利用先进的物联网和人工智能技术。

一直以来，日本制铁不断强化全球竞争力，但目前的优势逐渐受到同业竞争对手以及各种外部环境的挑战。尤其是面对韩国的浦项制铁公司雄心勃勃的全球战略，加之在当前亚洲钢铁产能呈现出过剩态势、价格竞争日益激烈的背景下，日本制铁通过优化调整生产结构降本增效，并与汽车、能源行业的客户建立共同发展和长期合作机制，巩固和发展自身在行业中强有力的竞争地位。

10.3　日本钢铁企业发展的重要经验

当下，我国钢铁行业面临着诸多问题，其中包括产能过剩。与此同时，钢铁企业在全球化市场中，将会面临着越来越严峻的挑战。对于钢铁企业而言，短期来看，建立应对国际竞争的经营体制、提升营利能力等措施对提升企业竞争力有一定的促进作用；长期来看，加强技术研发能力和选择正确的投资方向，才能使企业得到可持续发展。前文提及中国大型钢铁企业生产能力和销量在世界上居于前列，在上榜世界 500 强金属产品行业企业数量上占据了绝对优势。但也应该看到在企业财务数据方面，上榜 2019 年世界 500 强金属产品行业中的四家亏损企业均来自中国。在利润率方面，除了江苏沙钢集团有限公司和中国宝武钢铁集团有限公司超过3%以外，其他中国上榜企业都在盈亏线上下徘徊。可以看出，当下中国钢铁企业在盈利水平上还稍落后于日本钢铁巨头，“大而不强”的面貌还没有根本改变，实现“由大变强”还有一段路要走。毋庸置疑，应该肯定中国钢铁企业在生产规模和产量方面所取得的显著成绩，但同时也应该致力于提高国际竞争力的路径。日本钢铁企业的发展经验，对解决中国钢铁企业未来的发展有着重要的借鉴意义。

首先，日本制铁的重组经验值得借鉴。日本制铁在世界钢铁企业兼并重组的大浪潮中，通过这一举措扩大企业经营规模、增强全球竞争力。通过兼并重组，有效整合双方的技术研发力量，并通过整合双方现有的钢铁生产能力和经营网络，构筑切合需求变化的生产体制。总而言之，兼并重组最大的收益是共享生产技术并以最优成本结构集中生产。尽管中国钢铁行业提倡并推进兼并重组，在企业发展的过程中尝试过转型升级、结构调整、国际化等多种途径和方式，但依然没有彻底摆脱产能过剩和同质化严重等问题。在产能过剩、产品同质化的背景下，钢铁企业的兼并重组是可选择的对策，亦可通过此举来化解产能过剩以增强自身的竞争力。

其次，正如日本制铁制定和实施公司发展战略中所追求的，通过在全球化、技术和成本等领域付出最大努力，以获得压倒性竞争优势，成为“综合实力世界No.1”的钢铁企业。纵观其发展战略主要有以下特点：一是加大技术研发力度，不断提高高附加值产品的市场占有率；二是通过生产设备合理化安排，发挥协同效应使整合效益持续溢出；三是通过优化调整生产结构降低制造成本，缓解全球市场变化对自身的冲击；四是瞄准全部产业链，一方面维持稳定的钢铁生产所需原燃料上游产业链，另一方面扩大主打产品下游产业链，以增强品种市场的控制能力；五是通过与世界钢铁行业巨头安赛乐米塔尔组建合资公司开发互补产品，满足当地客户的需求。中国钢铁企业也需要继续加大技术研发力度，提升产品附加值，并构建最佳生产体制，实现企业优质高效管理。

最后，钢铁行业的国际化战略因国家而异，例如，在铁矿石资源地的巴西，潜在需求较大的印度等国家投资新建钢厂；又如，在汽车生产地如泰国等国家投资下游钢材轧制加工厂可能是较好的选择。对于日本钢铁企业来讲，由于生产的产品远远超出国内市场的容量，以及基于关联企业的要求实现从上游采矿业、中游钢铁生产与下游铁矿物流全方位的布局，海外扩张是其未来发展战略的重要一环。对于中国钢铁行业而言，部分有远见的钢铁企业已经逐步开始拓展国际市场。但现阶段中国钢铁企业以国内市场为主战场的战略定位，短期内走与日本钢铁企业海外扩张同样道路的可能性不高。随着中国本土市场的逐渐饱和，将来可能有更多的中国钢铁企业进入海外市场寻求发展空间，到时有可能面临与日本钢铁企业类似的问题。在钢材的需求增长相对缓慢与产能过剩的形势下，高成本导致利润收窄，可能给国际竞争带来不利因素。面对利润下降的现实，全球钢铁行业被迫不断压缩成本，中国钢铁企业也不例外。因此，提早规划在海外市场的发展路径与战略，对中国钢铁企业今后的生存发展至关重要。

第11章 食品店和杂货店行业

11.1 食品店和杂货店行业概况

2019 年全球共有 19 家食品店和杂货店企业上榜，较 2018 年减少 1 家。从国别分布来看，美国 4 家，法国 3 家，英国 2 家，日本 2 家，澳大利亚 2 家，加拿大 2 家，瑞士 2 家，荷兰和德国各 1 家（见图 11－1）。可以发现，在上榜食品店和杂货店行业企业中，除了日本 2 家企业外，其他均来自欧美发达国家。商品流通领域取决于消费市场的成熟度，这方面北美、欧洲、日本占有一定优势。

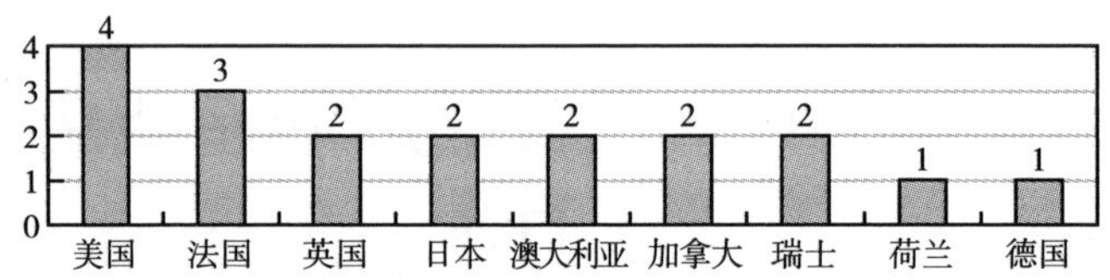

图 11－1 各国上榜企业数量

资料来源：笔者根据 2019 年《财富》世界 500 强相关资料制作。

如表 11－1 所示，纵向比较来看，行业第 1 名是美国的沃博联，营业收入 1315.37 亿美元，世界排名第 40 位；美国的克罗格行业排名第 2 位，营业收入 1211.62 亿美元，世界排名第 47 位；法国的家乐福以 919.55 亿美元的营业收入进入行业前三甲，世界排名第 81 位。

从总排名来看，4 家企业排名上升，占全球上榜食品店和杂货店企业总数的 21%，上升幅度最大的加拿大的 Alimentation Couche－Tard 公司名次较上一年提前了 89 位。14 家企业总排名下滑，占全球上榜食品店和杂货店企业总数的 73%，降幅最大的为英国的森宝利公司，较上一年滑落了 18 个位次。降幅达到两位数的还有日本永旺集团、加拿大乔的治威斯顿公司、瑞士的 Migros 集团、法国家的乐福和 Finatis 公司。食品店和杂货店企业大部分排名下降，反映出了全球范围内该行业所面临的集体困境。日本上榜的 2 家企业中，日本永旺集团排名第 118 位，较上一年下滑了 15 个位次；Seven&I 控股公司排名第 159 位，较上一年提升了 20 个位次。另 1 家澳大利亚的西农排名没有发生变化。

从营业收入情况来看，上榜 19 家企业营业收入合计为 11831. 49 亿美元。上榜企业除克罗格以外全部实现增收。增幅超过 10% 的有 4 家，最大增幅来自 Alimentation Couche - Tard 公司，为 35. 6%；Seven&I 控股公司紧随其后，增幅为 13. 4%；乐购和沃博联的收入增幅分别为 11. 8% 和 11. 3%。

利润方面，有 3 家出现亏损，亏损金额最大的来自欧尚集团，为 13. 51 亿美元；家乐福和 Finatis 公司的亏损金额分别为 6. 62 亿和 2. 08 亿美元。可以发现，亏损的 3 家企业均为法系企业。另外，13 家企业实现盈利，其中有 8 家超过 10 亿美元。盈利金额最大的来自沃博联，为 50. 24 亿美元。但是，2019 年的利润升降呈现两极态势。其中，美国的艾伯森公司的利润增幅达到了三位数，为 183. 2%。利润增幅达到两位数的有沃博联、克罗格、乐购、Seven&I 控股公司、Alimentation Couche - Tard 公司、伍尔沃斯集团和麦德龙。但欧尚集团的利润降幅也高达 535. 9%，利润降幅达到两位数的还有西农、森宝利公司和乔治威斯顿公司，分别为 57. 2%、29. 8% 和 24. 3%。

总体而言，食品店和杂货店行业利润率普遍走低，上榜企业没有一家突破两位数大关。达到 3% 的利润率已经是较好的成绩了，2019 年榜单上达到这一标准的仅有 4 家，表现最佳的美国的大众超级市场公司利润率为 6. 5%；其他 3 家是沃博联、Alimentation Couche - Tard 公司和 Seven&I 控股公司，利润率分别为 3. 8%、3. 3% 和 3. 0%。而在盈利的 16 家中，有 12 家利润率低于 3%，其中麦德龙、森宝利公司、日本永旺集团、艾伯森公司，4 家更是低于 1%，可谓是绝对的“微利”。可以看出，在竞争环境复杂多变的背景下，消费市场已逐渐从“卖方市场”转变为“买方市场”，消费需求也从温饱消费向多元消费飞跃。

表 11－1 上榜 19 家食品店和杂货店行业企业

行业排名	企业	所属国家	总部所在地	2019 年排名	2018 年排名	名次变化	营业收入（百万美元）	（营业收入）年增减（%）	利润（百万美元）	（利润）年增减（%）	利润率（%）
1	沃博联	美国	诺斯菲尔德	40	43	3	131537.0	11.3	5024.0	23.2	3.8
2	克罗格	美国	辛辛那提	47	39	－8	121162.0	－1.2	3110.0	63.1	2.6
3	家乐福	法国	马西	81	68	－13	91955.2	0.7	－662.1	—	－0.7
4	乐购	英国	韦林花园城	103	102	－1	84270.6	11.8	1743.1	10.2	2.1
5	日本永旺集团	日本	千叶	118	103	－15	77122.5	2.4	214.0	－2.8	0.3
6	皇家阿霍德德尔海兹集团	荷兰	赞丹	127	118	－9	74103.9	4.5	2116.0	3.3	2.9
7	Seven&I 控股公司	日本	东京	159	179	20	61486.5	13.4	1838.0	13.0	3.0
8	欧尚集团	法国	克鲁瓦	164	156	－8	60749.2	1.2	－1351.3	－535.9	－2.2
9	艾伯森公司	美国	博伊西	165	157	－8	60534.5	1.0	131.1	183.2	0.2
10	西农	澳大利亚	珀斯	195	195	0	53985.3	4.6	927.4	－57.2	1.7
11	Finatis 公司	法国	巴黎	207	196	－11	52272.0	1.3	－208.9	—	－0.4
12	Alimentation Couche－Tard 公司	加拿大	魁北克	210	299	89	51394.4	35.6	1673.6	38.4	3.3
13	伍尔沃斯集团	澳大利亚	贝拉维斯塔	233	228	－5	47842.1	3.6	1335.7	15.5	2.8

续表

行业排名	企业	所属国家	总部所在地	2019 年排名	2018 年排名	名次变化	营业收入（百万美元）	（营业收入）年增减（%）	利润（百万美元）	（利润）年增减（%）	利润率（%）
14	麦德龙	德国	杜塞尔多夫	267	269	2	43466.5	6.1	409.3	14.2	0.9
15	森宝利公司	英国	伦敦	321	303	-18	38064.0	0.9	287.4	-29.8	0.8
16	乔治威斯顿公司	加拿大	多伦多	325	308	-17	37474.8	0.7	442.9	-24.3	1.2
17	大众超级市场公司	美国	莱克兰	342	334	-8	36395.7	4.5	2381.2	3.9	6.5
18	Coop 集团	瑞士	巴塞尔	415	412	-3	30235.4	5.7	483.7	-1.8	1.6
19	Migros 集团	瑞士	苏黎士	431	415	-16	29098.2	2.0	511.3	-2.5	1.8

资料来源：笔者根据 2018 年、2019 年《财富》世界 500 强相关资料整理。

11.2 Seven&I 成长之路

11.2.1 公司简介

Seven&I 控股公司是由以大型超市为主的 Ito – Yokado（伊藤洋华堂）公司、主营便利店业务的 Seven – Eleven Japan（日本 7 – 11）公司以及主营餐饮业务的 Denny's Japan（日本丹尼斯）公司在 2005 年合并而成的新公司。

伊藤洋华堂在日本全国各地以综合超市（General Merchandise Store，GMS）方式开展业务。1920 年公司名誉会长伊藤雅俊叔父吉川敏雄在东京都台东区浅草创立了“羊华堂洋品店”，1956 年伊藤雅俊出任公司社长，立志于连锁店经营，并于 1958 年成立了“株式会社羊华堂”。据 Seven&I 控股公司官方网站信息所示①，截至 2019 年 3 月末，在日本国内的 GMS 店铺已达 159 家，并拥有大型百货店铺 15 家。

日本“7 – 11”公司成立于 1973 年，“7 – 11”是美国一个广为人知的便利店品牌，20 世纪 70 年代被伊藤洋华堂引入日本。随后，日本“7 – 11”公司把各门店按照其制定的统一模式进行管理。例如，自主经营的小型杂货店等在获得日本“7 – 11”公司许可后，按照公司的指导方案改建为“7 – 11”门店，公司随之提供标准化销售技术给各个门店，并指导各门店的销售工作及客户服务等。“7 – 11”便利连锁店作为一种新兴的连锁经营商特别受到日本年轻一代的欢迎，从 90 年代起日本国内门店数量急速扩张。“7 – 11”总公司设在日本，在开展业务的每个国家和地区都设有当地的总部，专门运营和

① 株式会社セブン&アイ・ホールディングス. 会社概要. https://www.7andi.com/company/summary.html.

管理当地的“7－11”便利店及加盟店。总部负责加盟店在采购、物流、定价、信息、促销等方面的统一集中管理，门店负责商品销售。自从 1974 年在日本东京都开设第一家便利店以来，“7－11”面向各地进行招商，拓展速度不断加快。经过接近 30 年的发展，2003 年“7－11”便利店的店铺数量突破一万家。

2019 年 2 月末公司营业收入达到了 120180 亿日元，拥有员工 144628 人①。截至 2019 年 9 月末，在海外拥有 9631 家“7－11”门店；截至 2019 年 12 月末，在日本拥有 20959 家“7－11”门店。

11.2.2 相关财务数据

如图 11－2 所示，Seven&I 控股公司在营业收入方面，2011 年和 2012 年连续两年超过 600 亿美元后，2013 年开始有所滑落，2018 年又再次回到 600 亿美元水平。在利润方面，2010 年以来，除了 2016 年跌破 10 亿美元以外，其他年度均保持在 10 亿美元以上。在总资产方面，2009 年达到 400 亿美元，之后数年一直在 400 亿～500 亿美元

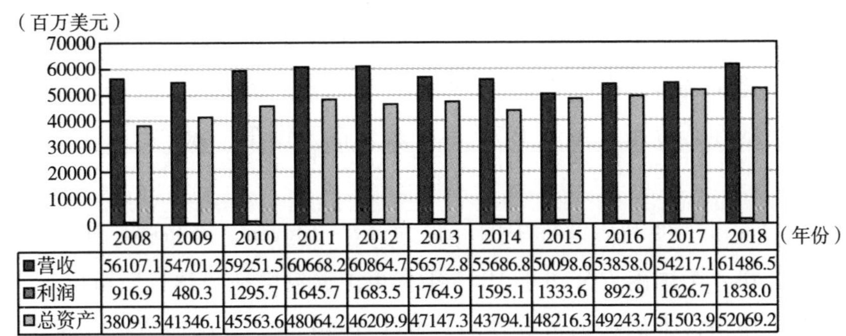

	2008	2009	2010	2011	2012	2013	2014	2015	2016	2017	2018
■营收	56107.1	54701.2	59251.5	60668.2	60864.7	56572.8	55686.8	50098.6	53858.0	54217.1	61486.5
■利润	916.9	480.3	1295.7	1645.7	1683.5	1764.9	1595.1	1333.6	892.9	1626.7	1838.0
□总资产	38091.3	41346.1	45563.6	48064.2	46209.9	47147.3	43794.1	48216.3	49243.7	51503.9	52069.2

图 11－2 Seven&I 控股公司 2008～2018 年营收、利润与总资产

资料来源：笔者根据 2009～2019 年《财富》世界 500 强相关资料制作。

① 据 Seven&I 控股公司官方网站信息所示，144628 人包括每月转换为 163 小时临时员工。

徘徊，2017 年和 2018 年连续两年达到 500 亿美元以上，分别为 515.03 亿美元和 520.69 亿美元。

如图 11－3 所示，Seven&I 控股公司在 2008～2018 年一直保持着盈利。从 2010 年开始，除 2016 年外，其他年度均保持在 2%以上的利润率。其中，在 2017 年和 2018 年的利润率均达到了 3%。

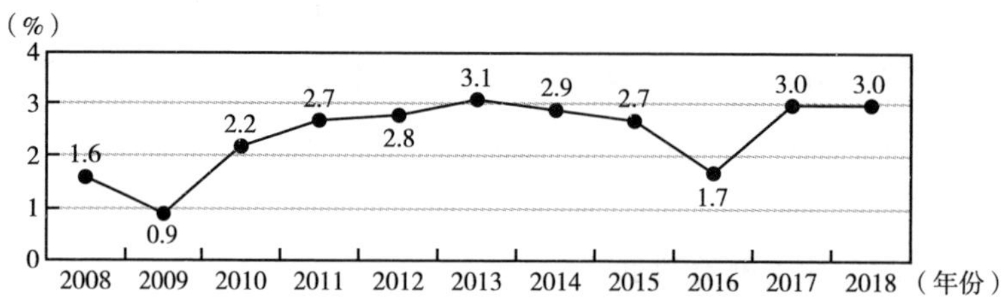

图 11－3　Seven&I 控股公司 2008～2018 年历年利润率

资料来源：笔者根据 2009～2019 年《财富》世界 500 强相关资料制作。

11.2.3　国际化历程

（1）创业初期至 20 世纪 90 年代初。

伊藤洋华堂公司早在 1961 年就考察了欧美零售业，开始在零售业尝试连锁经营。在 1973 年与美国南方公司签署协议，引进了连锁便利店的经营形态，并于 1974 年在东京都开设第一家“7－11”便利店。

“7－11”便利店商标中的标识为：7－Eleven，该品牌原属美国南方公司。美国南方公司于 1927 年在美国德克萨斯州达拉斯市成立，当时主要销售牛奶和鸡蛋等食品。到了 1946 年，美国南方公司推出了当时具有划时代意义的便利服务，将门店营业时间更改为早上 7 时至晚上 11 时，并改名为 7－Eleven，这一便利服务的推出揭开了便利店时代的序幕。同年，美国南方公司开始特许连锁（Franchise Chain，FC）经营。之后，“7－11”为了提供更便捷的服务，已改为 24 小时全年无休营业模式，树立起便利店经营模式的里程碑。由于

“7－11”品牌已被美国消费者所熟知，故仍沿袭采用。当时，美国“7－11”便利店，除销售食品和日用品外，还协助代理收取居民家用电费、水费等缴费服务，提高了当地社区居民生活的便利性。1973年，美国南方公司与伊藤洋华堂签署地区性特许加盟协议，授权后者在日本开设“7－11”门店。之后，由于美国南方公司经营失败，申请破产。1991 年，伊藤洋华堂收购了美国南方公司 69.98%股权，成为后者的最大股东。

（2）20 世纪 90 年代中期以来。

如前所述，Seven&I 控股公司是由以伊藤洋华堂和日本“7－11”为中心合并而成的。

其中，伊藤洋华堂尤其注重中国的业务发展，早在 1996 年以注册资金 2300 万美元成立了成都伊藤洋华堂有限公司，之后还将零售业务拓展至北京。据成都伊藤洋华堂官方网站信息所示①，截至 2017年 2 月，成都伊藤洋华堂有限公司在中国拥有 7 家店铺，同时还成立 EC（Electronic Commerce）事业小组，进军电子商务领域。

进入 21 世纪，“7－11”迅速向外扩张发展。“7－11”不仅是便捷的零售商店，更代表了一种新颖的生活方式。“7－11”除上述提供日用消费品与代缴水电费等服务以外，还提供包括自动汇款服务、复印等服务，不断给消费者提供独具特色的商品和服务。尤其在日本，无处不在的“7－11”给当地消费者带来极大便利。2003 年，“7－11”门店突破 1 万家。2005 年，还将美国“7－11”纳入全资子公司。

2010 年以后，日本国内的便利店数量的增长速度明显减缓，市场逐渐饱和。在老龄化、低出生率问题日益严峻的日本，便利店也陷入了难以扩张的困境。为了使自身能够在激烈的市场竞争中得以发展下去，海外扩张成为日本越来越多的零售企业不得不考虑的问题。目前，“7－11”在日本以外拥有超过 9000 家门店，其中在北美地区的

---

① 成都伊藤洋华堂．公司简介．http：//www. iy－cd. com.

美国、加拿大、墨西哥拥有超过5000家门店，每日为超过500万顾客服务，其余4000余家门店分布在欧洲地区的英国、西班牙、瑞典、丹麦等，以及亚洲地区的中国、韩国、泰国、马来西亚、菲律宾等。目前，世界各地的“7－11”门店大多实行24小时营业制，但是进入2019年，由于日本劳动力短缺形势严峻，导致“7－11”门店的24小时营业制出现了松动。从2019年3月起，位于东京、千叶等地的数家“7－11”门店试验性地将夜间营业时间缩短了4～8小时，这意味着部分原本实行24小时营业的“7－11”门店将不再提供全天候服务。

11.2.4 经营战略分析

在零售行业中，便利店是最接近当地社区的一种小型商店。由于店铺面积相对小，导致便利店采取差异化的竞争战略更为有效。在日本便利店市场日趋饱和的背景下，便利店连锁企业发展面临诸多挑战。由此，诸多门店在不同层面采取了一系列应对措施。例如，通过为顾客提供饮食、休息的空间，设立专门了餐饮设施，并增加了咖啡等休闲就餐种类，旨在促进营业收入增长以及提高顾客来店频率。目前，日本便利店给消费者的印象是可以随时随地购买日常生活所需的多数商品，以及可以提供短暂休息的场所。日本“7－11”公司旗下门店最大的服务特色就是24小时营业，服务对象是以早出晚归、工资收入较为稳定的职业人士为主。因此，门店商品价格也高于一般的平价商店。公司通过在这一细分目标市场确立差异化服务，以获取与其他零售行业不同的竞争优势。在竞争激烈的零售行业，“7－11”茁壮成长，发展到如今在全球拥有超过3万家门店的规模，其成功的经营战略值得深入研究。

（1）特许经营。

零售业存在着规模经济，尤其是便利店，主要通过连锁经营方式取得规模经济优势。连锁经营是经营同类商品及服务的企业以一定形式组成一个联合体（李宏伟和刘晓敏，2013）①。在总部的规划下进行专业化分工，并实行统一管理，把独立的经营活动组成联合体，进而实现规模经济效益。连锁经营包括三种形式：直营连锁、自愿加盟和特许经营。直营连锁是指总公司直接经营的连锁店，但是容易受到资金、人力、时间的限制；自愿加盟即自愿加入连锁体系的店铺，由于这种店铺是原已存在的，由总公司对其进行辅导，因此总公司对店铺约束力不强，难以营造稳定的加盟态势；特许经营是由拥有一套有效的运作技术和管理经验的总部，指导传授独具特色的运作技术和规范化的管理方式以及已初显规模化、名牌化的品牌。其中，特许经营具有直营连锁和自愿连锁无法比拟的优势，可以通过将已成熟的各项经营技术经验转移给加盟店，让加盟店能迅速运作，扩大加盟网络，从而在最短时间内扩大知名度和拓展市场。因此，运营及销售技术如何指导和传授，是特许经营的关键所在。而日本“7－11”公司正是采取特许经营方式在全球范围内迅速扩张而发展起来的。

“7－11”在开展业务所在国家和地区都设有总部，在加盟初期，总部会为加盟对象选好门店位置，并按照总部规定的统一形象进行设计和装修。“7－11”基于加盟条件与加盟对象签订协议，后者要遵守总部规定的相关制度，接受统一的配送以及统一的商品管理系统等，并交纳相应的加盟费用。总部对加盟对象收取费用后，会针对运营和销售方面进行培训，并安排到门店进行实地操作。在加盟对象通过实地操作考核后，方可选择总部提供的店铺，开始自行管理运营门店。每个门店都有具体负责人，负责执行当地总部所发布的指令及相关销售活动等。同时，负责人也会定期赴当地总部接受培训或指导，提升门店运营水平。可以看出，特许经营有效弥补了直营连锁的不足，总部在加盟对象的参与下，减少了对新门店的资金投入，从而降

① 李宏伟，刘晓敏．“7－11”便利店的连锁经营模式分析及启示［J］．商业经济，2013（8）：64－65，117.

低了企业的经营风险。

（2）集中开店。

集中开店顾名思义，是指在同一地区密集开店。日本“7－11”公司一般采取集中开店经营模式，当一个地区开出一家“7－11”店铺后，接着陆续在这个地区开设“7－11”店铺，直到这个地区的店铺达到饱和。“7－11”集中开店经营模式主要出于下列几点目的：第一，它能降低总部在同一地区的广告宣传费用。在同一地区开设门店数量越多，均分到每个分店的宣传费用也就相应下降，这有利于总部降低宣传推广费用。第二，它有利于提高企业品牌形象上的相互促进效果。在同一地区开设多家门店，每隔一段距离便会看到“7－11”门店，这有助于提高企业品牌知名度。第三，它有利于对加盟店的服务质量管控。“7－11”在每个地区都设有片区负责人，对所辖片区的门店进行指导。若加盟店区域过于分散，则片区负责人在指导过程中疲于奔波，可能会影响到各门店的指导次数。而片区负责人到各店指导次数的下降，对各店指导的时间也会相应减少，进而影响对加盟店的服务质量管控（岩本浩治，2009）①。第四，它能降低配送成本并提高配送效率。此外，完善高效的配送体系是便利店经营的基础条件。由于便利店的营业面积相对有限，通常只有100～200平方米的便利店，却要提供数千种商品。品种规格繁多、形态各异，商品来自不同的供应商，配送和储藏的要求也有所差异。尤其是食品，需要高频率的配送以保证鲜度。同时，要根据消费者的不同需求随时调整商品的品种。由于店铺面积较小难以保证充分的库存空间，这注定要求门店进行零库存经营，并需要总部配送中心采取多种类、多批量、小数目的配送方式，即做到多频率小规模的配送（信田洋二，2013）②。因此，在同一地区内门店越多，均分到各家门店的配送费用就越低。为了提高配送效率，就要求尽可能地在特定区域内集中店

① 岩本浩治．セブン－イレブンの仕事術［M］．東京：商業界．2009．

② 信田洋二．セブン－イレブンの「物流」研究［M］．東京：商業界．2013．

铺分布。

从上述四点可以看出，“7 - 11”的集中开店经营模式优势显而易见，既可以降低广告宣传费用，还可以提高企业的知名度、服务质量以及配送效率。此外，在同一地区集中开店，还可以在一定程度上遏止竞争对手的发展。

（3）信息化管理。

Seven&I 控股公司早在 1982 年就开始导入全球规模最大的销售时点信息（Point of Sales, POS）系统，用来连接总部和门店之间，总部和供应商之间的信息管理。公司秉承精细化管理理念，对每天录入系统中的商品销售数据进行分析，全面掌握商品的总体销售情况，确保畅销商品的备货以及滞销商品的库存处理，以便为消费者提供优质的商品和服务。

当消费者到“7 - 11”门店购买商品结账付款后，店员便会根据目测估计消费者的性别、年龄段，随后在 POS 系统上输入信息。此时 POS 系统会将涉及消费者所属区域、门店、购买商品品种、金额、数量、性别、年龄段等信息，通过网络终端传送到总部和供应商。通过数据，总部可以掌握到具体门店在具体时间段内消费者需求情况，从而及时分析了解消费者需求的变化动态和趋势。基于此类有关地区、销售、时间的数据整合，总部掌握消费者需求的速度将大幅度提升，为公司预测商品的销售趋势提供有效支撑。公司还通过收集的信息对商品的库存、采购进行管理，避免门店在销售过程中出现缺货情况。公司当日会根据 POS 系统传来的信息预测商品需求并进行订购，再分配到各区域的配送中心，之后配送中心就将商品配送到各个门店。当配送司机完成配送工作后，利用门店的 POS 系统输入信息，公司即可基于系统的数据，对配送司机进行智能调度，并对配送流程进行优化。基于 POS 系统信息实时优化路线或减少装卸时间等，尽量使所有配送车辆都可以准点到达各个门店。这不仅能有效提高配送效率，还能及时满足各门店的销售需求。在此基础上，公司通过收集到的信息了解消费者的需求，从而不断开发相应的新产品来加以满足，使企业在激烈的市场竞争中获得竞争优势。

此外，很早以前Seven&I控股公司就发现天气变化与销售业绩存在一定的因果关系，影响着商品需求、订购货物等各项环节，可以有效利用天气预报为每个门店提供相关信息。因此，公司会利用一年中每天最高气温和最低气温的记录，制作成气温变化走势图，以便在全年不同时段、不同气候条件下，找出商品销售与气温及气温变化之间的关系，及时准确地掌握畅销的商品动态。此类气温数据导入较为繁杂，但也正是凭借全程跟踪记录气温数据，时刻关注消费者的需求变化，做到对于消费者购物习惯的精准化预测。

总之，Seven&I控股公司构建的信息系统有效地提高了物流配送和库存的管理效率。同时，信息化管理让总部可以更好地了解门店的商品流动，从而有利于了解市场需求。

（4）PB商品战略。

自有品牌（Private Brand，PB），是相对于全国性品牌（National Brand，NB）而言的。PB是指零售企业指定的供应商进行生产并在自家店铺进行销售的品牌。目前，发展PB商品已成为全球零售业战略的重要组成部分，欧美零售企业如沃尔玛开发了“惠宜（Great Value）”品牌，日本零售企业也不例外地相继推出了PB商品。2007年5月，Seven&I控股公司发布了强化和扩大PB商品的计划，并推出了49款PB商品，旨在于竞争激烈的日本零售市场中，通过差异化的核心商品来提高销售额（日本経済新聞，2007）[①]。此举也奠定了Seven&I控股公司的“セブンプレミアム（Seven Premium）”品牌在零售市场的地位，消费者对其认知度也越来越高。公司早期推出的PB商品主要以饮料为主，之后增加了包括熟食等多种商品，不断用新PB商品来刷新消费者的认知，争夺更多的零售市场份额。从原材

① 日本経済新聞．セブン&アイHDがPB商品の販売開始［N］．日本経済新聞．［2007－05－23］．

料采购到产品设计、生产再到销售，公司全程参与，与制造商一同开发能够满足市场需求的商品。至此，其 PB 商品也得到了许多制造商的响应，使双方都从中获益。在 PB 商品生产与销售方面，制造商聚焦产品生产，不需要花费销售成本；而 Seven&I 控股公司则通过与制造商合作，既创造满足市场需要的商品，又可以降低和规避商品采购中潜在的质量风险。PB 商品实现了 Seven&I 控股公司与制造商之间的双赢，也为消费者提供多样化的产品。

目前，日本的 PB 商品从最初廉价低质的代名词，逐步向高性价比和个性化发展，正在被越来越多的消费者认可和接受。

（5）全渠道经营。

全渠道经营是零售企业为了满足顾客任何时间、地点、方式消费的需求，采取实体店铺渠道和电子商务渠道整合的方式提供服务或销售商品，给予消费者无差别的消费体验，力图给企业带来新的利润增长点。2010 年以来，在日本国内无论是综合超市还是百货商店，都试图在构筑全渠道战略并为自身的全渠道销售做前期的铺垫。对于 Seven&I 控股公司而言，如何有效进行实体店铺和网上店铺融合以提高企业销售额是新课题。面对这个课题，2013 年 Seven&I 控股公司曾宣布，在往后 5 年投资 1000 亿日元全力推进全渠道战略。通过对库存及供应商关系等各种资源进行有效整合，为顾客提供最便捷的购物方式。Seven&I 控股公司在实施全渠道战略的初期阶段，以实体店铺与物流服务为基础，连接企业内部如综合超市、食品超市、便利店等各种服务业态，向消费者提供多样性服务。随着全渠道战略的进一步推进，Seven&I 控股公司还将线下的约 2 万家实体店与线上互联网进行整合。通过全渠道战略，统一企业的品牌形象，增强消费者对企业的认同感。

综上所述，Seven&I 控股公司正是通过特许经营方式抢占市场，大规模扩张门店数量，实现庞大的店铺分布网，形成压倒性优势，从而达到规模效益。并把地区集中开店和信息灵活应用作为发展的基本政策，采取汇总配送和共同配送的方式，降低企业的经营成本。基于POS系统的信息化管理，对消费者的需求进行分析，这种快速的消费者需求反应有效提高了物流配送效率，进一步提升了服务质量。此外，还与生产商合作推出PB商品来打造差异化产品，使消费者只能在自家店铺购买到该产品。

11.3 日本零售企业发展的经验借鉴

在日本国内消费税不断提高、消费需求相对疲软的形势下，以日本永旺集团、Seven&I控股公司为首的零售业巨头仍能取得良好的销售业绩。尤其是Seven&I控股公司，在竞争激烈的零售市场中得以持续发展，与其采取的独特的经营模式密不可分。其中，Seven&I控股公司的“7-11”更是开创了日本便利业态的先河，它的经营管理、信息管理堪称全球零售业的典范，其管理模式值得借鉴和学习。国内也有针对国外零售企业进行分析，进而提出对中国零售企业经验启示的研究。例如，柯禹煌（2014）针对日本“7-11”的高效率物流配送战略进行探讨，提出了对中国连锁企业的建议①；陈利芬和张昊（2017）针对发达国家零售业的差异化战略、全渠道经营、进军国际市场等进行分析，提出了对中国零售企业的启示②。这里基于Seven&I控股公司的分析，提炼对于促进中国零售企业发展值得借鉴的经验。

（1）实现规模化经营。

目前中国零售业的连锁超市领域发展迅速，但与Seven&I控股

① 柯禹煌．日本7-11连锁便利店的配送战略研究［J］．福建商业高等专科学校学报，2014（6）：48-52.

② 陈利芬，张昊．发达国家和地区零售业转型升级经验借鉴［J］．时代经贸，2017（10）：18-35.

公司等国际零售业旗下的连锁超市相比，连锁规模相对较小。而规模化是零售业提高效益的有效途径之一。为了扩大规模化经营，可以通过兼并重组、战略联盟等方式，针对商品开发、配送等与相关企业进行合作。在扩大规模后需要对门店实行统一的管理、采购、质量标准才有可能发挥连锁经营的优势。“7－11”正是通过这种统一集中管理模式，为消费者提供便捷、高效的服务，从而牢牢占据连锁经营的制高点。

（2）大力推进信息化建设。

在零售业信息管理系统建设中，一套有效的信息管理体系不仅可以代替大量的人力操作，也有利于追踪商品销售和库存情况。众所周知，在商品从进货、配送、上架、销售的过程中，准确地掌握商品销售动向，可以加快商品流转速度。中国零售企业可以参考 Seven&I 控股公司 POS 系统的经验，加强消费者客服终端的信息化建设和应用，并通过收集到的信息数据对市场需求进行分析，以提供更加优质的商品及服务。

（3）优化供应链体系。

完善的供应链体系是零售业的核心竞争力之一，对供应链体系进行优化，可以有效降低库存与物流成本。构建一个高效运行的供应链体系，不仅是连锁企业的自身需求，也是整个零售业的共同目标。Seven&I 控股公司之所以能成为零售业的翘楚，离不开其高效率的供应链体系。例如，“7－11”每天会配送数次，根据不同种类的商品，在不同的时间段配送至门店。其构建了一套强有力的供应链体系作支撑，来满足门店以有效地应对市场需求。只有构建有效的物流配送体系，才能保证商品持续性供应。

（4）注重人才管理。

人才是衡量企业核心竞争力的标志之一。零售企业也要做好人才的培训工作，不断提高员工的知识和技能，提高企业的竞争力。当下，消费者可以通过互联网获得有关商品的信息。面对这些消费者，实体店的销售人员不仅要及时了解同类商品的市场信息，还要尽可能地了解线上销售的同类产品定价等相关信息。否则，实体门店消费者将会对这些不了解行业产品信息的销售人员产生怀疑，以至于影响消费者的购买行为。因此，需要针对员工进行相应培训以提高其工作能力。

（5）涉足国际市场。

随着全球经济一体化进程的加快，寻求海外扩张成为许多大型零售企业的现实选择。日本的零售业巨头日本永旺集团、Seven&I 控股公司也不例外，国际化战略为它们成为亚洲的零售业巨头奠定了坚实基础。零售企业在拓展海外业务时，需要综合考虑地域范围、经营方式等方面内容。尤其是综合超市、便利店这种与当地生活、文化密切相关的行业进军国际市场时，通常要经历不断地改进以适应当地环境，才能得以持续发展。

第12章 日本企业国际化经验对中国企业的启示

2019年中国成为世界500强上榜企业数量最多的国家，而在1999年仅有8家中国企业上榜。20年间上榜企业数量从个位数发展到三位数，说明中国企业在国际上的地位不断提高，具有重要的指标意义。在政府政策的支持鼓励下，越来越多的中国企业在“走出去”方面已迈出了坚实的步伐。中国企业取得的成绩有目共睹，但也不能盲目自信。与具有全球竞争力的世界级企业相比，中国大企业存在的差距仍不容忽视。

与中国相比，由于本国市场无法满足日本企业扩张的需求，导致它们对海外市场依存度较高。作为海外市场扩张的“排头兵”，日本大企业，尤其是入围世界500强的企业在长期的市场实践中，不断向海外寻求机会，积累了较为丰富的国际化经验。与此同时，中国企业能从日本企业的国际化经营中获得哪些启示，通过本书的分析，可以归纳为以下几个方面。

（1）掌握核心技术。

毋庸讳言，技术是企业的核心竞争力与优势。面对日益复杂的全球市场竞争格局，技术是企业获取较高经济效益并快速崛起的不二法宝。日本企业，尤其是制造业企业之所以能够取得令人瞩目的成就，如汽车工业、电子电气等高科技领域的应用，与其在诸多领域掌握核心技术密切相关。20世纪80年代，日本完成了从追赶到超越的转变，从汽车到电子产品，“日本制造”的品牌席卷全球市场。即便是近年来电子产品在行业中的影响力有所下降，依然在国际市场上占据着很高的市场地位。而中国企业从发展状况看，部分领域如5G处于全球领先水平，但在核心技术领域总体上还处于追赶发达国家的阶段。例如，在车辆与零部件行业，中国仅有上海汽车集团股份有限公司进入行业世界前10位，但业务主要是在国内，且大部分营业收入来自与大众汽车、通用汽车等合资的产品。在电子及电气设备行业，仅有美的集团股份有限公司进入行业前10位。中国电子行业巨头的产品在全球市场的知名度和普及率，相对于进入行业世界前10位的日立、索尼、松下、三菱电机等日本企业还有一定差距。这固然与品牌推广有一定关系以外，也与中国企业尚未全方位掌握相关领域的核心技术和关键生产工艺有着直接关系。众所周知，技术上的不断创新已成为现代企业竞争力的根基。核心技术的研发和应用，无疑是中国制造业今后的主攻方向，日本企业过去数十年海外市场扩张的实践表明，只有掌握关键核心技术，才能真正地参与国际竞争并获得主导地位。

（2）发展企业之间的协同关系。

日本企业的核心竞争力还源自于企业集群的协同效应。52 家上榜企业中，以三菱冠名的企业有 5 家，分别是三菱商事株式会社、三菱日联金融集团、三菱电机有限公司、三菱重工业有限公司和三菱化学控股，全部隶属于三菱财团。可见三菱财团是一个综合实力非常强的企业集团。除了上述 5 家世界 500 强企业外，成员还有三菱地所、三菱汽车、尼康、旭硝子、麒麟啤酒等。在进出口贸易方面，三菱商事株式会社作为三菱财团成员产品出口的先锋企业，尤其是在大型成套设备出口等业务中起着主导作用。因此，三菱财团各个制造商在开拓国际市场、建立经营网络及收集市场信息等方面，也会借助三菱商事株式会社。在融资方面，三菱日联金融集团也是日本首屈一指的金融机构，其强大的金融实力也为三菱财团成员企业拓展海外业务提供一系列金融服务。此外，三菱财团旗下的各个公司通过互相之间优先进行贸易，利用企业“内部化”方式来降低交易成本。财团成员企业之间的协同合作成为它们拓展国际市场业务的核心竞争力之一。因此，中国企业在进入国际市场时，可以通过由金融机构、贸易企业、制造企业和物流企业等结成协同关系，有效整合各企业的资源，以提升企业之间的综合运作能力。

（3）实施品牌国际化战略。

品牌效应是核心竞争力的标志之一。在经济全球化的格局下，多数企业加快实施品牌战略，不断提升竞争力与企业价值。对于中国企业而言，资本运作能力正逐渐增强，但海外销售渠道与品牌的建设并非一朝一夕能够完成。如前述提及的品牌价值评估机构 Brand Finance 发布的“2019 年度全球最有价值汽车品牌”前 10 名中，未见中国品牌身影。国际市场竞争日益激烈，提高企业竞争力的手段之一是通过品牌的建立来开拓市场。一直以来，日本企业注重品牌的培育和推广。进入 21 世纪，多家日本的世界 500 强企业在品牌战略上推出了一系列举措。包括富士通从 2000 年起在日本以外投入 3000 亿日元实施“FUJITSU”全球品牌战略，松下在 2008 年将海外市场的品牌统一为“Panasonic”等，都旨在通过品牌战略，提高企业的发展质量和效益。相比之下，中国品牌在全球市场上的知名度还有待提升。如银行业的中国工商银行、中国建设银行、中国农业银行占据全球银行营业收入前三甲，但它们在全球市场的知名度还有待进一步提高。对于中国企业而言，打造世界知名的品牌，是全面提高国际化水平，跻身世界领先企业行列的必由之路。因此，中国企业一方面要加强培育自主品牌，创建具有国际影响力的知名品牌，并加快国际知名品牌建设；另一方面企业也可以通过并购的方式实现品牌国际化，以推进品牌国际化的进程。

（4）并购重组扩大业务规模。

企业通过兼并、收购和控股等行为，为构建具有资本、生产和技术规模优势于一体的跨国公司提供支撑。日本企业在拓展海外业务时，一直在跨国并购的快车道上行驶。其包括日本金融机构拓展海外业务时主要通过并购而进行的，在 2008 年全球金融危机之后，银行业三大集团三菱日联、三井住友和日本瑞穗以及保险业巨头东京海上通过收购或参股欧美、东南亚国家的金融机构，不断扩大海外版图。此外，重组也是企业扩大规模的一条捷径。重组可以对企业的资产予以补充和调整，从而有利于扩大企业规模和市场占有率。上述的银行业三大巨头之所以能在 2008 年全球金融危机以来大举进军海外，均是通过之前的一系列重组来增强自身的实力。当下，中国的许多企业尤其是大型国有企业也进行了相应的重组，力图在全球范围内扩大影响力。2019 年国务院批准了中国船舶工业集团有限公司与中国船舶重工集团有限公司的联合重组，旨在培育具有全球竞争力的世界一流企业。伴随着中国改革开放的不断深入，许多企业不断发展壮大并走出国门，进行海外并购的现象越来越普遍。今后，中国企业可进一步通过并购、重组等方式，对于并购重组之后的企业在业务、管理、技术、品牌、市场资源等方面进行有效融合，切实放大重组并购效能，不断提升企业核心竞争力。

从中国经济发展的总体趋势来看，今后将会有越来越多的中国企业入围世界 500 强榜单。公众在看到中国企业取得切实进步的同时，也要看到“大而不强”依然是中国企业亟待解决的问题。要想成为真正的强者，成为如丰田汽车、三菱商事、日本制铁这样的处于行业领导地位的世界级企业，中国企业需要不遗余力地进行技术研发与优化资源配置，并加快“走出去”步伐，更广更深地参与国际市场开拓。

附录1　2019年《财富》世界500强上榜日本企业基本信息

2019年日本企业排名	2019年世界500强排名	企业名	所在行业	总部	成立时期	雇员数	官方网站
1	10	丰田汽车	车辆与零部件	东京	1937年8月28日	370870	www. toyota - global. com
2	33	三菱商事株式会社	贸易	东京	1950年4月1日	79994	www. mitsubishicorp. com
3	34	本田汽车	车辆与零部件	东京	1948年9月	219722	www. honda. com
4	52	日本邮政控股公司	人寿与健康保险（股份）	东京	2006年1月23日	245922	www. japanpost. jp
5	64	日本电报电话公司	电信	东京	1985年4月1日	303351	www. ntt. co. jp
6	65	伊藤忠商事株式会社	贸易	大阪	1949年12月1日	139157	www. itochu. co. jp
7	66	日产汽车	车辆与零部件	东京	1933年12月26日	148513	www. nissan - global. com
8	98	软银集团	电信	东京	1981年9月3日	76866	https：//group. softbank/en/
9	102	日立	电子及电气设备	东京	1920年2月1日	295941	www. hitachi. com
10	105	JXTG控股有限公司	炼油	东京	2010年4月1日	40695	www. hd. jxtg - group. co. jp
11	116	索尼	电子及电气设备	东京	1946年5月7日	114400	www. sony. net
12	118	日本永旺集团	食品店和杂货店	千叶	1926年9月	288326	www. aeon. info
13	125	日本生命保险公司	人寿与健康保险（互助）	大阪	1889年7月4日	89198	www. nissay. co. jp

续表

2019 年日本企业排名	2019 年世界 500 强排名	企业名	所在行业	总部	成立时期	雇员数	官方网站
14	131	松下	电子及电气设备	大阪	1935 年 12 月 15 日	271869	www. panasonic. com/global
15	147	丸红株式会社	贸易	东京	1949 年 12 月 1 日	46711	www. marubeni. com
16	153	第一生命控股有限公司	人寿与健康保险（股份）	东京	1902 年 9 月 15 日	62938	www. dai – ichi – life – hd. com
17	157	三井物产株式会社	贸易	东京	1947 年 7 月 25 日	43993	www. mitsui. com
18	159	Seven&I 控股公司	食品店和杂货店	东京	2005 年 9 月 1 日	58165	www. 7andi. com
19	162	丰田通商株式会社	贸易	名古屋	1948 年 7 月 1 日	58565	www. toyota – tsusho. com
20	166	三菱日联金融集团	银行	东京	2001 年 4 月 2 日	119390	www. mufg. jp
21	178	东京电力公司	公用设施	东京	1951 年 5 月 1 日	41086	www. tepco. co. jp
22	186	日本制铁公司	金属产品	东京	1934 年 1 月 29 日	115878	www. nipponsteel. com
23	209	三井住友金融集团	银行	东京	2002 年 12 月 2 日	86659	www. smfg. co. jp
24	222	MS&AD 保险集团控股有限公司	财产与意外保险（股份）	东京	2008 年 4 月 1 日	41467	www. ms – ad – hd. com
25	224	东京海上控股有限公司	财产与意外保险（股份）	东京	2002 年 4 月 2 日	40848	www. tokiomarinehd. com
26	230	电装公司	车辆与零部件	刈谷	1949 年 12 月 16 日	171992	www. denso. com/global
27	231	住友商事	贸易	东京	1919 年 12 月 24 日	65662	www. sumitomocorp. co. jp

续表

2019 年日本企业排名	2019 年世界 500 强排名	企业名	所在行业	总部	成立时期	雇员数	官方网站
28	245	KDDI 电信公司	电信	东京	1984 年 6 月 1 日	41996	www. kddi. com
29	300	三菱电机有限公司	电子及电气设备	东京	1921 年 1 月 15 日	145817	www. mitsubishielectric. com
30	324	明治安田生命保险公司	人寿与健康保险（互助）	东京	1881 年 7 月 9 日	42950	www. meijiyasuda. co. jp
31	327	大和房建	工程与建筑	大阪	1947 年 3 月 4 日	44947	www. daiwahouse. co. jp
32	334	三菱重工业有限公司	工业机械	东京	1950 年 1 月 11 日	80744	www. mhi. com
33	339	爱信精机	车辆与零部件	刈谷	1965 年 8 月 31 日	119732	www. aisin. com
34	345	佳能	计算机、办公设备	东京	1937 年 8 月 10 日	195056	www. canon. com
35	349	富士通	信息技术服务	东京	1935 年 6 月 20 日	132138	www. fujitsu. com
36	350	日本瑞穗金融集团	银行	东京	2003 年 1 月 8 日	59132	www. mizuho – fg. co. jp
37	351	三菱化学控股	化学品	东京	2005 年 10 月 3 日	72020	www. mitsubishichem – hd. co. jp
38	354	日本出光兴产株式会社	炼油	东京	1940 年 3 月 30 日	9476	www. idemitsu. com
39	356	日本钢铁工程控股公司	金属产品	东京	2002 年 9 月 27 日	62083	www. jfe – holdings. co. jp
40	357	铃木汽车	车辆与零部件	滨松	1920 年 3 月	67721	www. globalsuzuki. com
41	371	东芝	电子及电气设备	东京	1875 年 7 月	128697	www. toshiba. co. jp
42	374	普利司通	车辆与零部件	东京	1931 年 3 月 1 日	143509	www. bridgestone. com

续表

2019年日本企业排名	2019年世界500强排名	企业名	所在行业	总部	成立时期	雇员数	官方网站
43	377	损保控股有限公司	财产与意外保险（股份）	东京	2010年4月1日	49837	www. sompo - hd. com
44	378	住友生命保险公司	人寿与健康保险（互助）	大阪	1907年5月	42848	www. sumitomolife. co. jp
45	389	马自达汽车	车辆与零部件	广岛	1920年1月30日	49998	www. mazda. com
46	420	关西电力公司	公用设施	大阪	1951年5月1日	32597	www. kepco. co. jp
47	436	Medipal控股公司	批发	东京	1923年5月6日	15623	www. medipal. co. jp
48	437	住友电工	车辆与零部件	大阪	1897年4月	272796	www. global - sei. com
49	440	斯巴鲁公司	车辆与零部件	东京	1953年7月15日	34200	www. subaru. co. jp
50	453	日本中部电力公司	公用设施	名古屋	1951年5月1日	30321	www. chuden. co. jp
51	458	东日本旅客铁道株式会社	铁路运输	东京	1987年4月1日	85718	www. jreast. co. jp
52	470	日本电气公司	信息技术服务	东京	1899年7月17日	110595	www. nec. com

附录2 2018年《财富》世界500强上榜日本企业相关财务信息

2018年日本企业排名	2018年世界500强排名	企业名称	营业收入（百万美元）	（营业收入）年增减（%）	利润（百万美元）	（利润）年增减（%）	资产（百万美元）	股东权益（百万美元）	利润率（%）	资产收益率（%）
1	6	丰田汽车	265172.0	4.1	22510.1	33.2	473133.2	176206.0	8.5	4.8
2	30	本田汽车	138645.8	7.3	9561.3	68.0	181972.8	74612.4	6.9	5.3
3	45	日本邮政控股公司	116616.0	-5.2	4157.5	—	2733378.7	97381.5	3.6	0.2
4	54	日产汽车	107868.2	-0.3	6741.3	10.1	176308.7	58219.7	6.2	3.8
5	55	日本电报电话公司	106500.1	1.3	8210.7	11.2	203853.8	89212.6	7.7	4.0
6	79	日立	84558.7	—	3276.2	53.5	95049.4	30828.8	3.9	3.4
7	85	软银集团	82664.7	-0.3	9377.5	-28.8	293242.4	48755.5	11.3	3.2
8	97	索尼	77115.8	9.9	4429.8	554.9	179305.4	27907.1	5.7	2.5
9	99	JXTG控股有限公司	76629.0	20.4	3266.6	121.1	79540.6	23883.6	4.3	4.1
10	103	日本永旺集团	75338.8	-0.6	220.2	112.0	88600.2	9953.3	0.3	0.2
11	114	松下	72045.0	6.3	2130.4	54.6	59166.3	16059.0	3.0	3.6
12	126	日本生命保险公司	68684.2	1.9	2201.6	-21.0	699638.1	18581.6	3.2	0.3
13	129	三菱商事株式会社	68301.4	15.2	5056.0	24.4	150822.8	50149.8	7.4	3.4

续表

2018 年日本企业排名	2018 年世界 500 强排名	企业名称	营业收入（百万美元）	（营业收入）年增减（%）	利润（百万美元）	（利润）年增减（%）	资产（百万美元）	股东权益（百万美元）	利润率（%）	资产收益率（%）
14	130	丸红株式会社	68057. 2	3. 4	1906. 8	33. 0	64677. 1	16660. 2	2. 8	2. 9
15	145	第一生命控股有限公司	63521. 6	6. 6	3284. 7	53. 9	504119. 5	14949. 9	5. 2	0. 7
16	165	丰田通商株式会社	58586. 4	9. 5	1175. 4	18. 0	40534. 6	11047. 9	2. 0	2. 9
17	177	三菱日联金融集团	54768. 8	-0. 8	8932. 5	4. 5	2886649. 3	121139. 9	16. 3	0. 3
18	179	Seven&I 控股公司	54217. 1	0. 7	1626. 7	82. 2	51503. 9	22015. 6	3. 0	3. 2
19	186	东京电力公司	52809. 1	6. 8	2870. 9	134. 2	118422. 1	24868. 1	5. 4	2. 4
20	192	三井住友金融集团	52026. 0	9. 8	6628. 2	1. 7	1871994. 1	81228. 6	12. 7	0. 4
21	198	新日铁住金（2019 年 4 月 1 日改名为日本制铁公司）	51163. 9	19. 7	1760. 6	45. 7	71404. 2	25872. 3	3. 4	2. 5
22	204	伊藤忠商事株式会社	49732. 4	11. 4	3613. 3	11. 2	81481. 6	25105. 6	7. 3	4. 4
23	209	东京海上控股有限公司	48731. 0	0. 9	2565. 0	1. 5	215648. 8	17619. 3	5. 3	1. 2
24	221	MS&AD 保险集团控股有限公司	47094. 9	-4. 4	1390. 5	-28. 4	211350. 8	14114. 2	3. 0	0. 7
25	229	电装公司	46106. 1	10. 4	2893. 3	21. 7	54212. 5	33841. 1	6. 3	5. 3
26	236	KDDI 电信公司	45507. 6	3. 8	5167. 5	2. 4	61831. 6	35490. 5	11. 4	8. 4
27	246	三井物产株式会社	44155. 3	9. 6	3777. 1	33. 7	106335. 6	37380. 9	8. 6	3. 6

续表

2018年日本企业排名	2018年世界500强排名	企业名称	营业收入（百万美元）	（营业收入）年增减（%）	利润（百万美元）	（利润）年增减（%）	资产（百万美元）	股东权益（百万美元）	利润率（%）	资产收益率（%）
28	250	住友商事	43570.2	18.1	2784.6	76.6	73080.3	24058.7	6.4	3.8
29	279	三菱电机有限公司	39994.9	2.2	2453.9	26.3	40106.8	21248.5	6.1	6.1
30	309	明治安田生命保险公司	37159.7	3.9	2392.2	15.9	390702.8	13029.3	6.4	0.6
31	311	三菱重工业有限公司	37103.2	2.7	636.2	-21.4	51609.6	16175.3	1.7	1.2
32	313	富士通	36990.9	-11.1	1528.4	87.2	29356.9	10230.4	4.1	5.2
33	317	佳能	36388.4	16.4	2157.6	55.8	46153.7	25487.3	5.9	4.7
34	326	东芝	35630.0	-20.7	7256.8	—	41928.1	7365.1	20.4	17.3
35	329	爱信精机	35281.1	7.3	1214.4	3.9	33178.9	12321.8	3.4	3.7
36	342	大和房建	34261.7	5.7	2133.3	14.6	37950.5	12908.2	6.2	5.6
37	347	损保控股有限公司	34027.5	7.8	1262.0	-17.8	112370.2	9252.5	3.7	1.1
38	348	铃木汽车	33911.7	15.9	1947.1	31.9	31419.4	12602.7	5.7	6.2
39	350	住友生命保险公司	33820.7	-17.4	630.3	21.8	338911.3	8342.9	1.9	0.2
40	352	三菱化学控股	33615.5	7.9	1911.5	32.6	44207.6	12092.1	5.7	4.3
41	358	日本钢铁工程控股公司	33202.2	8.7	1305.5	108.2	41953.4	17146.3	3.9	3.1
42	365	普利司通	32494.6	5.9	2571.0	5.3	35150.8	21185.4	7.9	7.3

续表

2018 年日本企业排名	2018 年世界 500 强排名	企业名称	营业收入（百万美元）	（营业收入）年增减（%）	利润（百万美元）	（利润）年增减（%）	资产（百万美元）	股东权益（百万美元）	利润率（%）	资产收益率（%）
43	367	日本瑞穗金融集团	32141. 8	5. 8	5203. 8	-6. 6	1928226. 3	69484. 7	16. 2	0. 3
44	378	马自达汽车	31355. 7	5. 7	1011. 4	16. 9	25656. 8	10284. 0	3. 2	3. 9
45	384	斯巴鲁公司	30734. 7	0. 1	1988. 9	-23. 7	27126. 1	14957. 9	6. 5	7. 3
46	398	日本出光兴产株式会社	29605. 5	14. 4	1464. 9	80. 0	27464. 2	6610. 0	4. 9	5. 3
47	418	Medipal 控股公司	28397. 8	0. 4	313. 9	17. 2	15250. 4	4007. 0	1. 1	2. 1
48	420	关西电力公司	28283. 4	1. 8	1370. 8	5. 5	65692. 5	12831. 3	4. 8	2. 1
49	425	住友电工	27819. 6	7. 1	1086. 1	9. 4	28376. 8	13264. 7	3. 9	3. 8
50	443	东日本旅客铁道株式会社	26627. 4	0. 2	2608. 1	1. 7	76626. 3	26214. 1	9. 8	3. 4
51	462	日本中部电力公司	25753. 2	7. 2	671. 3	-36. 6	52009. 7	15876. 5	2. 6	1. 3
52	463	日本电气公司	25673. 3	4. 4	414. 0	64. 3	26533. 9	8284. 0	1. 6	1. 6

附录3　2019年《财富》世界500强上榜日本企业相关财务信息

2019年日本企业排名	2019年世界500强排名	企业名称	营业收入（百万美元）	（营业收入）年增减（%）	利润（百万美元）	（利润）年增减（%）	资产（百万美元）	股东权益（百万美元）	利润率（%）	资产收益率（%）
1	10	丰田汽车	272612.0	2.8	16982.0	-24.6	469295.6	174827.4	6.2	3.6
2	33	三菱商事株式会社	145243.3	112.7	5328.0	5.4	149388.3	51470.6	3.7	3.6
3	34	本田汽车	143302.9	3.4	5504.6	-42.4	184504.6	74706.1	3.8	3.0
4	52	日本邮政控股公司	115220.5	-1.2	4324.0	4.0	2585802.0	95812.0	3.8	0.2
5	64	日本电报电话公司	107146.9	0.6	7707.5	-6.1	201456.1	83716.6	7.2	3.8
6	65	伊藤忠商事株式会社	104627.3	110.4	4514.3	24.9	91250.6	26537.5	4.3	4.9
7	66	日产汽车	104390.6	-3.2	2878.4	-57.3	171251.0	56411.1	2.8	1.7
8	98	软银集团	86604.7	4.8	12727.9	35.7	326163.2	68866.7	14.7	3.9
9	102	日立	85507.8	1.1	2007.2	-38.7	86984.7	29480.5	2.3	2.3
10	105	JXTG控股有限公司	82733.3	8.0	2907.1	-11.0	76604.4	24558.1	3.5	3.8
11	116	索尼	78157.7	1.4	8264.0	86.6	189586.9	33851.8	10.6	4.4
12	118	日本永旺集团	77122.5	2.4	214.0	-2.8	90293.6	9411.4	0.3	0.2
13	125	日本生命保险公司	74202.3	8.0	2514.5	14.2	712112.7	17892.9	3.4	0.4

续表

2019年日本企业排名	2019年世界500强排名	企业名称	营业收入（百万美元）	（营业收入）年增减（%）	利润（百万美元）	（利润）年增减（%）	资产（百万美元）	股东权益（百万美元）	利润率（%）	资产收益率（%）
14	131	松下	72178.4	0.2	2562.8	20.3	54341.1	17290.3	3.6	4.7
15	147	丸红株式会社	66753.5	-1.9	2082.5	9.2	61526.0	17870.6	3.1	3.4
16	153	第一生命控股有限公司	64794.9	2.0	2029.6	-38.2	505478.1	15440.6	3.1	0.4
17	157	三井物产株式会社	62751.4	42.1	3735.9	-1.1	107940.5	38521.4	6.0	3.5
18	159	Seven&I 控股公司	61486.5	13.4	1838.0	13.0	52069.2	22199.5	3.0	3.5
19	162	丰田通商株式会社	60994.3	4.1	1196.1	1.8	40132.5	10805.3	2.0	3.0
20	166	三菱日联金融集团	60405.3	10.3	7871.0	-11.9	2811411.4	120178.5	13.0	0.3
21	178	东京电力公司	57167.4	8.3	2096.1	-27.0	115274.2	26110.1	3.7	1.8
22	186	日本制铁公司	55720.2	8.1	2265.3	38.8	72734.5	29193.0	4.1	3.1
23	209	三井住友金融集团	51728.0	-0.6	6554.1	-1.1	1840238.1	81814.7	12.7	0.4
24	222	MS&AD 保险集团控股有限公司	49609.6	5.3	1738.0	25.0	209022.7	14303.9	3.5	0.8
25	224	东京海上控股有限公司	49395.7	1.4	2476.5	-3.4	203590.9	16932.2	5.0	1.2
26	230	电装公司	48368.0	4.9	2295.6	-20.7	52339.5	32490.2	4.7	4.4
27	231	住友商事	48155.7	10.5	2890.9	3.8	71532.7	25042.8	6.0	4.0
28	245	KDDI 电信公司	45820.8	0.7	5570.9	7.8	66236.7	37801.5	12.2	8.4

续表

2019年日本企业排名	2019年世界500强排名	企业名称	营业收入（百万美元）	（营业收入）年增减（%）	利润（百万美元）	（利润）年增减（%）	资产（百万美元）	股东权益（百万美元）	利润率（%）	资产收益率（%）
29	300	三菱电机有限公司	40766.1	1.9	2044.2	-16.7	39362.2	21685.6	5.0	5.2
30	324	明治安田生命保险公司	37722.9	1.5	2070.6	-13.4	380597.4	12917.6	5.5	0.5
31	327	大和房建	37371.2	9.1	2141.5	0.4	39161.8	13833.6	5.7	5.5
32	334	三菱重工业有限公司	36783.5	-0.3	914.1	—	46469.0	12929.2	2.5	2.0
33	339	爱信精机	36465.7	3.4	993.2	-18.2	33901.5	12170.4	2.7	2.9
34	345	佳能	35796.9	-1.6	2289.5	6.1	44662.4	25775.8	6.4	5.1
35	349	富士通	35647.9	-3.6	943.1	-38.3	28055.0	10229.1	2.6	3.4
36	350	日本瑞穗金融集团	35406.3	10.2	870.9	-83.3	1814332.9	65989.3	2.5	—
37	351	三菱化学控股	35386.4	5.3	1529.0	-20.0	50352.5	12451.0	4.3	3.0
38	354	日本出光兴产株式会社	35091.0	18.5	734.6	-49.9	26116.4	6415.1	2.1	2.8
39	356	日本钢铁工程控股公司	34937.4	6.7	1474.7	67.3	42551.7	17731.4	4.2	3.5
40	357	铃木汽车	34917.9	3.0	1612.3	-17.2	30739.8	13397.9	4.6	5.2
41	371	东芝	33312.8	-6.5	9138.8	25.9	38830.3	13162.2	27.4	23.5
42	374	普利司通	33062.9	1.7	2641.7	2.7	35220.6	23504.5	8.0	7.5
43	377	损保控股有限公司	32857.4	-3.4	1322.5	4.8	108595.4	9524.3	4.0	1.2

续表

2019年日本企业排名	2019年世界500强排名	企业名称	营业收入（百万美元）	（营业收入）年增减（%）	利润（百万美元）	（利润）年增减（%）	资产（百万美元）	股东权益（百万美元）	利润率（%）	资产收益率（%）
44	378	住友生命保险公司	32825.0	-2.9	435.3	-30.9	341659.6	7608.9	1.3	0.1
45	389	马自达汽车	32150.8	2.5	572.5	-43.4	25942.2	10160.8	1.8	2.2
46	420	关西电力公司	29832.5	5.5	1037.9	-24.3	65576.6	13001.2	3.5	1.6
47	436	Medipal 控股公司	28698.5	1.1	309.9	-1.3	14619.2	4043.9	1.1	2.1
48	437	住友电工	28662.9	3.0	1064.8	-2.0	27588.9	13247.2	3.7	3.9
49	440	斯巴鲁公司	28505.4	-7.3	1333.1	-33.0	26951.5	14703.7	4.7	4.9
50	453	日本中部电力公司	27374.1	6.3	716.3	6.7	54102.5	15696.9	2.6	1.3
51	458	东日本旅客铁道株式会社	27076.1	1.7	2662.6	2.1	75537.0	27075.7	9.8	3.5
52	470	日本电气公司	26277.0	2.4	362.5	-12.4	26661.6	7767.1	1.4	1.4

参考文献

中英文参考文献

[1] 白益民．三井帝国启示录——探寻微观经济的王者［M］．北京：中国档案出版社，2006.

[2] 本田中国．HondaJet 2019 年上半年小型喷气式飞机交付量位居世界首位．[2019-08-13]．https：//www. honda. com. cn/honda/news/list/20190813. html.

[3] 本田中国．Honda 产品，Honda 技术，关于 Honda. http：//www. honda. com. cn/.

[4] 财富中文网.《财富》世界500强排行榜的历史．[2010-12-14]．http：//www. fortunechina. com/features/c/2010-12/14/content_45776. htm.

[5] 陈利芬，张昊．发达国家和地区零售业转型升级经验借鉴［J］．时代经贸，2017（10）：18-35.

[6] 陈卫东，熊启跃．日本银行业新一轮海外扩张及其对中国银行业走出去的启示［J］．国际经济评论，2016（3）：85-96，6.

[7] 成都伊藤洋华堂．公司简介．http：//www. iy-cd. com.

[8] 东京海上日动火灾保险（中国）有限公司．https：//www. tokiomarine. com. cn/.

[9] 窦元．日本寿险公司渠道创新经验（上）［N］．中国保险报，2011-08-22（6）.

［10］富士通（中国）有限公司．企业概况．https：//www. fujitsu. com/cn/about/corporate/.

［11］柯禹煌．日本7－11连锁便利店的配送战略研究［J］．福建商业高等专科学校学报，2014（6）：48－52.

［12］李宏伟，刘晓敏．“7－11”便利店的连锁经营模式分析及启示［J］．商业经济，2013（8）：64－65，117.

［13］李石凯．全球银行产业的新恐龙：三菱日联金融集团［J］．经济导刊，2006（6）：56－62.

［14］刘继媛，潘洪岩．日本综合商社的起源与发展［J］．经济师，2008（7）：79－80.

［15］刘洁．国外电信运营商新领域拓展对我国运营商的启示［J］．世界电信，2016（4）：68－71.

［16］NTT 集团．公司介绍．https：//www. ntt. co. jp/index_c. html.

［17］NTT 集团．业务概要．https：//www. ntt. co. jp/about_c/group. html.

［18］三井（中国）有限公司．https：//www. mitsui. com/cn/zh/company/profile/index. html.

［19］森孝博．松下电器的全球品牌战略［J］．周晓红编译．中国防伪报道，2010（4）：36－37.

［20］史慧恩．海外扩张——日本钢企未来生存的关键［J］．冶金管理，2013（3）：32－35.

［21］松下电器（中国）有限公司．关于 Panasonic. https：//panasonic. cn/about/.

［22］宋卫东，等．进入世界500强的电力企业经营特点及启示［J］．国外电力，2009（4）：79－83.

［23］唐佩绵．新日铁住金的技术经营思想［N］．世界金属导报，2014－01－21（8）.

［24］腾讯证券．日本最大保险商75亿美元收购美国 HCC 保险.

[2015 - 06 - 11]. https: //stock. qq. com/a/20150611/004409. htm.

[25] 天津经济课题组. 信息产业 引领未来经济发展 [J]. 天津经济, 2013 (9): 43 - 50.

[26] 王晔. 日本综合商社系统对我国企业发展的启示 [J]. 湖南商学院学报, 2013 (6): 27 - 30.

[27] 炜华. 全球经营重在速度和客户——访富士通株式会社会长、中国国家行政学院名誉教授秋草直之 [J]. 国际人才交流, 2004 (6): 24 - 26.

[28] 魏家齐. 日本寿险业历史沿革概述、分析及启示 [J]. 浙江万里学院学报, 2017 (4): 1 - 6.

[29] 张玉来. 日本综合商社再转型 [J]. 董事会, 2015 (11): 74 - 77.

[30] 中国人民财产保险股份有限公司. 中国人保财险与劳合社、TMK 公司签署知识产权保险合作备忘录. [2015 - 11 - 10]. http: //www. epicc. com. cn/renbao/zixunzhongxin/xinwen/201511/t20151110_21516. html.

[31] 中国人民大学国际货币研究所, 浙江大学互联网与创新金融研究中心, 中国银行国际金融研究所. 《中资银行国际化报告 2015》发布 [N]. 光明日报, 2015 - 10 - 16 (7).

[32] 中华人民共和国商务部, 国家统计局, 国家外汇管理局. 2018 年度中国对外直接投资统计公报 [R]. 北京: 中国商务出版社, 2019.

[33] 周季礼. 日本网络信息产业发展经验及启示 [J]. 信息安全与通信保密, 2015 (2): 26 - 30.

[34] 周敏. 综合商社, 日本经济模式借鉴 [J]. 科技智囊, 2012 (11): 34 - 47.

[35] 子君. 日本制铁董事长谈今后发展 [N]. 世界金属导报, 2019 - 04 - 16 (3).

[36] Brand Finance. Automobiles 100 2019 [R/OL]. Brand Finance.

2019. https：//brandirectory. com/rankings/automobiles – 100 – 2019.

[37] Brand Finance. Brand Finance Global 500 2019 [R/OL]. Brand Finance. 2019 – 01 – 22. https：//brandfinance. com/images/upload/global_500_2019_free. pdf.

[38] Global 500 1998, Fortune. https：//fortune. com/global500/1998/search/.

[39] Global 500 1999, Fortune. https：//fortune. com/global500/1999/search/.

[40] Global 500 2000, Fortune. https：//fortune. com/global500/2000/search/.

[41] Global 500 2001, Fortune. https：//fortune. com/global500/2001/search/.

[42] Global 500 2002, Fortune. https：//fortune. com/global500/2002/search/.

[43] Global 500 2003, Fortune. https：//fortune. com/global500/2003/search/.

[44] Global 500 2004, Fortune. https：//fortune. com/global500/2004/search/.

[45] Global 500 2005, Fortune. https：//fortune. com/global500/2005/search/.

[46] Global 500 2006, Fortune. https：//fortune. com/global500/2006/search/.

[47] Global 500 2007, Fortune. https：//fortune. com/global500/2007/search/.

[48] Global 500 2008, Fortune. https：//fortune. com/global500/2008/search/.

[49] Global 500 2009, Fortune. https：//fortune. com/global500/2009/search/.

［50］ Global 500 2010，Fortune. https：//fortune. com/global500/2010/search/.

［51］ Global 500 2011，Fortune. https：//fortune. com/global500/2011/search/.

［52］ Global 500 2012，Fortune. https：//fortune. com/global500/2012/search/.

［53］ Global 500 2013，Fortune. https：//fortune. com/global500/2013/search/.

［54］ Global 500 2014，Fortune. https：//fortune. com/global500/2014/search/.

［55］ Global 500 2015，Fortune. https：//fortune. com/global500/2015/search/.

［56］ Global 500 2016，Fortune. https：//fortune. com/global500/2016/search/.

［57］ Global 500 2017，Fortune. https：//fortune. com/global500/2017/search/.

［58］ Global 500 2018，Fortune. https：//fortune. com/global500/2018/search/.

［59］ Global 500 2019，Fortune. https：//fortune. com/global500/2019/search/.

［60］ Interbrand Japan. Best Japan Brands 2019 ［R/OL］. Interbrand Japan. 2019. https：//www. interbrandjapan. com/ja/bjb/global_brands/2019. html.

［61］ Yagi，T. and Ozawa，H.，Creation of Artificial Intelligence Services through Open Innovation ［J］. NTT Technical Review，2017，15（8）：1 - 5. https：//www. ntt - review. jp/archive/ntttechnical. php? contents = ntr201708fa1. pdf&mode = show_pdf.

日文参考文献

[1] KDDI株式会社. 株式会社ジュピターテレコムへの資本参加について. [2010-01-25]. http://media3.kddi.com/extlib/files/corporate/ir/news/2010/pdf/press_100125.pdf.

[2] みずほフィナンシャルグループ. <みずほ>について. https://www.mizuho-fg.co.jp/company/index.html.

[3] パナソニック株式会社. Annual Report 2017. https://www.panasonic.com/jp/corporate/ir/pdf/panasonic_ar2017_j.pdf.

[4] パナソニック株式会社. ブランドの歴史. https://www.panasonic.com/jp/corporate/brand/history.html.

[5] パナソニック株式会社. 企業情報. https://www.panasonic.com/jp/corporate.html.

[6] マツダ株式会社. グローバル、地域ごとの活動. https://www.mazda.com/ja/about/profile/activity/.

[7] 本田技研工業株式会社.「スーパーカブ」シリーズ、世界生産累計1億台を達成. [2017-10-19]. https://www.honda.co.jp/news/2017/c171019a.html.

[8] 本田技研工業株式会社. 財務・業績情報. https://www.honda.co.jp/investors/financial_data.html.

[9] 本田技研工業株式会社. 会社概要. https://www.honda.co.jp/guide/corporate-profile/.

[10] 電源開発株式会社. 企業データ. http://www.jpower.co.jp/company_info/about/data.html.

[11] 東京電力ホールディングス株式会社. カタールにおけるガス火力発電・造水 (IWPP) プロジェクトへの参画について～三菱商事と東京電力がカタール電力・水公社の国際入札を落札～. [2015-05-25]. https://www.tepco.co.jp/cc/press/2015/1276194_

6818. html.

[12] 東京電力ホールディングス株式会社. 海外プロジェクトの総発電設備容量. http: //www. tepco. co. jp/corporateinfo/illustrated/overseas/total - generation - j. html.

[13] 東京電力ホールディングス株式会社. 会社概要. https: //www. tepco. co. jp/about/corporateinfo/holdings/.

[14] 東京電力ホールディングス株式会社. 原子力発電事業（沸騰水型軽水炉）に係る共同事業化の検討に関する基本合意書の締結について. [2019 - 08 - 28]. http: //www. tepco. co. jp/press/release/2019/1516677_8709. html.

[15] 東京電力ホールディングス株式会社. 主な海外投資プロジェクト（発電事業）. http: //www. tepco. co. jp/corporateinfo/illustrated/overseas/major - overseas - j. html.

[16] 東京海上ホールディングス株式会社. 東京海上グループの海外展開とその課題について. [2011 - 06 - 29]. https: //www. fsa. go. jp/singi/singi_kinyu/w_group/siryou/20110629/04. pdf.

[17] 東京海上ホールディングス株式会社. 企業・グループ情報. https: //www. tokiomarinehd. com/group/.

[18] 富士通株式会社. 企業情報. https: //www. fujitsu. com/jp/about/.

[19] 栗木契. 日本家電がアジアでヒット、現地化の新潮流 [J]. PRESIDENT (2015年2月2日): 95 - 97.

[20] 梅棹忠夫. 情報の文明学 [M]. 東京: 中央公論社. 1988.

[21] 梅棹忠夫. 情報産業論——きたるべき外胚葉産業時代の夜明け [J]. 放送朝日, 1963 (1): 4 - 17.

[22] 内閣制度百年史編纂委員会編. 内閣制度百年史下巻（資料編）[M]. 東京: 大蔵省印刷局. 1985.

[23] 青木洋．日本の初期コンピュータ産業と外資提携——IBMとの交渉過程［J］．研究年報経済学（東北大学経済学会），2017，75（3・4）：57－70.

[24] 日本財務省．第 43 表 NTT 株式の概況．https：//www. mof. go. jp/national_property/reference/statistics/ichiran29/h29k43. html.

[25] 日本電信電话株式会社．NTTの民営化と再編成について. https：//www. yuseimineika. go. jp/yuushiki/dai3/3siryou. pdf.

[26] 日本経済新聞．セブン&アイHDがPB商品の販売開始［N］．日本経済新聞．［2007－05－23］.

[27] 日本経済新聞．ホンダ「カブ」生産 1 億台老いぬ機能美（企業遺産）［N］．日本経済新聞．［2017－10－20］.

[28] 日本経済新聞．三菱 UFJ 豪レアアース開発会社に出資［N］．日本経済新聞．［2011－07－05］.

[29] 日本内閣府．科学技術基本計画．https：//www8. cao. go. jp/cstp/kihonkeikaku/index5. html.

[30] 日本製鉄株式会社．企業情報．https：//www. nippon-steel. com/company/about/.

[31] 日本衆議院．特定電子工業及び特定機械工業振興臨時措置法．［1971－03－31］．http：//www. shugiin. go. jp/internet/itdb_housei. nsf/html/houritsu/06519710331017. htm.

[32] 日本衆議院．特定機械情報産業振興臨時措置法．［1978－07－01］．http：//www. shugiin. go. jp/internet/itdb_housei. nsf/html/houritsu/08419780701084. htm.

[33] 日経ビジネス編．商社——冬の時代［M］．東京：日本経済新聞社．1983.

[34] 三井物産株式会社．会社案内2019.［2019－06－27］．https：//www. mitsui. com/jp/ja/company/brochure/__icsFiles/afieldfile/2019/06/27/mitsui_2019_J_sec. pdf.

[35] 三井物産株式会社．会社情報．https：//www. mitsui. com/jp/ja/company/index. html.

[36] 三井物産株式会社．三井石油の株式売却及び東燃ゼネラルの株式取得について．[2013 - 12 - 18]. https：//www. mitsui. com/jp/ja/release/2013/1205732_6496. html.

[37] 三井住友フィナンシャルグループ. SMBCグループについて. https：//www. smfg. co. jp/company/.

[38] 三菱 UFJフィナンシャル・グループ. MUFGについて. https：//www. mufg. jp/profile/index. html.

[39] 三菱 UFJ 銀行．企業情報．https：//www. bk. mufg. jp/kigyou/index. html.

[40] 小島清，小澤輝智．総合商社の挑戦：経済開発のマーチャント [M]. 東京：産業能率大学出版部．1984.

[41] 新日鉄住金．海外事業に関する組織体制の強化について~「グローバル事業推進本部」の設置~．[2015 - 06 - 08]. https：//www. nipponsteel. com/common/secure/news/20150608_500. pdf.

[42] 新日鉄住金株式会社．新日鐵住金グループの中期経営計画について~つくる力を鍛え、メガトレンドを捉え、鉄を極める~. [2018 - 03 - 02]. https：//www. nipponsteel. com/ir/pdf/20180302_700. pdf.

[43] 新日鉄住金株式会社．中期経営計画．[2013 - 03 - 13]. https：//www. nipponsteel. com/ir/pdf/20130313_200. pdf.

[44] 信田洋二．セブン - イレブンの「物流」研究 [M]. 東京：商業界．2013.

[45] 岩本浩治．セブン - イレブンの仕事術 [M]. 東京：商業界．2009.

[46] 伊鹿倉正司．わが国都市銀行の重層的国際化 [J]. 東北学院大学学術研究会『経済学論集』, 2016 (187)：93 - 118.

［47］御園生等．総合商社は斜陽であるか（本誌話題論文再録・昭和三六年五月二三日号）［J］．エコノミスト，61（24）：74－89.1983.

［48］植村信保．生命保険会社の経営破綻要因［J］．保険学雑誌，2007（598）：35－52.

［49］株式会社 NTTドコモ．ドコモ5G　ホワイトペーパー．［2014－10－06］．https：//www.nttdocomo.co.jp/binary/pdf/corporate/technology/whitepaper_5g/DOCOMO_5G_White_PaperJP_20141006.pdf.

［50］株式会社セブン&アイ・ホールディングス．会社概要．https：//www.7andi.com/company/summary.html.

后　记

在本书的写作和出版过程中，得到了笔者家人、学术前辈、出版社等多方面的帮助与支持。谨于本书付梓之机，特向家人及众多良师益友表达我诚挚的谢意！

首先，感谢我的父亲程金旺和母亲林爱珠。父亲为人正直、宽厚，对子女教育倾注了大量的心血，一直深深地影响着我。母亲在我远赴异地工作期间多次探望，亦激发了我能更加投入工作中。本书写作过程中，国外高校任职的姐姐程文华给予了悉心指导。从事商务活动的哥哥程天锋也对完善本书提出了大量建设性建议。家人长期以来对我学习与工作的全力支持，我深表感激。

同时，感谢我在留学期间认识的众多良师益友，他们提出了大量宝贵的意见，也提供了有关世界500强企业的一手资料与信息。

此外，在西南政法大学这个充满学术氛围的集体中，有幸得到同仁的诸多帮助和热心指导。尤其是当我与学院同事韩鹏博士交流本书的内容时，对于我的请教，他总是有求必应，使我收获甚丰，感谢他在百忙之中给予我的指导和帮助。学院的同事促使我自觉追求进步，在此，一并致以深深的谢意。最后，感谢中国财政经济出版社参与全书的校对和复查工作。太多感激无以言表，藏记于心。

由于笔者知识及水平有限，书中难免存在疏漏之处，恳请广大同行专家和读者提出宝贵的意见。

程天敏

2021年1月